国家自然科学基金青年项目（批准号：71203139）
教育部人文社会科学研究青年基金项目（批准号：12YJC630203）

投资者有限注意、
交易行为与资产价格

王 磊 ◎ 著

中国财经出版传媒集团
经济科学出版社
Economic Science Press

图书在版编目（CIP）数据

投资者有限注意、交易行为与资产价格/王磊著.
—北京：经济科学出版社，2020.9
ISBN 978 – 7 – 5218 – 0668 – 7

Ⅰ.①投⋯　Ⅱ.①王⋯　Ⅲ.①股票市场 – 研究
Ⅳ.①F830.91

中国版本图书馆 CIP 数据核字（2019）第 133765 号

责任编辑：周国强
责任校对：蒋子明
责任印制：邱　天

投资者有限注意、交易行为与资产价格
王　磊　著
经济科学出版社出版、发行　新华书店经销
社址：北京市海淀区阜成路甲 28 号　邮编：100142
总编部电话：010 – 88191217　发行部电话：010 – 88191522
网址：www.esp.com.cn
电子邮件：esp@esp.com.cn
天猫网店：经济科学出版社旗舰店
网址：http://jjkxcbs.tmall.com
固安华明印业有限公司印装
710×1000　16 开　13 印张　2 插页　230000 字
2020 年 9 月第 1 版　2020 年 9 月第 1 次印刷
ISBN 978 – 7 – 5218 – 0668 – 7　定价：68.00 元
(图书出现印装问题，本社负责调换。电话：010 – 88191510)
(版权所有　侵权必究　打击盗版　举报热线：010 – 88191661
QQ：2242791300　营销中心电话：010 – 88191537
电子邮箱：dbts@esp.com.cn)

前　言

近年来，投资者有限注意正成为行为金融学新兴的前沿研究领域。根据该理论，由于有限的信息处理能力，个人投资者在面对纷繁复杂的市场信息时，往往只关注能够吸引其注意力的股票，忽略对他们没有吸引力的股票。这意味着投资者在处理信息时具有选择性，只有被投资者注意到的信息才会影响并最终反映在资产价格中。

行为金融理论利用投资者有限注意成功地解释了盈余惯性等市场异象，取得了丰富的成果，但这些研究大多以欧美等国的股票市场作为研究对象，缺乏符合中国环境的模型设计和实证检验。作为新兴的股票市场，中国股市长期以来以个人投资者为主体，个人投资者投资理念不成熟，其注意力容易受外部事件冲击所干扰。因此，在中国股票市场中，考察个人投资者如何分配有限的注意力，并研究在此过程中投资者交易行为对资产价格的影响，可以为相关的理论研究提供补充和参考，也为监管部门进一步完善市场监管机制提供相关的政策建议。

作者自2012年开始涉足投资者有限注意与资产定价领域，先后申请并获批教育部人文社会科学研究青年基金项目（批准号：12YJC630203）和国家自然科学基金青年项目（批准号：71203139）。在研究项目的支持下，作者与合作者围绕投资者有限注意、交易行为特征与市场异象之间的关系展开研究，完成多篇学术论文，并公开发表于《管理科学学报》《金融研究》《财经研究》《管理评论》等学术刊物。为了对前期工作进行总结，同时也希望为后续研究起到抛砖引玉的作用，作者决定对已有相关研究成果进行整理，汇集成《投资者有限注意、交易行为与资产价格》一书，作为上述两个研究项目的结题成果。

本书一共分为九章。第一章为研究综述，第二章至第四章研究个人投资者和机构投资者是否受有限注意的制约，投资者在交易过程中表现出来的行为特征，第五章至第七章研究投资者在不同交易环境下的注意力水平差异，以及对资产价格产生的影响，第八章和第九章研究上市公司管理层是否利用投资者关注状态的差异进行盈余公告择机，以及产生的经济后果。本书各章的主要内容来自作者及合作者撰写的论文，由于论文在不同的时间完成，因此，各章的研究样本未能做到完全一致，但这应该不会影响到读者对本书的阅读和理解。

  本书是集体智慧的结晶。具体分工如下：第一章和第六章由王磊独立完成，第二章和第三章由王磊和孔东民合作完成，第四章由王磊、孔东民和陈巍合作完成，第五章由王磊、孔东民、叶志强和张顺明合作完成，第七章由王磊、刘海邻和贺学会合作完成，第八章由王磊、季思颖和施恬合作完成，第九章由王磊、季思颖和黎文靖合作完成。最后由王磊负责全书的修改和定稿。

  在本书编写过程中，作者参考了相关的文献和书籍，借鉴了国内外很多优秀学者的最新研究成果，在此向原作者表达深深的谢意。同时，感谢陈国进教授、孔东民教授、张顺明教授、唐松莲教授等各位师友在本书成稿过程中给予的指导、帮助和鼓励。最后，感谢家人一直以来的理解、陪伴和支持，他们的鼓励是支撑我继续前进的动力。由于时间和水平所限，书中错误和不妥之处在所难免，敬请读者批评指正。

王 磊
2020 年 9 月于松江大学城

目 录

第 1 章 投资者有限注意理论研究综述 /1
    1.1 国内外研究的现状 /2
    1.2 未来研究方向 /7

第 2 章 盈余信息、个人投资者关注与股票价格 /8
    2.1 引言 /8
    2.2 文献评述与研究假设 /10
    2.3 研究设计 /13
    2.4 实证检验与分析 /18
    2.5 结语 /42

第 3 章 应计信息、机构投资者反应与股票错误定价 /44
    3.1 引言 /44
    3.2 文献评述与研究假设 /46
    3.3 研究设计 /49
    3.4 实证检验与分析 /56
    3.5 结语 /68

第 4 章 证券投资基金羊群行为与股票市场过度反应 /70
    4.1 引言 /70

4.2　文献综述 /71

4.3　研究设计 /72

4.4　实证检验与分析 /75

4.5　结语 /81

附录 /82

第5章　投资者关注与盈余公告周一效应 /84

5.1　引言 /84

5.2　文献评述与研究假设 /85

5.3　研究设计 /88

5.4　实证检验与分析 /94

5.5　结语 /107

附录 /107

第6章　投资者有限关注与并购财富效应 /109

6.1　引言 /109

6.2　文献评述与研究假设 /110

6.3　研究设计 /112

6.4　实证检验与分析 /115

6.5　结语 /125

第7章　私募股权投资与企业并购 /126

7.1　引言 /126

7.2　文献评述与研究假设 /127

7.3　研究设计 /130

7.4　实证检验与分析 /133

7.5 结语 /146

第8章 企业社会责任、年报披露及时性与信息解读效率 /147

8.1 引言 /147

8.2 文献评述与研究假设 /148

8.3 研究设计 /152

8.4 实证检验与分析 /155

8.5 结语 /164

第9章 企业社会责任、盈余公告择机与信息效率 /166

9.1 引言 /166

9.2 文献评述与研究假设 /168

9.3 研究设计 /170

9.4 实证检验与分析 /173

9.5 结语 /188

参考文献 /190

第1章
投资者有限注意理论研究综述

传统的资产定价理论假定股票价格对进入市场的新信息迅速作出反应，这要求投资者能密切关注该资产的相关信息，并将其融入投资决策过程中。但在现实中，有限的时间和资源会限制投资者分析所有的信息，阻碍他们考虑所有可能的投资机会，投资者更容易关注能够吸引其注意力的股票，忽视对他们没有吸引力的股票。因此，从心理学的角度而言，有限注意是认知受限的必然结果，投资者的注意力是一种稀缺的认知资源（Kahneman，1973）。这意味着投资者在处理信息时具有选择性，只有被投资者注意到的信息才会影响并最终反映在资产价格中。换言之，信息是无限的，而注意力却是有限的，信息只有被注意到才可能发挥作用。

就理论研究而言，行为金融理论利用投资者有限注意成功地解释了市场反应不足等现象。由于信息缺乏显著性或者外界信息的干扰，投资者对上市公司关注不足，他们可能忽视公司的盈余公告，导致股票价格不能及时地反映盈余信息，在盈余公告公布后，盈余信息逐渐反映在股价中，产生价格漂移现象（Hirshleifer & Teoh，2003；Dellavigna & Pollet，2009；Hirshleifer et al.，2011）。上述研究成果为理解股票市场异象提供了新的视角和方法，但仍存在着一定局限性：一是对注意力受限投资者交易行为的考察不够细致，而这方面的研究对于深入理解有限注意产生的市场反应具有重要的意义；二是对投资者注意形成机制的描述可以从多角度展开，不应仅仅局限于信息的表达方式；三是大多数文献以美国股票市场投资者作为研究对象，缺乏符合中国环境的模型设计和实证检验。因此，已有研究形成的理论往往局限于探讨有限注意与盈余公告后价格漂移的关系，既无法全面认识投资者有限注意造成的市场影响，亦无法深刻理解投资者在此过程中扮演什么样的角色，当然更不能指导处于经济转轨过程中的新兴股票市场建设。

基于上述考虑，本书拟从行为金融学的角度入手，构建能够反映中国股票市场实际情况的投资者注意力衡量指标，分析有限注意和投资者行为偏差的相互作用机理，考察投资者如何分配有限的注意力，并研究在此过程中投资者交易行为对资产价格的影响，以判断投资者注意力对信息解读的作用和意义。

研究意义具体阐述如下：第一，理论前沿性。本书通过将投资者有限注意引入行为资产定价理论中，为分析基于中国股票市场环境的投资者交易行为提供新的研究思路和方法，并为市场异象的研究提供理论依据。第二，政策支持性。本书通过分析投资者有限注意与股价信息效率之间的实证关系，为监管部门完善信息披露法规和进行投资者教育提供相关政策建议。第三，本书将在理论分析和实证研究的基础之上，系统地判断投资者注意力对股票价格的预测能力，为证券分析师、机构投资者和个人投资者提供新的有价值的分析工具。

1.1 国内外研究的现状

以下从理论模型和实证分析两个方面对现有文献加以阐述，理论模型包括投资者注意力分散模型和投资者学习行为模型，实证文献则根据投资者注意力衡量指标来分类，分别是竞争性刺激因素、信息的显著性和指示性指标，随后对现有研究存在的不足以及本书试图在此基础上的拓展进行评述。

1.1.1 理论模型

1. 投资者注意力分散模型

在赫什利弗和托伊（Hirshleifer & Teoh，2003）的模型中，投资者的注意力和信息处理能力是有限的，内容相同的信息，由于表达方式的不同，会影响投资者对信息的认知程度，显著程度高的信息能快速被投资者获知并充分解读，反映在资产价格中。因此，当信息内容相同时，投资者对公司的估值取决于交易的归类和表述方式，如果信息披露的结果强调信息的利好（利空）因素，则会导致股价被高估（低估）。

赫什利弗等（Hirshleifer et al.，2011）利用投资者有限注意解释盈余惯性和应计异象，注意力受限的投资者会忽视盈余公告，导致盈余信息不能及时地反映在股票价格中，引起公告后价格漂移现象；而即使是关注盈余公告的投资者，也可能不能辨别盈余的构成要素（应计项目和现金流），导致相关的要素信息无法纳入投资者的估值过程，投资者高估（低估）应计项目高（低）的公司，市场产生过度反应，随着市场错误定价被纠正，高（低）应计项目公司的股票在未来获得低（高）收益。

2. 投资者学习行为模型

彭（Peng，2005）构建连续时间均衡模型考察注意力受限投资者的学习行为，模型假定影响投资组合价值的基本面因素是不可观察的，投资者只能搜集信息推断基本面因素的变化情况，但有限的注意力制约他们搜集信息的数量，当外部存在多个不确定信息源时，投资者根据最优化原则分配有限的注意力，他们更关注基本面波动较高的资产，导致外部信息能够以更快的速度反映在资产价格中，资产价格因此表现出较低的波动率。

彭和熊（Peng & Xiong，2006）的理论模型考察投资者有限注意和过度自信对资产价格的影响，有限注意导致类别学习行为（category-learning behavior），即投资者关注市场或者行业范围信息，忽视公司层面信息。当注意力水平增强时，投资者会夸大自身搜集和处理信息的能力，高估私人信息的精确程度，产生过度自信行为偏差，导致资产价格过度的联动性。

上述理论模型假定个人投资者受有限注意的制约，但专业的机构投资者不受此约束。从心理学的角度而言，有限注意根植于人类认知资源的整个配置过程，这种认知限制应该能在不同程度上影响到各个市场参与主体，包括专业的机构投资者；从现实的角度来看，与发达国家相比，国内的机构投资者在风险意识和投资理念等方面仍不够成熟，因此，在中国市场上，不同类型机构投资者是否受有限注意力的约束值得进一步研究。

1.1.2 实证检验

实证研究采用投资者注意力程度衡量指标对理论模型提出的假说展开检验，选取的指标主要包括以下三种类型：竞争性刺激因素、信息表达的显著性和其他指示性指标。

1. 竞争性刺激（competing stimuli）因素

竞争性信息会分散投资者对相关信息的注意力。德拉维尼亚和波莱（Dellavigna & Pollet，2009）发现，即将来临的周末分散了投资者在周五对股市的注意力，投资者对周五公布的盈余信息的关注程度低于其他工作日公布的盈余信息，与其他工作日相比，周五的盈余公告在公告日附近对股价的影响程度较小，但在长期内引起更为强烈的公告后价格漂移。

赫什利弗等（Hirshleifer et al.，2009）研究表明，盈余公告日的超常收益对盈余信息的敏感性随着同一天公布盈余信息的公司数量增加而减少，但盈余公告后价格漂移对盈余信息的敏感性随着同一天公布盈余信息的公司数量增加而增加，原因在于大量的公司在同一天公布盈余报告，投资者的注意力会被分散，对盈余信息的关注程度就比较低。

谭伟强（2008）的研究发现，投资者对周一、周五和周六的盈余公告信息的即时反应（公告日异常交易量）较小，同一天公布盈余公告的公司越多，投资者对这些公司盈余信息的即时反应也越小。于李胜和王艳艳（2010）将同时披露的信息定义为竞争性信息披露，研究发现，盈余公告日超常收益（盈余公告后价格漂移）对盈余信息的敏感性随着盈余信息竞争数量的增加而增加（减少），说明竞争性信息披露提高了投资者的分类认知效率。

2. 信息表达的显著性（salience）

表达方式不显著的信息不易引起投资者的注意。德拉维尼亚和波莱（Dellavigna & Pollet，2007）发现，人口统计特征信息能预测由年龄结构变化产生的相关行业产品的社会需求量和利润额，预计未来 5~10 年的需求变化与该行业的股票收益正相关，但短区间内预计的需求变化对股票收益不会产生影响，原因在于长区间的预测信息缺乏精确性和显著性，投资者对这类信息的关注程度有限，导致市场反应不足。

科恩和弗拉齐尼（Cohen & Frazzini，2008）考察了与供应商—客户链（supplier-customer chain）有关的公司盈余公告市场反应后发现，当处于客户位置的公司发布重要盈余信息时，该信息会对供应商公司的股价产生影响，但这种间接经济关联信息不会引起投资者高度关注，导致供应商公司的股价表现出反应不足。

信息解读的难易程度影响投资者的注意力。恩格尔伯格（Engelberg，2008）将公司盈余信息分为硬信息（hard information）和软信息（soft information），前者是可以量化的信息，容易搜集加工，后者是定性信息，不容易被投资者解读。他们以未预期盈余作为硬信息的衡量指标，以媒体对盈余信息负面评价词汇的数量作为软信息的衡量指标，实证考察不同信息对盈余公告后价格漂移的影响，研究结果表明，两类信息对股票未来收益都有预测能力，但在长期，软信息比硬信息有更好的预测效果，说明加工成本较高的软信息逐渐扩散并反映在资产价格中，引发市场反应不足。

泰洛克等（Tetlock et al.，2008）将媒体对公司的报道中负面评价词汇出现的相对频率作为定性信息（qualitative information）的衡量指标，考察该信息对公司盈余和股票价格的影响后发现，负面评价词汇占比高的公司有较低的盈余，市场对负面评价信息反应不足，如果负面评价是针对公司基本面时，定性信息对公司盈余和股票收益的预测能力最强，说明定性信息包含公司基本面难以反映的内容，投资者通过交易活动逐渐地将该类信息融入到股票价格中。

媒体对公司的报道和公司的广告投入也是吸引投资者注意力的重要途径。佩里斯（Peress，2008）发现经媒体报道的上市公司盈余公告，表现出更高程度的公告日价格反应及更低程度的公告后价格漂移。方和佩里斯（Fang & Peress，2009）发现，在控制各种风险因素后，未经媒体报道的股票比媒体高度关注的股票有着更高的收益。克曼努尔和严（Chemmanur & Yan，2011）及楼（Lou，2011）发现，公司广告能提高投资者对公司股票的关注程度，广告费用投入多的公司股价在当年大幅度上涨，但在长期随着投资者关注程度下降，股票价格逐步回归到理性水平。

杨继东（2007）认为，媒体对投资者行为的影响可通过理性投资者和有限理性投资者两种角度来理解，如果理性假说成立，媒体报道使投资者增加了信息，改变其对基本面的预期，由此产生的价格变动能反映出公司基本面的变化；如果有限理性假说成立，媒体报道能影响投资者注意力，引起股价被高估或者低估。饶育蕾、彭叠峰和成大超（2010）发现，在中国股票市场上，受媒体高度关注股票的收益要低于被媒体忽略股票的收益，原因在于媒体报道能吸引公众注意力，引发投资者短期内对信息过度反应，造成股价被高估，随着时间的推移，错误定价被纠正，股票收益发生反转。

3. 指示性指标

与上述指标注重投资者注意的影响因素不同，指示性指标强调投资者注意的结果。当投资者对股票高度关注时，过度自信会使投资者产生异信念，引起更多的交易（Scheinkman & Xiong, 2003）。卡尔森等（Karlsson et al., 2005）发现，投资者在牛市时比在熊市时对股票市场有更高的关注。侯等（Hou et al., 2009）以交易量和市场状态作为投资者关注程度的衡量指标，研究发现当股票交易量较低或股票市场处于熊市时，投资者对盈余信息表现出更强的反应不足。

巴伯和奥戴恩（Barber & Odean, 2008）以股票异常交易量和异常收益作为衡量指标，研究发现，个人投资者是"高度关注股票"的净购买者（net buyers of attention-grabbing stocks），投资者关注增加会使股票价格在短期内有上涨的压力。笪治等（Da et al., 2011）以谷歌（Google）搜索的历史资讯数量作为个人投资者关注程度的代理指标，研究结果表明，受投资者高度关注的股票，其价格在未来两周持续上升，但在年内实现反转，而且投资者关注程度与股票 IPO 首发当日的超常收益正相关，与公开发行后普遍存在长期弱势表现负相关。

贾春新等（2010）通过对限售非流通股解禁这一事件，选取谷歌历史资讯数量作为投资者注意力的衡量指标，考察投资者购买决策中的有限注意行为后发现，投资者注意引起股票正的回报，而且投资者情绪会通过投资者有限注意对个股回报产生影响。权小锋和吴世农（2010）以换手率衡量投资者注意力，研究表明，投资者注意力总体上与盈余公告效应呈显著负向关系，盈余公告日的市场交易量反应与投资者注意力呈 U 形关系。李小晗和朱红军（2011）发现，与周末发布的盈余公告相比，投资者对工作日发布的盈余公告信息的立即反应减少，滞后反应增加，而且投资者注意对信息解读效率的影响程度主要体现在牛市。

现有研究已采用的投资者注意力衡量指标包括股市周期、股票的超常收益率或异常交易量、换手率、媒体报道的频率和广告投入费用等，这些指标基本上假定，当股票的价格和交易量出现异常情况，或者上市公司曝光率增加时，投资者会提高对公司股票的关注程度。但需要指出的是，引起股价或交易量异常的也有可能是与投资者注意无关的因素，例如，机构投资者出于流动性动机而进行大额交易，而对于媒体报道或者公司广告，只有当投资者看到相关信息时才会引起他们的注意。

综合理论模型和实证检验的文献来看，现有文献注重研究投资者有限注意产生的市场影响，对有限注意约束下投资者交易行为的研究显得有所不足，而且，相关研究或不区分投资者类型，或将研究对象界定为个人投资者；第二，所选取的投资者注意衡量指标存在着一定的噪声成分，国内相关的实证研究还处于起步阶段，缺少符合中国股票市场实际情况的投资者注意力衡量指标体系；第三，对投资者注意产生机制的描述可以更加丰富，除竞争性信息披露、信息显著性或信息解读的难度等因素之外，投资者有可能因为市场风险提高关注程度，或者由于外部突发事件导致投资者提高注意力。

1.2 未来研究方向

从国内研究的现状来看，已有研究已取得重要成果和进展，但资本市场的发展和投资者结构的完善，为研究投资者有限注意提供了新的切入点：第一，构建符合中国资本市场实际和特点的投资者注意力衡量指标体系，确定不同指标可能适合的投资者群体；第二，研究有限注意约束下投资者的行为特征，分析有限注意与投资者行为偏差的相互作用机制，实证检验有限注意对个人投资者和机构投资者交易行为的影响；第三，利用上述投资者关注程度衡量指标，考察在注意力受限的情况下，投资者交易行为对资产价格和信息传播效率的影响。

第 2 章
盈余信息、个人投资者关注与股票价格*

2.1 引　　言

　　中国股市长期以来以个人投资者为主体。个人投资者高度活跃，是股市的一个显著特征，也是市场保持生机和活力的重要原因。从股市发展历程来看，个人投资者为我国股票市场的发展做出了巨大贡献。但个人投资者成为股市的主力军，并不利于市场的长远发展和建设：个人投资者缺乏经验，风险承受能力低，使得资本市场的运行处于过度动荡之中。因此，股票市场的可持续发展，离不开个人投资者的积极参与，但股市要做大做强，需要对个人投资者加强教育，帮助其树立正确的投资理念。鉴于个人投资者在中国股票市场中的重要地位，有必要对其交易行为及产生的市场影响进行研究。

　　在传统的金融学理论中，个人投资者被视为噪音交易者，往往根据与公司基本面无关的信息进行交易，交易行为具有随机性，不会影响资产价格（Kyle，1985；Black，1986）。但大量的经验证据表明，个人投资者的交易行为与理论模型的描述并不相符。行为金融领域的研究发现，个人投资者在交易过程中表现出处置效应特征，对所获取的信息过度自信，引起过度交易并最终影响股票价格（Odean，1998，1999）。近期的研究还表明，个人投资者

---

　　* 本章的部分内容发表在：王磊，孔东民. 盈余信息、个人投资者关注与股票价格［J］. 财经研究，2014（11）：82-96。

受有限注意力的制约，由于有限的信息处理能力，投资者更容易关注能够吸引其注意力的股票，这意味着投资者在处理信息时具有选择性，只有被投资者注意到的信息才会影响并最终反映在资产价格中（Peng & Xiong, 2006; Hirshleifer & Lim, 2011; 王磊等, 2012）。

那么在中国这样一个新兴的股票市场上，个人投资者是否受有限注意力的制约，交易行为具有什么特征，对市场产生什么影响？本章利用高频数据构建订单流不平衡指标，考察个人投资者在盈余公告期间的注意力分配对股票价格产生的影响。选择盈余公告作为研究事件，主要是考虑到盈余公告是上市公司定期向市场传递的重要财务信息，能引起市场广泛关注，研究个人投资者在盈余公告期间的交易行为及产生的经济后果，可对其信息解读能力做出直接判断。研究思路如下：首先，研究个人投资者注意力在不同意外盈余等级公告上的配置问题，分析投资者净买入行为的分布状况；其次，检验投资者净买入行为对盈余公告前后股票价格的影响，为价格压力假说提供经验证据；最后，考察投资者净买入行为与股价对意外盈余敏感程度之间的关系，研究注意力水平对信息解读效率的影响。我们发现，意外盈余越高的公告越能引起投资者关注，个人投资者受有限注意力的制约而表现出净买入行为，引起股价在公告期间上涨，但随着投资者注意力在公告后衰减，股价发生反转，该行为导致股价在公告日对盈余信息的反应更为强烈，但有助于减轻公告后价格漂移对盈余信息的敏感度。

我们以高频数据为基础构建投资者交易行为衡量指标，主要基于如下两个方面的考虑：第一，行为金融领域的研究文献，往往采用账户数据衡量投资者交易行为（Barber & Odean, 2000, 2001），这种数据虽然精确，但采集范围局限于某个证券经纪商，因此研究结果不足以反映市场中投资者整体层面的交易行为，本章采用的高频数据涵盖整个市场全部投资者，能反映个人投资者交易行为的全貌；第二，研究文献也利用个人投资者对股票（季度）持股比例及其变动作为交易行为的衡量指标[①]（Cohen et al., 2002），当考察投资者对某一事件的反应时，因变量滞后自变量的时间可能长达数月，在此区间内，投资者的行为会受到其他变量的影响，这些因素在研究中往往不容

[①] 这些研究将个人投资者视为机构投资者的补充，因此个人投资者对股票的持股比例 = 1 − 机构投资者对股票的持股比例。

易控制。本章采用高频数据考察投资者在盈余公告前后短暂的时间窗口内对盈余信息的及时反应,这能在一定程度上减少噪声信息。

本章的探索性还表现在研究发现了与成熟市场不同的现象。首先,我们发现个人投资者盈余公告期间的净买入行为集中在意外盈余较高的股票上,引起投资者关注的可能是股票在公告前有良好的市场表现,这一结论是对已有相关研究的拓展;其次,利用投资者关注解释盈余公告期间股价异象,已有文献表明投资者公告前净买入行为引起股价在公告期间上涨,但未研究该行为对股票公告后价格行为的影响,本章发现投资者在好消息盈余公告前净买入行为引起市场过度反应,股价在公告后产生反转;最后,本章还发现投资者净买入引起股价在公告日(公告后)对盈余信息的反应增强(减弱)。

2.2 文献评述与研究假设

上市公司盈余公告能够引起投资者关注,投资者在公告前后的交易行为更加活跃,股票表现出异常高的交易量,交易量作为投资者关注的指示性指标已在研究中广泛运用(Hou et al.,2009;Bushman et al.,2012)。此外,投资者关注对交易行为的影响还表现在买卖方向上,巴伯和奥戴恩(Barber & Odean,2008)认为,由于有限的时间和信息处理能力,个人投资者在购买股票时要承担较高的搜索成本,只能在众多备选股票中选择能吸引其注意力的公司,但在卖出股票时并不受此因素的影响,因为他们卖出的只是手中已经持有的股票,因此个人投资者是"高度关注股票"的净购买者。与上述投资者关注理论假说一致,研究发现个人投资者在公告前后表现出显著的净买入行为(Dey & Radhakrishna,2007;Hirshleifer et al.,2008)。

事实上,盈余公告发布的时机也能影响投资者对注意力水平的配置,造成股票在不同类型盈余公告期间的交易量存在差异。德拉维尼亚和波莱(Dellavigna & Pollet,2009)发现,如果上市公司在周五发布盈余公告,投资者会因即将来临的周末而分散对该事件的注意力,与在其他工作日盈余公告相比,周五发布盈余公告的公司,股票在公告日期间的交易量有明显的下降。赫什利弗等(Hirshleifer et al.,2009)的研究表明,大量公司在同一天发布盈余公告,投资者的注意力容易受到干扰,对盈余信息的关注程度减弱,这些股票在公告日期间表现出较低的交易量。

盈余公告的时机在上述研究中已得到重视，但这些文献并未区分盈余信息的等级属性，也未考虑与盈余公告相关的其他经济因素对投资者注意力产生的影响。上市公司在发布财务公告时往往受到信息泄露的困扰，这在新兴的股票市场尤为普遍，由于信息泄露，股票价格在盈余公告前就开始往公告后的股价方向变动，意外盈余为正（负）的股票，价格在公告前就呈上升（下降）趋势（杨德明和林斌，2009）。而现有的研究也表明，股票价格是影响投资者注意力的重要指标，西肖尔斯和吴（Seasholes & Wu，2007）发现，涨停板事件能够引起市场关注，投资者在涨停次日买入股票。阿布迪等（Aboody et al.，2010）的研究表明，赢家组合股票由于在盈余公告前有良好的市场表现而受到投资者的高度关注。

因此，盈余公告影响投资者注意力的路径可能是，信息泄露导致股价在公告前异常波动，进而影响到投资者注意力水平的分配。具体而言，投资者更倾向于关注意外盈余较高的公告，因为这些股票的价格在公告前出现大幅上涨，良好的市场表现能够引起投资者的高度关注。基于上述文献，本章提出第一个研究假设：

H1：投资者倾向于关注好消息盈余公告，股票在公告期间伴随着更高的交易量，个人投资者表现出显著的净买入行为。

投资者关注会对股票价格产生什么影响？根据投资者关注的价格压力假说，投资者关注能对股票价格产生压力，股价在短期内会上涨，甚至引起市场过度反应，但在公告后随着投资者关注水平恢复到正常状态，市场逐渐回归理性，股票价格会发生反转（Barber & Odean，2008）。笪治等（Da et al.，2011）考察了投资者关注与股价变动以及 IPO 异象之间的关系后发现，投资者通过网络搜索提高对上市公司的关注度，引起股票价格在短期内上涨，但股价在年内出现反转，因此，投资者关注与 IPO 短期溢价呈正相关，但与长期抑价负相关。国内学者以百度检索指数（搜索量）作为投资者关注的代理指标，研究发现，投资者关注给股票带来正向的价格压力，但这种压力很快发生反转，关注度变化率并不能系统地影响股票收益，因此不是显著的风险因子（俞庆进和张兵，2012；赵龙凯等，2013）。

也有文献直接考察投资者净买入对股票价格的影响，以验证投资者关注产生的价格压力假说，特里曼等（Trueman et al.，2003）的研究表明，网络公司股票价格在盈余公告前普遍上涨，散户投资者在公告前表现出明显的买入行为，产生的价格压力是导致股价在公告前上涨的重要原因。弗拉齐尼和拉蒙特（Frazzini & Lamont，2006）发现，盈余公告溢价越高的股票，往往伴随着显著的散户投资者净买入行为，投资者对盈余公告公司高度关注而产生的净买入行为是溢价的驱动因素。阿布迪等（Aboody et al.，2010）发现，赢家组合的股票能引起投资者关注，由此产生的净买入行为导致股票价格在盈余公告前大幅上涨。上述文献发现投资者公告前净买入指标与股票在公告期间的超常收益正相关，认为投资者关注引发净买入行为，对股票价格产生正向的压力，但这些文献并没有考察投资者净买入对股票公告后价格行为的影响。

根据上述两方面文献，我们拟对投资者净买入行为所产生的影响给予全面的考察，投资者净买入行为对股票价格产生压力，引起股价在公告期间上涨，随着盈余公告完成，投资者对上市公司的关注度衰减，股票价格产生回落。同时，考虑到前文所论证的个人投资者倾向关注好消息盈余公告，从而表现出高强度的净买入行为，因此个人投资者净买入行为引发的市场过度反应最有可能在好消息盈余公告股票中发生。本章提出的第二个研究假设为：

H2：投资者净买入与股票公告期间的收益正相关，与股票公告后的收益负相关，但股价反转主要表现在好消息盈余公告股票上。

盈余公告发布以后，若意外盈余为正，股票价格将持续向上漂移，若意外盈余为负，股价将持续向下漂移，即股票价格有按照意外盈余的方向持续漂移的趋势，这就是鲍尔和布朗（Ball & Brown，1968）发现的盈余公告后价格漂移现象（post-earnings announcement drift，PEAD）。伯纳德和托马斯（Bernard & Thomas，1989）认为，PEAD本质不是风险溢价，而是投资者不能及时地解读盈余公告，引起股票价格对盈余信息的滞后反应。法玛（Fama，1998）在其一篇评论性文章中指出，这种价格漂移是所有"反应不足"事件研究的前身（granddaddy of all underreaction events）。

行为金融理论认为，投资者对盈余公告的关注不足或忽略是价格漂移产生的根源。赫什利弗和托伊（Hirshleifer & Toeh，2003）的研究表明，当投资者对上市公司关注不足时，他们可能忽视公司的盈余公告，导致股价不能及时地反映盈余信息，在盈余公告公布后，随着关注该公司的投资者增加，盈余信息逐渐反映在股价中，产生公告后价格漂移现象。在赫什利弗等（Hirshleifer et al.，2011）的理论模型中，一部分投资者忽视公司当期的盈余信息及构成要素（现金流和应计项目），该类型投资者比例与股票盈余公告后价格漂移的程度呈正相关关系。

与丰富的理论演绎相对应，相关的实证研究对上述理论假说给予了验证。德拉维尼亚和波莱（Dellavigna & Pollet，2009）发现，投资者对周五公布的盈余信息的关注程度低于其他工作日公布的盈余信息，与其他工作日相比，周五盈余公告在公告后短期内引起的价格反应较微弱，但在公告后长期内，价格漂移程度更为强烈。赫什利弗等（Hirshleifer et al.，2009）研究表明，投资者的注意力会被在同一天公布的其他公司盈余公告所分散，股票在公告日附近产生的价格反应（公告后价格漂移）对盈余信息的敏感程度，与同时公布盈余信息的公司数量之间存在负向（正向）关系。

上述文献侧重分析注意力分散引起投资者关注不足对PEAD的影响，与这些研究不同，李小晗和朱红军（2011）考察了投资者关注对信息解读效率的影响，发现投资者高度关注使得盈余公告即时反应增加，并伴随着滞后反应的减少。类似地，本章拟研究投资者关注与盈余公告市场反应之间的关系，如果投资者因为提高对股票的关注程度而表现出净买入行为，那么这种行为在短期内将引起股价对意外盈余更为强烈的反应；但随着投资者公告后对上市公司关注程度逐渐衰减，越来越少的盈余信息反映在股价中，导致盈余公告后价格漂移对盈余信息的敏感性下降。因此本章提出的第三个研究假设为：

H3：个人投资者净买入行为引起股价在公告日对盈余信息表现出更为强烈的反应，但导致盈余公告后价格漂移对意外盈余的敏感程度下降。

2.3 研究设计

2.3.1 样本和数据来源

样本为沪深两市A股主板公司，所用的数据均来自国泰安数据库（CSMAR），主要为股票日内高频交易数据、日频率交易数据和季度财务数据。日内交易数据主要包括如下字段：股票代码、交易日期、成交时间、成交价格、成交量、成交金额、三个委买报价、三个委卖报价以及各报价上的委托数量。由于数据库只提供 2002 年以后上市公司的一、三季报，同时考虑到上市公司的财务报表在 2007 年采用新会计准则编制，为避免该事项对研究对象造成影响，本章的研究区间设为 2002~2006 年，并选取上市公司在该区间内的季报、中报和年报公告日作为事件日。为了排除异常值对实证结果的影响，样本筛选标准如下：第一，剔除金融类上市公司，包括银行、证券公司、保险公司和信托公司；第二，剔除被 ST 和 PT 的样本；第三，剔除一季报和上一年度年报公告日期重叠的样本；第四，剔除账面市值比为负数或等于 0，以及其他控制变量缺失的样本；第五，样本需要在盈余公告前 60 天和公告后 120 天内有足够的数据以计算相关变量。最终得到 12266 个公司—季度观测值为有效样本。

2.3.2 变量设计

1. 意外盈余

意外盈余的计算采用随机游走模型，根据该模型，本季度预计每股收益 $E(EPS_{i,t})$ 等于上年度同季的每股收益，即 $EPS_{i,t-4}$，因此标准化意外盈余 SUE 可表示为：

$$SUE_{i,t} = \frac{EPS_{i,t} - E(EPS_{i,t})}{P_{i,t}} = \frac{EPS_{i,t} - EPS_{i,t-4}}{P_{i,t}} \qquad (2.1)$$

公式（2.1）中，$P_{i,t}$ 是股票 i 在 t 季度盈余公告前第 5 个交易日的收盘价。下文根据具体情况对样本采用不同的方式分组：当进行组合分析时，对于研究区间的每期，将样本按照 SUE 进行五分位点分组：Q_1，Q_2，…，Q_5，SUE 的等级属性越高，说明盈余信息的属性越好，其中 Q_5 表示好消息组，Q_1 表示坏消息组；当进行回归分析时，将各季度样本按照 SUE 进行十分位点分组，以样本所属组别的序数值（$RSUE$）进入回归方程，参考伯纳德和托马斯（Bernard & Thomas, 1989）的做法，将变量 $RSUE$ 标准化为 0.1，0.2，…，1。按照研究惯例，下文涉及日期指标时，以 $d=0$ 表示盈余公告当日，$d<0$（$d>0$）表示盈余公告前（后）第 d 个交易日。

2. 个人投资者交易行为

借鉴市场微观结构领域的研究方法，以交易规模（单笔成交金额）作为划分交易者类型的标准,例如,以10000美元为分界点,单笔成交金额小于分界点的视为个人散户投资者发起,单笔成交金额大于分界点的则视为机构大户投资者发起。在此过程中,会存在以下两类错误:将个人投资者误划入机构投资者,定义为Ⅰ类错误;或将机构投资者误划入个人投资者,定义为Ⅱ类错误。显然,提高分界点,可以降低Ⅰ类错误,但增加Ⅱ类错误,降低分界点,可以降低Ⅱ类错误,但增加Ⅰ类错误。① 要研究机构投资者,需要提高分界点以减少Ⅰ类错误,要研究个人投资者,需降低分界点以减少Ⅱ类错误,但无论哪种情况,要避免损失过多的有效样本。

本章的研究对象是个人散户投资者,参考实务界在分析股票资金流向时所采用的方法,以及研究中国股市投资者行为的相关文献,将单笔成交金额在10万元以下的订单界定为由个人散户投资者驱动。② 对高频数据的处理步骤如下:

第一步,根据李和雷迪(Lee & Ready,1991)的方法区分订单的交易方向,如单笔交易的成交价格大于(小于)前一笔交易最优买卖报价的中点,则该笔交易由买方(卖方)发起;如成交价格等于买卖报价的中点,则采用标记检验(tick test)的方法来进行区分,当前成交价格高于(低于)前一笔成交价格的交易视为买方(卖方)发起。

第二步,以买入金额减去卖出金额,再经平均交易额调整,得出净买入指标:

$$NB_{i,d} = \frac{Buy_{i,d} - Sell_{i,d}}{\overline{VOL}_{i,d}} \quad (2.2)$$

$$\overline{VOL}_{i,d} = \frac{1}{250}\sum_{m=d-250}^{d-1} VOL_{i,m} \quad (2.3)$$

在公式(2.2)和公式(2.3)中,$Buy_{i,d}$和$Sell_{i,d}$分别是个人投资者d交易日在股票i上的买入金额和卖出金额,$\overline{VOL}_{i,d}$表示股票i在d日之前250个交易日中的平均交易金额,$NB_{i,d}$表示个人投资者d交易日在股票i上的净买入。

---

① 对该方法的详细介绍,请参照李和拉达克里什纳(Lee & Radhakrishna,2000)、徐龙炳(2005)。
② 国内主要财经门户网站(如和讯财经等)在分析个股资金流向时,将单笔金额在10万元以下的成交界定为一般性散户行为,单笔金额在30万元以上的成交已具备大户或机构的特征。王等(Wang et al.,2011)利用高频数据分析中国股票市场投资者交易行为时,也采用了此分类方法。

第三步，以股票在 d 交易日的净买入减去所有股票（样本量为 n）在该交易日净买入的均值，得到个人投资者在 d 交易日对该股票的超常净买入：

$$ANB_{i,d} = NB_{i,d} - \frac{1}{n}\sum_{i=1}^{n} NB_{i,d} \qquad (2.4)$$

个人投资者在区间 $[h, l]$ 内对股票 i 的累计超常净买入可表示为：

$$CANB_i^{[h,l]} = \sum_{d=h}^{l} ANB_{i,d} \qquad (2.5)$$

3. 市场反应

市场反应指标包括价格和交易量，前者根据吴世农和吴超鹏（2005），采用市场调整法计算累计超常收益作为盈余公告价格反应的衡量指标，股票 i 在第 d 个交易日的超常收益 $AR_{i,d}$ 表示为 $AR_{i,d} = R_{i,d} - R_{m,d}$，其中，$R_{i,d}$ 是股票 i 在第 d 个交易日的收益率，$R_{m,d}$ 为流通市值加权平均的市场收益率，股票 i 在区间 $[j, k]$ 的累计超常收益表示为 $CAR_i^{[j,k]} = \sum_{d=j}^{k} AR_{i,d}$。

超常交易量指标参照弗拉齐尼和拉蒙特（Frazzini & Lamont, 2006）提出的方法构建，股票 i 在区间 $[h, l]$ 内的累计超常交易量表示为：

$$CABV_i^{[h,l]} = \sum_{d=h}^{l} ABV_{i,d} \qquad (2.6)$$

公式（2.6）中，$ABV_{i,d} = SV_{i,d} - \frac{1}{n}\sum_{i=1}^{n} SV_{i,d}$，其中，$SV_{i,d} = \frac{VOL_{i,d}}{\overline{VOL_{i,d}}}$，$VOL_{i,d}$ 是股票 i 在 d 交易日的交易量，$\overline{VOL_{i,d}}$ 见上文公式（2.3）。

4. 控制变量

控制变量（CV）主要包括非流动性、换手率、盈余公告前股票收益、特质波动率、盈余波动性、盈余公告披露及时性、账面市值比和公司规模，具体阐述如下：

根据阿米胡德（Amihud, 2002），股票 i 在 t 季度盈余公告前的非流动性指标（$ILLIQ$）为：

$$ILLIQ_{i,t} = 1/D_{i,t} \sum_{d=1}^{D_{i,t}} |R_{i,t,d}|/VOL_{i,t,d} \qquad (2.7)$$

其中，$R_{i,t,d}$ 和 $VOL_{i,t,d}$ 分别表示股票 i 在 t 季度盈余公告前第 d 个交易日的回报率和交易量，$D_{i,t}$ 为考察区间的交易天数。$ILLIQ_{i,t}$ 以盈余公告前 30 个交易日的数据计算而得。

换手率（$TURN$）：以股票在盈余公告前 30 个交易日的平均换手率来衡量；盈余公告前股票收益（$CAR^{[-30,-1]}$）：以股票在盈余公告前 30 个交易日中的累计超常收益来衡量，用以控制股票价格的惯性或者反转效应，以及股价对投资者交易行为的影响。特质波动率（$IVOL$）：以股票盈余公告前 30 个交易日超常收益的标准差来衡量，以控制公司的特质风险。盈余波动性（$EVOL$）：以本季和之前季度共 8 期每股盈余的标准差来衡量，若观测值不足 8 期，则以实有的数据来计算。盈余公告披露及时性（LAG）：盈余公告日期与财务报告会计截止日期的间隔时间，具体以间隔天数除以 30 来计算。账面市值比（BM）以股票季度末的所有者权益账面价值与总市值之比计算而得，公司规模（$SIZE$）以股票季度末资产（百万元为单位）的对数值衡量。

2.3.3 模型设定

检验盈余信息属性对投资者注意力配置影响（H1）的模型如下：

$$CABV_{i,t}^{[-5,0]} = \alpha_0 + \alpha_1 RSUE_{i,t} + \Gamma_0 CV_{i,t} + e_{i,t} \tag{2.8}$$

公式（2.8）中，$CABV_{i,t}^{[-5,0]}$ 是股票 i 在 t 季度盈余公告期间 [-5，0] 内的累积超常交易量，$RSUE$ 是样本意外盈余所属组别的序数值，CV 是控制变量。根据研究假设 H1，如果投资者更倾向关注意外盈余较高的公告，此时 α_1 应该显著为正。

为了检验价格压力假说，考察投资者盈余公告前净买入行为，对股票公告前后价格行为的影响（H2），设计的实证模型如下：

$$CAR_{i,t}^{[j,k]} = \alpha_0 + \alpha_1 CANB_{i,t}^{[-5,0]} + \Gamma_0 CV_{i,t} + e_{i,t} \tag{2.9}$$

公式（2.9）中，$CANB_{i,t}^{[-5,0]}$ 是股票 i 在 t 季度盈余公告期间 [-5，0] 内个人投资者的累计超常净买入。当考察投资者净买入对股票在盈余公告期间价格行为的影响时，因变量取 $CAR_{i,t}^{[-5,2]}$，根据研究假设 H2，此时 α_1 应该显著为正；当考察投资者净买入对股票公告后价格行为的影响时，因变量取 $CAR_{i,t}^{[3,10]}$，如果价格压力假说成立，此时 α_1 应该显著为负。

在检验研究假设 H3 时，考察个人投资者交易行为对盈余公告后价格漂移影响的回归模型为：

$$CAR_{i,t}^{[j,k]} = \alpha_0 + \alpha_1 RSUE_{i,t} + \alpha_2 RSUE_{i,t} \times RTAD_{i,t} \\ + \alpha_3 RTAD_{i,t} + \Gamma_0 CV_{i,t} + e_{i,t} \quad (2.10)$$

为了考察个人投资者交易行为对盈余公告后价格漂移的影响，模型（2.10）引入 $CANB_{i,t}^{[-5,0]}$ 十分位点分组对应的序数值变量 $RTAD_{i,t}$，其与意外盈余产生的交互项为 $RSUE_{i,t} \times RTAD_{i,t}$，该变量的系数可以用来反映盈余公告引起的价格反应对意外盈余的敏感性，在不同程度投资者净买入情况下所存在的差异。盈余公告引起的价格即时反应以 $CAR^{[0,1]}$ 衡量，根据研究假说 H3，此时 α_2 应该显著为正；盈余公告引起的价格滞后反应以股票公告后的累积超常收益（$CAR^{[2,30]}$、$CAR^{[2,45]}$ 和 $CAR^{[2,60]}$）来衡量，根据研究假设 H3，此时 α_2 应该显著为负。

2.4 实证检验与分析

2.4.1 描述性统计

采用缩尾调整方法（Winsorize）对各变量1%以下和99%以上的极端值进行处理。表2-1是变量的描述性统计结果，$CABV^{[-5,0]}$ 的均值为正，但未通过显著性检验，但 $CANB^{[-5,0]}$ 的均值为0.016，在1%的水平显著为正，说明个人投资者受盈余公告影响提高对股票的关注度，进而表现出明显的净买入行为；SUE 的样本均值为 -0.0015，在1%的水平上显著，与此相对应，$CAR^{[1,60]}$ 的均值为 -0.0198，也在1%的水平显著为负，表明盈余指标低于预期值，引起股价在公告后向下漂移。

表2-1　　　　　　　　　变量描述性统计

变量	样本数	均值	标准差	最小值	中值	最大值
$CAR^{[-5,2]}$	12266	-0.0034	0.0662	-0.1790	-0.0046	0.1915
$CAR^{[3,10]}$	12266	0.0023	0.0575	-0.1483	0.0015	0.1764

续表

变量	样本数	均值	标准差	最小值	中值	最大值
$CAR^{[1,60]}$	12266	-0.0198	0.1503	-0.3906	-0.0223	0.4049
SUE	12266	-0.0015	0.0155	-0.0823	0.0000	0.0519
$CABV^{[-5,0]}$	12266	0.0818	5.8080	-9.5085	-1.4051	25.8262
$CANB^{[-5,0]}$	12266	0.0160	0.4321	-1.2236	-0.0072	1.6577
$ILLIQ$	12266	0.4633	0.5483	0.0123	0.2532	2.8393
$IVOL$	12266	1.9702	0.7369	0.7623	1.8533	4.1589
$CARBEF$	12266	-0.0021	0.1101	-0.2607	-0.0100	0.3355
$TURN$	12266	0.8298	0.9115	0.0434	0.5231	4.9366
$EVOL$	12266	0.0547	0.0651	0.0052	0.0342	0.4102
LAG	12266	1.4950	0.9025	0.5000	1.0000	3.8000
BM	12266	0.5817	0.2836	0.1242	0.5325	1.4879
$SIZE$	12266	21.3472	0.8966	19.5337	21.2648	24.0402

表 2-2 公布了各主要变量的相关系数，其中对角线左下（右上）侧是 Spearman（Pearson）相关系数。首先，$CABV^{[-5,0]}$ 与 SUE 的相关系数在 1% 水平显著为正，说明股票在公告期间的交易量随着意外盈余的提高而上升，盈余信息属性越好，投资者的交易行为越活跃；其次，$CANB^{[-5,0]}$ 与 $CABV^{[-5,0]}$ 呈高度正相关，相关系数指标值在 0.2 左右，股票的交易量越高，个人投资者的净买入行为就越强烈，如果交易量是投资者关注的指示性指标，那么当股票出现异常高的交易量时，注意力受限的投资者就表现出净买入行为；最后，$CANB^{[-5,0]}$ 与 SUE 的相关系数也在 1% 的水平显著为正，个人投资者在意外盈余较高的股票上表现出更为强烈的净买入行为，说明这些公司的公告更能引起投资者的关注。

表 2 – 2　　变量相关性分析

变量	$CAR^{[-5,2]}$	$CAR^{[3,10]}$	$CAR^{[1,60]}$	SUE	$CABV^{[-5,0]}$	$CANB^{[-5,0]}$	ILLIQ	IVOL	$CAR^{[-30,-1]}$	TURN	EVOL	LAG	BM	SIZE
$CAR^{[-5,2]}$	1	-0.0299***	0.1347***	0.1564***	0.2606***	0.2233***	-0.0489***	0.0107	0.3588***	0.0331***	-0.01413	0.0265	0.0169*	0.0885***
$CAR^{[3,10]}$	-0.0262***	1	0.3260***	-0.0266**	-0.0328***	-0.0348***	0.0965***	0.0437***	-0.0443***	-0.0209**	0.0248***	0.0249***	0.0514***	-0.0190**
$CAR^{[1,60]}$	0.1361***	0.3100***	1	0.0359***	-0.0429***	-0.0498***	0.0737***	-0.0668***	-0.0449***	-0.1556***	0.0050	-0.0194***	0.0182***	0.0766***
SUE	0.2072***	-0.0354***	0.0917***	1	0.0596***	0.0498***	-0.0593***	-0.0465***	0.1900***	0.0320***	-0.0978***	-0.0714***	-0.0948***	0.0157*
$CABV^{[-5,0]}$	0.2226***	-0.0271***	-0.0222**	0.0953***	1	0.2136***	-0.0765***	0.2698***	0.4417***	0.1812***	0.0057	-0.0145	-0.0262***	-0.0007
$CANB^{[-5,0]}$	0.2438***	-0.0399***	-0.0423***	0.0575***	0.1608***	1	-0.0946***	0.0097	0.0706***	0.0385***	0.0236***	-0.0282***	-0.0743***	0.0935***
ILLIQ	-0.0540***	0.1270***	0.0743***	-0.1089***	-0.0622***	-0.1968***	1	-0.1277***	-0.2350***	-0.3863***	0.0005	-0.0706***	0.0330***	-0.3635***
IVOL	-0.0175*	0.0353***	-0.0670***	-0.0271***	0.2209***	0.0170*	-0.1796***	1	0.1781***	0.5636***	0.1671***	0.1197***	-0.1055***	-0.1264***
$CAR^{[-30,-1]}$	0.3261***	-0.0468***	-0.0388***	0.2158***	0.4292***	0.0745***	-0.2436***	0.1781***	1	0.2486***	0.0029	0.0523***	-0.0488***	0.0570***
TURN	-0.0319***	-0.0770***	-0.1552***	0.0117	0.1064***	0.0496***	-0.6030***	0.5751***	0.2391***	1	0.0561***	0.2370***	0.0204***	-0.0842***
EVOL	0.0166*	-0.0124	0.0281**	0.0038	0.0316***	0.0761***	-0.0954***	0.1598***	0.0451***	0.0950***	1	0.0312***	-0.0058	0.0419***
LAG	0.0368***	0.0476***	0.0081	-0.0442***	-0.0226***	-0.0296***	-0.0726***	0.1084***	0.0289***	0.0706***	0.0108	1	0.0235***	0.0228***
BM	0.0044	0.0433***	0.0123	-0.0858***	-0.0404***	-0.0773***	0.0924***	-0.1075***	-0.0464***	0.0411***	-0.0473***	0.0465***	1	0.3761***
SIZE	0.0917***	-0.0194**	0.0716***	0.0445***	0.0183**	0.1299***	-0.4514***	-0.1232***	0.0688***	-0.0782***	0.1005***	0.0333***	0.3688***	1

注：表中数据左下角部分是变量间的 Spearman 相关系数，右上角部分是变量间的 Pearson 相关系数；*、**和***分别表示在10%、5%和1%水平上显著。

$CAR^{[-5,2]}$ 与 $CANB^{[-5,0]}$ 在1%的水平上显著正相关，投资者公告前买入行为产生压力，导致股价在盈余公告期间上涨，与此形成对比，$CAR^{[3,10]}$ 与 $CANB^{[-5,0]}$ 在1%的水平上显著负相关，投资者对上市公司关注度随着盈余公告完成而恢复常态，股票价格在公告后出现回落；此外，$CAR^{[1,60]}$ 与 SUE 的相关系数显著为正，说明盈余公告后价格漂移现象的存在；$CAR^{[1,60]}$ 与 $CAR^{[-30,-1]}$ 的相关系数为负，说明股票价格在盈余公告前后出现反转；$CAR^{[1,60]}$ 与 $TURN$ 显著负相关，意味着投机行为可能引发市场泡沫，导致股票产生更低的回报；$CAR^{[1,60]}$ 与 $ILLIQ$ 显著正相关，说明投资者在资产流动性降低时需要收益上的补偿。

2.4.2 研究假设检验

1. 检验 H1

图2-1显示了上市公司在盈余公告期间 [-5,0] 的交易情况，当意外盈余较低时（Q_1 至 Q_3），股票的累计超常交易量为负，投资者在这些股票上并未表现出异常活跃的交易行为。而且对于 Q_1 和 Q_3 组合，t 检验显示 $CABV^{[-5,0]}$ 指标显著为负，说明股票在盈余公告期间的交易量甚至显著低于市场平均水平。随着意外盈余增加，投资者的交易行为趋于活跃，其中 Q_4 组合的 $CABV^{[-5,0]}$ 值为0.31，意味着投资者在此区间内的交易量比市场平均水平高出31%，Q_5 组合的指标值高达1.1，说明盈余公告期间的交易量是市场平均交易量的1.1倍。图2-1的结果初步证实投资者更倾向于关注 SUE 较高的盈余公告。

表2-3是模型（2.8）的实证结果。方程（1）和方程（2）对应意外盈余十分位点序数值（$RSUE$）为自变量时模型的回归结果，方程（1）是未加入控制变量的情形，$RSUE$ 的系数高达1.9，并在1%的水平上显著为正，方程（2）控制了可能影响市场交易的其他变量，$RSUE$ 仍在1%的水平上显著，系数值超过1，意味着意外盈余组别序数值每增加1个单位，股票盈余公告前超常交易量呈现成倍增长。上述结果说明，意外盈余等级越高，投资者在公告前的交易行为越活跃，表现出更高的交易量。

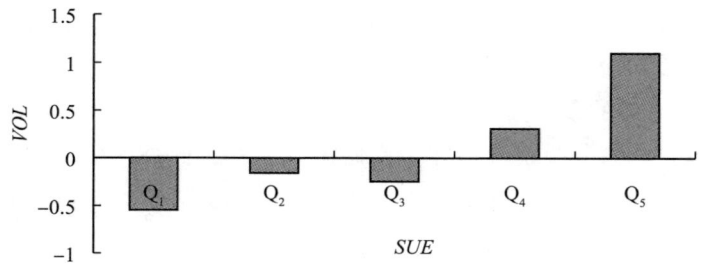

图 2-1 投资者关注与交易量

表 2-3　　　　　　　　　　交易量回归分析

变量	方程（1）	方程（2）	方程（3）	方程（4）
截距项	-0.9641*** (-8.52)	-6.0814*** (-4.22)	-0.3168*** (-4.76)	-5.4647*** (-3.79)
RSUE	1.9047*** (10.42)	1.2419*** (7.17)		
DSUE			1.0359*** (9.65)	0.7557*** (7.43)
ILLIQ		0.0856 (0.77)		0.0960 (0.86)
IVOL		1.7615*** (21.18)		1.7677*** (21.25)
$CAR^{[-30,-6]}$		15.5276*** (27.35)		15.6350*** (27.67)
TURN		-0.0739 (-0.97)		-0.0794 (-1.05)
EVOL		-2.7826*** (-3.66)		-3.1408*** (-4.12)
LAG		-0.2915*** (-5.24)		-0.2982*** (-5.36)
BM		0.1890 (0.97)		0.2068 (1.06)
SIZE		0.1184* (1.75)		0.1082 (1.60)
R^2	0.0088	0.1423	0.0075	0.1426
样本量	12266	12266	12266	12266

注：（ ）内为 t 值；*、** 和 *** 分别表示在 10%、5% 和 1% 水平上显著。

为了增强结果的稳健性，本章也在模型（2.8）中采用意外盈余虚拟变量（$DSUE$）替换序数值变量，当样本属于 Q_4 和 Q_5 组合时，$DSUE$ 取值为1，否则为0。回归结果对应表2-3的方程（3）和方程（4），根据方程（3），常数项为-0.3168，说明当意外盈余较低时（Q_1 至 Q_3 组合），股票在公告前的异常交易量显著为负，$DSUE$ 的系数约等于1，意味着当意外盈余较高时（Q_4 和 Q_5 组合），股票在公告前的异常交易量显著为正。当加入控制变量以后，方程（4）的结果显示，$DSUE$ 的系数超过了0.7，仍在1%水平上显著，说明投资者盈余公告前在高 SUE 股票上的交易行为更为活跃。

引起股票在盈余公告前出现异常交易量的因素，除了投资者关注，还存在着其他备择解释变量，投资者在公告前对盈余信息存在不同的预测，意见分歧程度越严重，投资者在盈余公告期间的交易行为越活跃，表现出更高的交易量（Kandel & Pearson, 1995）。为了对上述假说给予检验，我们在自变量中加入股票收益异质波动率指标（$IVOL$），用以控制投资者在公告前对盈余信息评估的意见分歧程度，在表2-3的回归结果中，该变量的系数值约为1.7，t值超过20，在统计和经济意义上均高度显著，但这不足以影响盈余变量对异常交易量的解释能力。而且，投资者对 SUE 较低的股票也存在意见分歧，但根据图2-1的结果，低 SUE 股票在公告前的交易量明显低于市场平均水平，这一结果与异质信念假说不相符。

表2-3的结果从总体上表明，异质信念对股票公告前异常交易量存在一定的解释力，但影响交易行为的主要原因是投资者更倾向于关注 SUE 较高的盈余公告。而正如巴伯和奥戴恩（Barber & Odean, 2008）所指出的，个人投资者在购买股票时面临着选择性困境，受有限注意力的制约，投资者往往将搜索范围局限在能够引起其注意力的股票上，但投资者在卖出股票时并不受此影响；如果股票出现异常高的交易量是投资者对上市公司高度关注的指示性指标，那么我们可以预期，个人投资者将在这些股票上表现出显著的净买入行为。下文考察个人投资者在盈余公告前后的净买入行为，表2-4展示个人投资者在[-5,5]区间上的净买入指标。首先，不区分盈余公告类型，投资者在盈余公告期间有显著的净买入行为，随着公告日的临近，净买入的程度不断增强至公告当日达到最大值，并在盈余公告后次日仍保持为正，但强度仅为公告当日的1/3，在随后的交易日中，该指标值变得不再显著。

表 2-4　　　　　个人投资者盈余公告期间净买入行为分析

交易日	SUE $Q_1 \sim Q_5$	（坏消息） Q_1	SUE Q_2	Q_3	Q_4	（好消息） Q_5
-5	0.0006 (0.38)	-0.0007 (-0.22)	-0.0033 (-0.89)	-0.0054 * (-1.75)	0.0065 (1.64)	0.0071 * (1.83)
-4	0.0006 (0.40)	-0.0016 (-0.50)	-0.0002 (-0.06)	-0.0022 (-0.73)	0.0034 (0.89)	0.0044 (1.23)
-3	0.0026 * (1.75)	0.0022 (0.70)	0.0031 (0.93)	-0.0046 (-1.61)	0.0031 (0.90)	0.0102 *** (2.80)
-2	0.0028 * (1.93)	0.0012 (0.37)	0.0030 (0.88)	0.0013 (0.41)	0.0034 (0.98)	0.0057 * (1.71)
-1	0.0049 *** (3.29)	0.0013 (0.40)	0.0002 (0.04)	-0.0010 (-0.34)	0.0084 ** (2.47)	0.0163 *** (4.95)
0	0.0116 *** (6.67)	-0.0020 (-0.63)	-0.0026 (-0.71)	0.0097 ** (2.21)	0.0222 *** (5.66)	0.0305 *** (7.68)
1	0.0041 *** (2.64)	0.0023 (0.73)	0.0014 (0.41)	0.0013 (0.38)	0.0053 (1.46)	0.0106 *** (2.86)
2	-0.0001 (-0.04)	-0.0016 (-0.52)	-0.0006 (-0.18)	0.0024 (0.72)	0.0015 (0.44)	-0.0024 (-0.68)
3	0.0012 (0.65)	-0.0006 (-0.20)	-0.0007 (-0.20)	0.0002 (0.06)	0.0065 (0.89)	0.0010 (0.28)
4	0.0013 (0.78)	0.0018 (0.61)	-0.0004 (-0.13)	0.0037 (1.22)	0.0066 (1.09)	-0.0051 (-1.55)
5	-0.0010 (-0.72)	-0.0002 (-0.06)	0.0046 (1.43)	-0.0009 (-0.30)	-0.0049 (-1.34)	-0.0037 (-1.15)
样本量	12266	2446	2240	2860	2270	2450

注：( ) 内为 t 值；*、** 和 *** 分别表示在 10%、5% 和 1% 水平上显著。

当区分样本的不同盈余信息属性后，从左到右横向进行比较可以看出，首先，就日平均净买入指标而言，对于意外盈余较低的股票组合 Q_1 和 Q_2，投资者在整个区间内并未表现出买入特征；随着 SUE 提高，投资者盈余公告前后的净买入指标无论是显著性水平还是程度，都趋于增强，如投资者在 Q_3 股票组合上的买入行为仅表现在盈余公告当日，但在 Q_4 组合上的买入行为已提前到盈余公告前 1 天；对于意外盈余最高的组合 Q_5，投资者在公告前 5 个交易日内基本上表现出净买入行为，而且公告前后 3 个交易日的净买入指标在 1% 的水平上显著为正。

表 2-5 是投资者累计净买入指标 $CANB^{[-5,0]}$ 的统计结果。对于全部的样本，$CANB^{[-5,0]}$ 指标值为 0.0160，t 检验显示在 1% 水平显著，说明不论盈余信息属性好坏，个人投资者在盈余公告期间表现出显著的净买入行为。当进一步区分意外盈余等级时，发现个人投资者净买入指标在 SUE 较低的组合（$Q_1 \sim Q_3$）上均不显著，但在 SUE 较高的组合（Q_4 和 Q_5）上均显著为正，指标值分别为 0.0314 和 0.0600，就净买入强度而言，后者大约是前者的 2 倍；而且双样本均值检验显示投资者在 Q_5 和 Q_1 组合上的净买入程度存在显著差异，差值为 0.0604，显著性水平为 1%。

表 2-5　　　　个人投资者累积净买入（$CANB^{[-5,0]}$）分析

全部样本	Q_1	Q_2	Q_3	Q_4	Q_5	$Q_5 - Q_1$
0.0160 *** (-4.09)	-0.0004 (-0.05)	-0.0037 (-0.41)	-0.0047 (-0.56)	0.0314 *** (3.38)	0.0600 *** (6.88)	0.0604 *** [5.07]

注：（）内为单样本检验 t 值，[ ] 内为配对样本检验 t 值；*、** 和 *** 分别表示在 10%、5% 和 1% 水平上显著。

根据投资者有限关注的净买入假说，盈余公告能引起股票市场参与者的广泛关注，个人投资者受有限注意力的制约，往往在上市公司盈余公告前表现出显著的净买入行为。表 2-4 报告了未区分盈余公告类型时的个人投资者净买入均值显著为正，这一结果与已有研究得出的结论相吻合（Lee，1992；Frazzini & Lamont，2006；Dey & Radhakrishna，2007），但我们对此进行了拓展，考察个人投资者净买入行为在不同类型盈余公告上的分布状况，由图 2-1、表 2-3 至表 2-5 的结果可以发现，投资者在不同意外盈余等级公告上的注意力配置存在差异，更倾向于关注 SUE 较高的盈余公告，这些股票在盈余公告期间表现出更高的交易量，由于个人投资者受有限注意力

的制约，他们在这些股票上表现出显著的净买入行为①，上述结果支持了前文提出的研究假设 H1。

2. 检验 H2

如果投资者公告期间净买入行为的驱动因素是投资者对盈余公告股票的高度关注，那么该行为会对股票价格产生压力，引起股价在短期内上涨，但随着投资者的注意力在公告后恢复到正常水平，股票价格会出现回落。为了对投资者关注理论的价格压力假说给予系统的实证检验，下文从组合分析和回归分析两个角度，考察投资者公告前净买入行为对股票公告前后价格的影响。首先是投资组合分析，考虑到盈余信息对股票价格产生的影响，分别根据投资者公告当日及之前5个交易日内的累计净买入（$CANB^{[-5,0]}$）和标准化意外盈余（SUE）进行五分位点分组，交叉形成25个投资组合，考察各投资组合在盈余公告期间（$CAR^{[-5,2]}$）和盈余公告后的累计超常收益（$CAR^{[3,10]}$），结果见表 2-6 和表 2-7。

表 2-6　　投资者净买入与盈余公告期间股票价格（组合分析）

分组	（坏消息）Q_1	Q_2	SUE Q_3	Q_4	（好消息）Q_5
G_1（净卖出）	-0.0330 *** (-9.62)	-0.0360 *** (-12.96)	-0.0247 *** (-9.96)	-0.0126 *** (-4.24)	-0.0036 (-1.08)
G_2	-0.0305 *** (-10.80)	-0.0215 *** (-7.68)	-0.0153 *** (-7.19)	-0.0045 * (-1.78)	0.0023 (0.78)
G_3	-0.0264 *** (-9.23)	-0.0104 *** (-4.04)	-0.0081 *** (-3.11)	0.0014 (0.52)	0.0135 *** (4.77)

---

① 与弗拉齐尼和拉蒙特（Frazzini & Lamont，2006）类似，本章发现个人投资者净买入行为在盈余公告完成后很快消失。相关文献利用网络搜索量作为投资者关注的代理指标，研究发现超额检索量在公告后仍会持续一段时间（Drake et al.，2012；施荣盛和陈工孟，2012）。造成上述差异的原因可能在于，两种指标反映投资者注意力水平的侧重点不同，检索量指标表现的是投资者对信息的需求，而净买入反映的是投资者真实的交易行为，例如，使用网络检索的投资者最终未必购买该股票，同样地，购买股票的投资者可能是从其他渠道（分析师推荐或财经新闻）获得相关信息，两种指标在衡量投资者注意力水平上既有共性又存在差别。因此可能存在如下情形，部分投资者在公告后继续通过网络检索了解该股票，但这些信息并未对购买决策产生影响。

续表

分组	（坏消息）Q_1	SUE Q_2	Q_3	Q_4	（好消息）Q_5
G_4	-0.0172*** (-5.72)	-0.0044 (-1.44)	0.0075*** (2.82)	0.0187*** (7.47)	0.0243*** (9.33)
G_5 （净买入）	0.0073** (2.00)	0.0100*** (2.82)	0.0111*** (3.79)	0.0286*** (9.77)	0.0411*** (14.77)
$G_5 \sim G_1$	0.0403*** [8.04]	0.0460*** [10.22]	0.0358*** [9.33]	0.0413*** [9.82]	0.0447*** [10.35]

注：$Q_1 \sim Q_5$ 表示 SUE 的五分位数分组，$Q_1(Q_5)$ 表示盈余公告是坏（好）消息，G_1 至 G_5 表示 $CANB^{[-5,0]}$ 的五分位数分组，$G_1(G_5)$ 表示投资者在股票上表现出强烈的净卖出（净买入）行为。( ) 内为单样本检验 t 值，[ ] 内为配对样本检验 t 值；*、** 和 *** 分别表示在 10%、5% 和 1% 水平上显著。

表 2-7　　投资者净买入与盈余公告后股票价格（组合分析）

分组	（坏消息）Q_1	SUE Q_2	Q_3	Q_4	（好消息）Q_5
G_1 （净卖出）	0.0011 (0.39)	0.0009 (0.35)	0.0022 (1.01)	-0.0002 (-0.09)	0.0041 (1.44)
G_2	0.0067** (2.50)	0.0051* (1.95)	0.0041* (1.88)	0.0000 (0.02)	0.0047* (1.65)
G_3	0.0087*** (3.43)	0.0034 (1.39)	0.0092*** (3.64)	-0.0006 (-0.22)	0.0083*** (2.87)
G_4	0.0057** (2.22)	-0.0011 (-0.40)	0.0032 (1.37)	0.0009 (0.34)	-0.0012 (-0.47)
G_5 （净买入）	0.0032 (1.08)	-0.0041 (-1.41)	0.0014 (0.58)	-0.0043* (-1.71)	-0.0047* (-1.93)
$G_5 \sim G_1$	0.0020 [0.49]	-0.0050 [-1.31]	-0.0008 [-0.24]	-0.0041 [-1.13]	-0.0088** [-2.35]

注：$Q_1 \sim Q_5$ 表示 SUE 的五分位数分组，$Q_1(Q_5)$ 表示盈余公告是坏（好）消息，G_1 至 G_5 表示 $CANB^{[-5,0]}$ 的五分位数分组，$G_1(G_5)$ 表示投资者在股票上表现出强烈的净卖出（净买入）行为。( ) 内为单样本检验 t 值，[ ] 内为配对样本检验 t 值；*、** 和 *** 分别表示在 10%、5% 和 1% 水平上显著。

表 2-6 显示了投资者公告前净买入对股票盈余公告期间价格行为的影响：从纵向看，对于盈余信息的五个组合（$Q_1 \sim Q_5$），随着投资者公告前交易行为由净卖出转为净买入，并且买入程度不断加强时，股票盈余公告期间的累积超常收益（$CAR^{[-5,2]}$）基本上呈递增态势；当投资者在公告前净卖出（G_1）时，$Q_1 \sim Q_4$ 组合的 $CAR^{[-5,2]}$ 均在 1% 水平上显著为负，当投资者在公告前净买入（G_5）时，所有盈余信息组合的 $CAR^{[-5,2]}$ 均在 5% 或 1% 水平上显著为正；由表 2-6 的最后一行可知，无论盈余信息属性好坏，套利组合（$G_5 - G_1$）在盈余公告期间的累计超常收益在 3%~5% 之间，均在 1% 水平显著为正。说明投资者公告前净买入对股票在盈余公告期间的价格产生压力，引起股价普遍上涨。

表 2-7 报告投资者公告前净买入对股票盈余公告后价格行为的影响：当投资者在公告前净卖出（G_1）时，所有盈余信息组合的 $CAR^{[3,10]}$ 均不显著，而当投资者在公告前净买入（G_5）时，Q_4 和 Q_5 组合的 $CAR^{[3,10]}$ 分别为 -0.43% 和 -0.47%，但 $Q_1 \sim Q_3$ 组合的指标值不显著。由表 2-7 的最后一行，当股票的 SUE 最高时，套利组合（$G_5 - G_1$）的 $CAR^{[3,10]}$ 为 -0.88%，在 5% 水平显著，而在其他情形下，套利组合的指标值均不显著。上述结果表明，对于意外盈余最高的股票，投资者公告前净买入程度越高，股票公告后价格下降的幅度越大。

上述结果初步验证了研究假设 H2，但组合分析并不能对影响股票价格的其他因素加以控制，因此需要通过模型进行实证检验，表 2-8 报告因变量为 $CAR^{[-5,2]}$ 时模型（2.9）的回归结果。对于所有的盈余信息组合（$Q_1 \sim Q_5$），$CANB^{[-5,0]}$ 的系数均为正，在 1% 的水平显著，$CANB^{[-5,0]}$ 增加 1 个标准差，$CAR^{[-5,2]}$ 大约上升 1%~1.5%，说明投资者的买入行为产生价格压力，导致股票价格在盈余公告期间显著上涨。表 2-9 是因变量取 $CAR^{[3,10]}$ 时，模型（2.9）的回归结果。当样本取意外盈余较低的组别（$Q_1 \sim Q_4$）时，自变量 $CANB^{[-5,0]}$ 的系数均不显著，但当样本取意外盈余最高的股票组合 Q_5 时，$CANB^{[-5,0]}$ 的系数在 1% 水平显著为负，$CANB^{[-5,0]}$ 增加 1 个标准差，$CAR^{[3,10]}$ 约下降 0.3%，说明对于 Q_5 组合的样本公司，投资者公告前净买入程度越高，股票公告后价格回落的幅度越大。

表2-8　投资者净买入与股票盈余公告期间股票价格（回归分析）

变量	（坏消息）Q_1	SUE Q_2	Q_3	Q_4	（好消息）Q_5
截距项	-0.1543*** (-3.61)	-0.0921*** (-2.22)	-0.0765** (-2.15)	-0.0860** (-2.39)	-0.1159*** (-3.19)
$CANB^{[-5,0]}$	0.0351*** (9.94)	0.0350*** (11.23)	0.0289*** (11.07)	0.0280*** (9.89)	0.0365*** (12.13)
ILLIQ	0.0031 (0.92)	0.0026 (0.90)	-0.0009 (-0.36)	-0.0012 (-0.44)	0.0066** (2.05)
IVOL	0.0006 (0.26)	-0.0009 (-0.40)	-0.0012 (-0.63)	-0.0008 (-0.34)	0.0107*** (4.64)
$CAR^{[-30,-6]}$	0.0344** (2.10)	0.0345** (2.11)	-0.0029 (-0.22)	-0.0135 (-0.93)	-0.0070 (-0.49)
TURN	0.0016 (0.79)	0.0013 (0.57)	0.0000 (-0.02)	0.0046** (2.32)	-0.0012 (-0.58)
EVOL	-0.0433** (-2.42)	0.0245 (0.83)	0.0167 (0.68)	-0.0167 (-0.60)	-0.0713*** (-4.35)
LAG	0.0066*** (4.37)	0.0056*** (3.68)	0.0041*** (2.99)	-0.0011 (-0.79)	-0.0028* (-1.87)
BM	0.0045 (0.84)	0.0049 (0.93)	0.0059 (1.29)	0.0005 (0.09)	0.0103** (1.97)
SIZE	0.0056*** (2.82)	0.0031 (1.60)	0.0030* (1.76)	0.0043** (2.54)	0.0052*** (3.09)
R^2	0.0589	0.0652	0.0503	0.0533	0.0798

注：（）内为t值；*、**和***分别表示在10%、5%和1%水平上显著。

表2-9　投资者净买入与盈余公告后股票价格（回归分析）

变量	（坏消息）Q_1	SUE Q_2	Q_3	Q_4	（好消息）Q_5
截距项	-0.0311 (-0.84)	-0.0019 (-0.05)	-0.0329 (-1.01)	-0.0318 (-0.94)	-0.0319 (-0.94)
$CANB^{[-5,0]}$	0.0004 (0.12)	-0.0006 (-0.21)	-0.0022 (-0.94)	-0.0023 (-0.87)	-0.0076*** (-2.68)

续表

变量	(坏消息) Q_1	Q_2	SUE Q_3	Q_4	(好消息) Q_5
ILLIQ	0.0084 *** (2.89)	0.0096 *** (3.70)	0.0090 *** (4.02)	0.0094 *** (3.56)	0.0095 *** (3.16)
IVOL	0.0115 *** (5.88)	0.0083 *** (4.30)	0.0055 *** (3.09)	0.0026 (1.26)	0.0016 (0.73)
$CAR^{[-30,-1]}$	−0.0218 * (−1.84)	−0.0325 *** (−2.69)	−0.0113 (−1.05)	0.0025 (0.21)	−0.0085 (−0.73)
TURN	−0.0037 ** (−2.08)	−0.0041 ** (−2.12)	−0.0012 (−0.75)	−0.0017 (−0.91)	0.0013 (0.71)
EVOL	−0.0099 (−0.64)	0.0234 (0.90)	0.0068 (0.30)	0.0129 (0.49)	0.0198 (1.29)
LAG	0.0019 (1.41)	0.0032 ** (2.41)	0.0005 (0.42)	0.0020 (1.52)	0.0021 (1.52)
BM	0.0042 (0.91)	0.0237 *** (5.10)	0.0101 ** (2.43)	0.0066 (1.29)	0.0084 * (1.73)
SIZE	0.0003 (0.18)	−0.0017 (−0.97)	0.0007 (0.48)	0.0008 (0.47)	0.0008 (0.49)
R^2	0.0251	0.0393	0.0161	0.0121	0.0142
样本量	2446	2240	2860	2270	2450

注：（ ）内为 t 值；*、** 和 *** 分别表示在 10%、5% 和 1% 水平上显著。

个人投资者在 SUE 较高的公告前表现出净买入行为，是否意味着投资者能在公告前获取盈余信息，并进行正确的解读从而获取更高的投资回报？卡尼尔等（Kaniel et al.，2012）发现，个人投资者在公告前能掌握私人信息，其买入行为能为他们带来公告后的超常收益。换言之，如果个人投资者是知情交易者，那么他们会在公告发布之前就买入好消息股票。为了检验这种可能性，我们以 Q_5 组合的股票为样本，以 $CAR^{[1,10]}$ 和 $CAR^{[1,60]}$ 为因变量，$CANB^{[-5,0]}$ 为自变量，加入控制变量后，回归结果显示：当因变量为 $CAR^{[1,10]}$ 时，$CANB^{[-5,0]}$ 系数值为 −0.0099，t 值为 −3.07；当因变量为 $CAR^{[1,60]}$ 时，$CANB^{[-5,0]}$ 系数值为 −0.0238，t 值为 −3.25。由此可以看出，无论是在短期还是长期，投资者公告前的净买入行为带来了公告后的亏损，因此个人投资者并不是知情交易者。这也说明上述情形下的投资者净买入行为本质上是一种噪音交易，根源在于投资者有限关注心理偏差[①]（Barber et al.，2009）。

根据表 2-8 和表 2-9 的结果，对于所有盈余信息组合的样本，投资者公告前净买入均引起股票价格在公告期间上涨，但投资者公告前买入导致股价公告后反转仅在 SUE 最高的组合上得到体现，联系表 2-4 公布的结果，投资者在 Q_5 组合上的 $CANB^{[-5,0]}$ 高达 0.0600，高强度的买入行为对股票价格产生巨大的压力，市场发生过度反应，随着投资者的注意力在盈余公告后恢复到正常状态，股价发生反转，公告前投资者净买入程度越高的公司，股票价格在公告后产生更大幅度的回落，而投资者在其他组合上的净买入行为不明显或程度较低，不足以引起市场过度反应。总体上而言，对于 SUE 最高的股票组合，投资者公告前净买入与股票盈余公告期间价格行为间的关系，与投资者关注的价格压力假说相吻合，上述结论支持研究假设 H2。

3. 检验 H3

个人投资者盈余公告前净买入除了产生价格压力引起市场过度反应和股价反转之外，对盈余公告后价格漂移又会产生什么样的影响？本节将对此展开实证检验，根据模型（2.10）考察投资者净买入行为如何影响股票公告后价格行为对盈余信息的反应，参照已有相关文献的做法，即时价格反应以股票在公告日附近的累积超常收益（$CAR^{[0,1]}$）来衡量，滞后反应指标分别以股票公告后的累积超常收益（$CAR^{[2,30]}$、$CAR^{[2,45]}$ 和 $CAR^{[2,60]}$）来衡量。

在表 2-10 中，方程（1）报告投资者净买入对盈余公告日股票价格的影响，$RSUE$ 的系数为 0.0139，在 1% 的水平上显著，交互项 $RSUE \times RTRD$ 的系数为 0.0106，在 5% 的水平上显著，说明随着投资者对盈余公告关注程度上升而表现出净买入程度增加，股票在盈余公告日附近的价格反应逐渐变大，投资者净买入每增加一个分位，市场反应平均增加 0.1%；当投资者净买入处于最低水平时，股票价格对意外盈余的敏感系数等于 0.0139 + 0.0106 × 0.1 = 0.0150，而当投资者净买入处于最高水平时，股票价格对意外盈余的敏

---

① 西肖尔斯和吴（Seasholes & Wu，2007）的研究也表明，投资者高度关注产生的净买入行为使其遭受亏损。

感系数等于 $0.0141 + 0.01 \times 1 = 0.0245$，后者是前者的 1.6 倍。

表 2-10　　　　　　　　投资者关注与盈余公告后股价漂移

变量	$CAR^{[0,1]}$ 方程（1）	$CAR^{[2,30]}$ 方程（2）	$CAR^{[2,45]}$ 方程（3）	$CAR^{[2,60]}$ 方程（4）
截距项	-0.0586*** (-5.42)	-0.1088*** (-3.86)	-0.2147*** (-6.17)	-0.3593*** (-9.12)
RSUE	0.0139*** (4.96)	0.0292*** (4.00)	0.0576*** (6.40)	0.0720*** (7.07)
$RSUE \times RTRD$	0.0106** (2.39)	-0.0279** (-2.41)	-0.0258* (-1.81)	-0.0242 (-1.49)
RTRD	0.0051* (1.82)	0.0088 (1.20)	0.0030 (0.33)	-0.0002 (-0.02)
ILLIQ	0.0030*** (3.60)	0.0251*** (11.65)	0.0147*** (5.53)	0.0141*** (4.68)
IVOL	0.0029*** (4.69)	0.0119*** (7.44)	0.0099*** (4.99)	0.0078*** (3.50)
$CAR^{[-30,-1]}$	-0.0308*** (-8.50)	-0.0554*** (-5.86)	-0.0015 (-0.13)	-0.0253* (-1.92)
TURN	-0.0025*** (-4.47)	-0.0097*** (-6.59)	-0.0231*** (-12.71)	-0.0234*** (-11.40)
EVOL	-0.0264*** (-4.68)	0.0098 (0.67)	0.0068 (0.38)	0.0128 (0.62)
LAG	0.0005 (1.22)	0.0072*** (6.65)	0.0078*** (5.83)	0.0023 (1.53)
BM	0.0009 (0.60)	0.0168*** (4.44)	0.0106** (2.28)	-0.0028 (-0.53)
SIZE	0.0017*** (3.42)	0.0023* (1.73)	0.0071*** (4.33)	0.0142*** (7.68)
R^2	0.0363	0.0394	0.0400	0.0433
样本量	12266	12266	12266	12266

注：（）内为 t 值；*、** 和 *** 分别表示在 10%、5% 和 1% 水平上显著。

方程（2）至方程（4）对应投资者净买入对股票价格滞后反应的影响，在三个回归方程中，RSUE 的系数均在 1% 的水平上显著为正，而且随着公告后区间的延伸，变量的系数值增加，说明盈余公告后价格漂移现象的存在。对于交互项 RSUE×RTRD，在方程（2）中该变量的系数值为 -0.0279，在 5% 的水平上显著，说明股价对盈余信息的滞后反应随着投资者净买入程度的增强而减弱。当投资者净买入处于最低水平时，股票价格对意外盈余的敏感系数等于 0.0292 - 0.0279×0.1 = 0.0264，而当投资者净买入处于最高水平时，股票价格对意外盈余的敏感系数等于 0.0292 - 0.0279×1 = 0.0013，后者仅为前者的 $\frac{1}{20}$。方程（3）的结果与方程（2）相类似，RSUE×RTRD 的系数为负，在 10% 水平上显著，在方程（4）中，该系数虽然为负，但不再显著。

表 2-10 的回归结果说明，个人投资者的净买入行为导致股价在公告日的即时反应对盈余信息的敏感程度增加，但股价滞后反应对盈余信息的敏感程度下降。正如上文所分析的，净买入行为的驱动因素是投资者对盈余公告的关注，净买入程度越强烈，意味着投资者对股票的关注程度就越高，因此股票价格在公告后的短期内会对盈余信息产生更为强烈的反应，但在公告后较长的时间内，随着投资者对股票关注度的衰减，越来越少的盈余信息反映在股票价格中，导致盈余公告后价格漂移对盈余信息的反应程度减弱。表 2-10 的结果说明投资者高度关注能提高信息即时解读效率，减少滞后解读，上述结论支持上文提出的研究假设 H3。

2.4.3 机构投资者行为分析

在资本市场中，个人投资者被视为噪音交易者，而机构投资者被视为经验丰富的交易者，不同类型投资者之间的交易行为互相影响，因此本节对机构投资者在盈余公告期间的交易行为进行分析，从侧面为本章的上述研究结论提供证据。研究表明，机构投资者是知情交易者，在公司重要的公告之前选择有利的头寸，利用个人投资者的非理性行为及引发的市场异象，以谋取更高的投资回报；机构投资者可以采用计算机等工具，按照一定的标准挑选股票进行交易，大大减少了搜索成本，因此机构投资者基本上不受有限注意的约束（Cohen et al.，2002；Barber & Odean，2008；Griffin et al.，2012）。对成熟市场投资者行为研究得出结论是否适用于新兴市场，值得进一步探讨，因此我们拟研究以下三个问题：第一，机构投资者是否也受有限注意力的制约；第二，机构投资者是否是盈余信息的知情交易者；第三，机构投资者和个人投资者之间的交易行为是否互相影响？

1. 机构投资者与有限关注

我们将单笔成交金额在30万元以上的交易视为具有明显的机构或大户特征，根据上文公式（2.2）~公式（2.5）进行类似的处理，求得机构投资者在盈余公告期间的净买入指标 $CANB^{[-5,0]}$，结果见表2-11。当研究样本为所有类型盈余公告时，投资者在公告前表现出净卖出行为，指标值为 -0.0409，在1%的水平上显著，这与个人投资者盈余公告前显著的净买入行为恰好相反；当进一步区分盈余信息属性时，投资者在意外盈余较低的样本（Q_1 ~ Q_3 组合）上表现出显著的净卖出行为，当研究样本取 Q_5 组合时，投资者净买入指标为0.0439，但未通过显著性检验。上述发现与巴伯和奥戴恩（Barber & Odean，2008）的结论基本一致，作为经验丰富的投资者，机构拥有专业的团队和先进的择股技术，其受有限注意力的制约程度，要远远低于个人投资者。

表2-11　　　　　　　　　机构投资者与有限关注

全部样本	坏消息 Q_1	SUE Q_2	SUE Q_3	SUE Q_4	好消息 Q_5	$Q_5 - Q_1$
-0.0409*** (-3.26)	-0.0548* (-1.94)	-0.0782*** (-2.82)	-0.0868*** (-3.26)	-0.0269 (-0.97)	0.0439 (1.49)	0.0986** [2.41]

注：()内为单样本检验t值，[]为配对样本检验t值；*、** 和 *** 分别表示在10%、5%和1%水平上显著。

2. 机构投资者与知情交易

在相关的研究中，机构投资者被视为具有信息优势，能正确解读盈余信息，以谋取更高的投资回报，如果知情交易假说成立，那么机构投资者在盈余公告前的交易行为能为它们在公告后带来正的超常收益。因此本节以股票盈余公告后的累积收益作为因变量，以机构投资者公告前净买入为自变量进行回归分析。考虑到机构投资者在进行盈余预测时，可能不遵循随机游走模型，而是根据分析师的预测（Battalio & Mendenhall，2005；Ayers et al.，2012），本章为此设计了基于分析师预测的意外盈余指标（SUEAF）：

$$SUEAF_{i,n} = [EPS_{i,n} - FEPS_{i,n}]/P_{i,n} \qquad (2.11)$$

上式中，$EPS_{i,n}$ 是股票 i 在 n 年的每股收益，$FEPS_{i,n}$ 是分析师对 i 公司 n 年每股收益预测值的中位数①，$P_{i,n}$ 股票 i 在 n 年度盈余公告前第 5 个交易日的收盘价。与前文处理类似，在描述性统计时，我们对 SUEAF 进行五分位点分组：F_1，F_2，…，F_5；在实证分析中，该变量以十分位数分组的序数值（RSUEAF）进入回归方程。

根据表 2-12，投资者在意外盈余较低的股票上表现出净卖出，对于意外盈余最高的 F_5 组合，$CANB^{[-5,0]}$ 为正，未通过显著性检验，但投资者在 F_5 和 F_1 组合上的净买入指标值之差高达 0.2223，t 值显示在 5% 的水平显著。而且，套利组合（F_5-F_1）的 $CANB^{[-5,0]}$ 值远远超过表 2-11 中套利组合（Q_5-Q_1）指标值 0.0986，前者是后者的 2.3 倍，说明机构投资者倾向根据分析师预测来判断盈余信息属性。

表 2-12　　　　　　　　机构投资者累积净买入 $CANB^{[-5,0]}$

全部样本	坏消息 F_1	SUEAF F_2	F_3	F_4	好消息 F_5	F_5-F_1
-0.0804**	-0.1390*	-0.1521**	-0.1747**	-0.0200	0.0840	0.2230**
(-2.44)	(-1.86)	(-2.28)	(-2.34)	(-0.28)	(1.04)	[2.03]

注：（ ）内为单样本检验 t 值，[ ] 内为配对样本检验 t 值；*、** 和 *** 分别表示在 10%、5% 和 1% 水平上显著。

接着以 $CAR^{[1,60]}$ 为因变量，$CANB^{[-5,0]}$ 为自变量，考察投资者公告前的交易行为在公告后是否带来更高的收益，结果见表 2-13。方程（1）和方程（2）以随机游走模型计算的意外盈余为样本，结果表明 $CANB^{[-5,0]}$ 的系数在

---

① 为了便于计算预测值中位数，在筛选样本时，要求在考察年度至少有三位不同的分析师对公司的经营业绩做出预测。

两个方程中均不显著，说明投资者公告前的买入行为并未为他们带来更高的投资回报。方程（3）和方程（4）以分析师预测为基准计算的意外盈余为样本，在方程（3）中，$CANB^{[-5,0]}$ 的系数为 0.0227，t 值显示在 1% 的水平显著，方程（4）加入了控制变量，$CANB^{[-5,0]}$ 的系数值为 0.0163，仍在 10% 的水平通过检验，说明投资者能够利用盈余信息，持有有利的头寸，获得更高的投资回报。此外，在所有的回归方程中，意外盈余变量的系数均在 1% 的水平上显著为正，说明无论采用哪种方法计算以外盈余，均存在明显的公告后价格漂移现象。

表 2–13　　　　　　　　　机构投资者交易与股票收益

变量	SUE：根据随机游走模型计算		SUEAF：根据分析师预测计算	
	方程（1）	方程（2）	方程（3）	方程（4）
截距项	-0.0310 *** (-4.94)	-0.1452 (-1.43)	-0.0458 *** (-2.66)	-0.3758 (-1.44)
$CANB^{[-5,0]}$	0.0026 (0.75)	0.0013 (0.37)	0.0227 *** (2.58)	0.0161 * (1.76)
RSUE	0.0630 *** (6.25)	0.0586 *** (5.79)		
RSUEAF			0.1074 *** (3.88)	0.0850 *** (2.91)
ILLIQ		0.4373 *** (6.85)		0.4224 ** (2.12)
IVOL		-0.0062 (-1.41)		-0.0051 (-0.44)
$CAR^{[-30,-1]}$		0.0349 (1.46)		0.1009 (1.56)
TURN		-0.0167 *** (-4.46)		0.0008 (0.09)
EVOL		0.0322 (0.62)		0.0291 (0.19)
LAG		-0.0036 (-1.18)		-0.0082 (-0.74)

续表

变量	SUE：根据随机游走模型计算		SUEAF：根据分析师预测计算	
	方程（1）	方程（2）	方程（3）	方程（4）
BM		-0.0161 (-1.32)		-0.0716** (-1.97)
SIZE		0.0059 (1.29)		0.0173 (1.50)
R²	0.0088	0.0520	0.0309	0.0481
样本量	4495	4495	739	739

注：（）内为 t 值；*、** 和 *** 分别表示在 10%、5% 和 1% 水平上显著。

上述结果说明，机构投资者比个人投资者具有信息优势，能够在坏（好）消息公布之前就减持（增持）股票，持有有利头寸以谋取更高的投资回报。

3. 个人与机构相互影响机制分析

个人与机构投资者之间的交易行为有可能互相影响，比如机构投资者观察个人投资者交易行为并加以利用，或者个人投资者观察机构投资者行为并加以学习。本节拟采用面板数据向量自回归模型（panel vector autoregression，PVAR），考察两种类型投资者在盈余公告期间交易行为的相互影响机制。向量自回归模型有助于解释不同横截面单元共同的动态关系，而这种关系在单只股票水平上可能因为异质效应而不能被充分的识别。模型设定如下：

$$y_{i,d} = \Phi_0 + \sum_{j=1}^{q} \Phi_j y_{i,t-j} + h_i + \varepsilon_{i,t} \qquad (2.12)$$

上式中，$i = 1, 2, \cdots, N$，$d = -5, -4, \cdots, 4, 5$，即有 N 个截面单位，每个单位在公告期间 [-5, 5] 内的 11 个观察值，$y_{i,d} = [Ret_{i,d} \quad Ind_{i,d} \quad Ins_{i,d}]'$，是 3×1 向量，表示股票在 d 交易日的收益，个人和机构投资者在 d 交易日的超常净买入，h_i 是第 i 个单位的固定效应，表示不可观察的异质性，$\varepsilon_{i,t}$ 为残差项，Φ_0 和 Φ_j 分别表示常数项和滞后项的系数，q 为滞后的阶数。

PVAR 的估计方法最早见于霍尔茨－埃金等（Holtz-Eakin et al.，1988）的研究，具体估计步骤如下：首先，采用前向均值差分法（也称 Helmert 过程）

消除固定效应，该方法可以避免差分项与作为工具变量的滞后回归项之间的正交，在此情况下 GMM 方法可使模型系数得到有效估计；其次，参考李捷瑜和王美今（2006）的做法，为了避免有限样本偏差，模型滞后阶数设为 1。霍尔茨-埃金等（Holtz-Eakin et al.，1988）认为，对于 T 固定、N 较大的面板数据，即使变量不平稳，回归结果的偏误会随着 N 趋于无穷大而变小，但是如果 N 是有限的或较小，变量的非平稳性会造成估计效率的损失。对于本节的研究样本而言，$N=4050$，$T=11$，出于稳健的考虑，我们采用伊姆等（Im et al.，2003）提出的方法对股票收益、个人（机构）投资者超常净买入指标的面板数据进行单位根检验，该方法允许面板中不同个体存在不同的单位根，克服了以往同根检验方法的不足。

表 2-14 是单位根检验结果，可以看出，无论是股票收益数据还是投资者的超常净买入面板数据，Im-Pesaran-Shin W 值均表明拒绝存在单位根的原假设，因此相应的时间序列是平稳的。表 2-15 公布了面板向量自回归的结果，在 Ret 作为因变量的方程中，Ind 的系数为 -0.0051，在 5% 的水平上显著为负，个人投资者在当前交易日的净买入对股票在次日的收益有负向影响，当日净买入增加 1 个单位，次日股票收益下降 0.51%，说明个人投资者的净买入引起市场过度反应，但股票价格在次日便发生反转。这与俞庆进和张兵（2012）的研究一致，他们发现，投资者关注导致股价上涨在下一个交易日就会得到调整。此外，在该方程中，Ins 的系数不显著，表明机构投资者当前交易日的净买入行为对股票在次日的交易价格未产生显著的影响。

表 2-14　　　　　　　　个人与机构交易行为分析

变量	Im-Pesaran-Shin W 值	P 值	观测数	备注
Ret	-109.560	0.0000	44550	平稳
Ind	-99.3787	0.0000	44550	平稳
Ins	-111.499	0.0000	44550	平稳

表 2 – 15　　　　　　　个人投资者与机构投资者交易行为分析

变量	$Ret(d-1)$	$Ind(d-1)$	$Ins(d-1)$
$Ret(d)$	-0.2654*** (-35.07)	-0.0051** (-2.49)	0.0000 (0.03)
$Ind(d)$	0.1238*** (4.10)	-0.2440*** (-16.11)	0.0000 (-0.01)
$Ins(d)$	0.9855*** (5.10)	-0.1594*** (-3.21)	-0.3887*** (-13.42)

注：( ) 内为 t 值；*、** 和 *** 分别表示在 10%、5% 和 1% 水平上显著。

在 Ind 作为因变量的方程中，Ins 的系数值为 0，意味着机构投资者当前交易日的净买入行为，并不会影响个人投资者在次日的净买入指标；与此形成对比，在 Ins 作为因变量的方程中，Ind 的系数值为 -0.1594，t 值为 -3.21，显著性水平为 1%，表明机构投资者的交易行为受到个人投资者的影响，个人投资者当前交易日的净买入，对机构投资者在次日的净买入指标存在负向影响，具体而言，如果个人投资者在当前交易日大幅增持某股票，机构投资者则在次日对该股票采取减仓策略。

图 2 – 2 是脉冲响应函数，为了便于表达，我们以 3×3 的矩阵来定位变量之间的脉冲响应函数。图中（b）表示由个人投资者净买入（Ind）脉冲引起的股票价格（Ret）的响应函数，期初 Ind 的扰动项增加 1 个单位，股票价格在次日就出现明显的回落，与此形成对比，图中（c）表示由机构投资者净买入（Ins）脉冲引起的股票价格（Ret）的响应函数，可以看出股价的反应几乎为零，Ins 扰动项的增加并未对股票价格产生实质的影响。图中（f）表示由机构投资者交易行为（Ins）脉冲引起的个人投资者交易行为（Ind）的响应函数，可以看出 Ind 的反应几乎为零，前者对后者几乎不存在影响；图中（h）表示由个人投资者交易行为（Ind）脉冲引起的机构投资者交易行为（Ins）的响应函数，当 Ind 的扰动项增加一个单位，Ins 所产生的反应比较剧烈，经过 1 个交易日后降到了最低点，响应值大约为 -0.02。

| 投资者有限注意、交易行为与资产价格 |

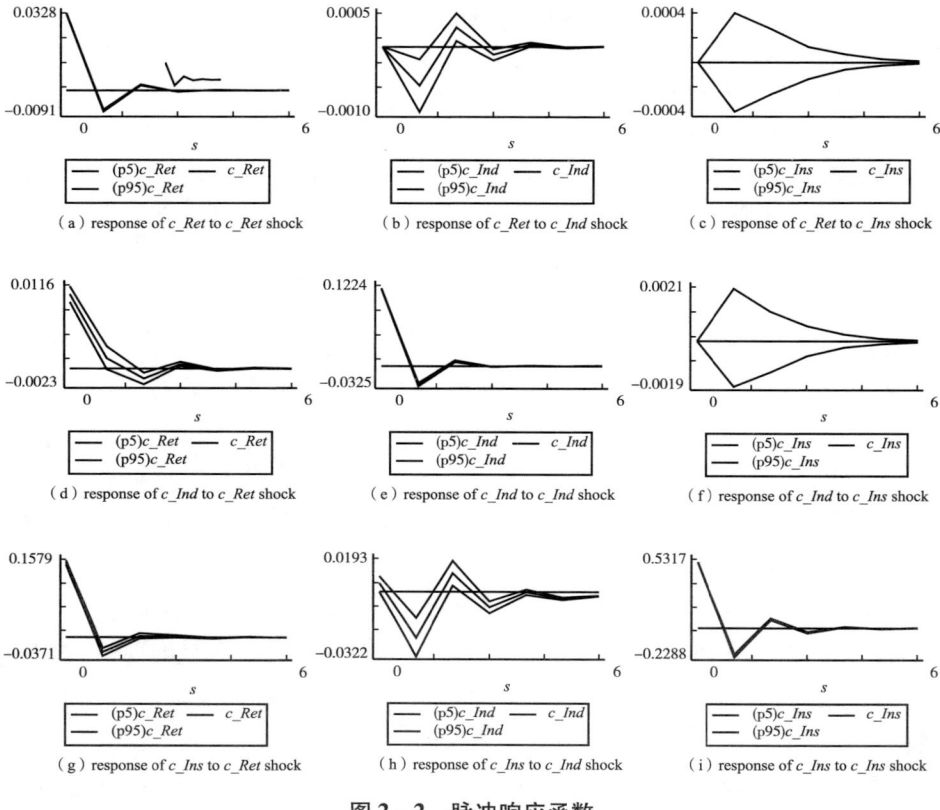

图 2-2 脉冲响应函数

注：置信区间通过 500 次蒙特卡洛模拟得到。图形为软件导出结果，图例未作区分。

根据上述结果，个人投资者交易行为受到外部事件的某一冲击后，经过较短的时间传递给机构投资者，对其交易行为带来显著的反向冲击。可能的原因在于，机构投资者意识到个人投资者净买入可导致市场过度反应，为了避免股价反转造成投资亏损，机构投资者往往根据个人投资者的交易行为作出一定程度的反向调整。这与已有研究得到的结论相吻合，西肖尔斯和吴（Seasholes & Wu，2007）发现，涨停板事件引起股价在短期内上涨，但随后发生反转，一些理性的交易者在股票出现涨停板当日买入，但随即在次日卖出，从而避免投资亏损。

2.4.4 稳健性检验[①]

1. 单笔交易规模的调整

考虑到机构投资者为减少交易的冲击成本,可能将大单分拆为若干中单进行隐蔽交易(Barclay & Warner,1993),因此为进一步降低Ⅱ类错误,将分界点从 10 万元下调为 5 万元,据此计算各变量并对研究假说给予检验,发现研究结论并未发生根本性的改变。

2. 影响投资者注意力分配的其他因素

除了盈余公告之外,公司其他的公告也会影响投资者注意力,路易斯和孙(Louis & Sun,2010)发现,投资者对上市公司在工作日和周末发布的并购公告表现出不同的关注度,进而影响到事件产生的市场反应。基于上述文献,本节拟检验如下问题——投资者对盈余公告的关注是否是因为公司在此区间内发布了其他重要信息?我们将对样本做进一步的筛选,剔除公司在 [-5,0] 区间内发布以下三种公告的样本:第一,并购公告,包括交易成功的上市公司资产收购、要约收购和吸收合并等资本运作方式;第二,重大合同,包括项目投中标、重大购销合同、诉讼和关联交易等事项;第三,重要人事变动,一般指董事长或总经理调动、任满、退休、辞职和解聘等。根据上述归类的方法,在该区间内公布并购公告的公司有 273 家,公布重大合同的有 61 家,宣布重要人事变动的有 310 家,有部分样本出现至少两起以上事件,剔除上述情形后,共得到 11639 个盈余公告,以此为样本对三个研究假说进行验证,发现结果并未发生改变。

3. 变量敏感性分析

为了更好地评价投资收益以及增强实证结果的稳健性,本节以购买持有超额收益(buy-and-hold abnormal return,BHAR)衡量盈余公告产生的价格反应,BHAR 衡量投资者购买股票后一直持有到考察期结束,股票收益率超

---

① 限于篇幅,本章没有列出稳健性检验的结果。读者如有兴趣,可向笔者索要。

过市场组合或对应组合收益率的那部分超额收益。计算 BHAR 时，对应股票组合根据法玛和弗伦希（Fama & French，1993）提出的方法，由市值规模及账面市值比共同确定划分而形成，规模以每年 6 月末的股票总市值衡量，账面市值比则由上一年末股票所有者权益账面价值与总市值之比计算而得，分别取市值及账面市值比的五等分点，两个五等分点相交，将所有的股票分为25 组。股票 i 在 t 季度盈余公告后 $[h,H]$ 区间内的 BHAR 表示为：

$$BHAR_{i,t}^{[h,H]} = \prod_{d=h}^{d=H}(1+R_{i,d}) - \prod_{d=h}^{d=H}(1+R_{p,d}) \qquad (2.13)$$

上式中，$R_{i,d}$ 是股票 i 在交易日 d 的收益率，$R_{p,d}$ 是股票 i 所在组合在交易日的收益率。采用该指标衡量股价反应，并对上文提出的研究假说给予检验，发现结果并未发生改变。

2.5 结 语

本章研究个人投资者在不同信息属性盈余公告上的注意力配置，对股票价格所产生的影响，结果表明：投资者倾向关注好消息公告，他们在公告期间的交易行为更加活跃，股票伴随着异常高的交易量，个人投资者表现出显著的净买入行为，导致股价在盈余公告期间上涨；随着信息披露完成，投资者注意力恢复到常态，股票价格发生反转，这与投资者关注理论的价格压力假说相吻合，说明个人投资者是注意力受限交易者；上述情形集中体现在意外盈余最高的样本上，说明这些股票更容易引起个人投资者的高度关注；个人投资者的净买入行为引起股票价格在公告日的反应对意外盈余的敏感程度增加，但公告后价格漂移对意外盈余的敏感程度下降，意味着投资者关注能提高盈余信息解读效率，有助于股票市场价格发现功能的发挥。

后续研究可从以下方面展开：首先，好消息盈余公告能引起个人投资者关注，但投资者并不具备对盈余信息的解读能力，那么是什么因素引起投资者对这些公司的关注度？在众多的经济变量中，股价是投资者最容易观察到的指标，本章比较股票在盈余公告前累计超常收益①，发现低（高）意外盈余股票组合公告前的市场表现较差（好），股票在公告前的良好市场表现是吸引投资者注意力的重要因素，这也可以解释投资者的净买入行为发生在公告前的数个交易日，而不仅仅是公告当日，上述发现与阿布迪等（Aboody et al.，2010）的研究具有一定的可比性，但需要指出的是，这只是初步的尝试，除此以外，还有哪些经济变量影响投资者注意力水平的分配？这是本章未正式探讨的地方，也是后续研究工作的方向。其次，本章以投资者净买入作为注意力水平的代理变量，该指标与已有文献采用的衡量投资者注意力的其他指标之间存在什么联系，有何不同之处？如果可以获得相应的数据作为支撑，上述问题也非常值得进一步探讨。

从本章的研究结果看，中国股票市场的个人投资者呈现出如下特征：受到有限注意力的制约，个人投资者在（好消息）盈余公告前表现出净买入行为，但他们不具备解读盈余信息的能力，个人投资者本质上是噪音交易者，上述现象是投资者心理偏差作用的结果；虽然个人投资者未能利用盈余信息获得更高的投资回报，但其交易行为对股票价格产生了切实的影响。个人投资者的交易行为整体上显得比较幼稚，因此需要对中小个人投资者开展知识普及和风险提示工作，加强投资者教育；鼓励和引导个人投资者主动改变财富管理习惯，通过机构投资者的专业理财来分享资本市场的成长收益；监管部门要加大监管力度，严惩操纵市场、内幕交易等违法违规行为，抑制过度的炒作现象，切实保护中小投资者的利益。

---

① $Q_1 \sim Q_5$ 组合的 $CAR^{[-30,-6]}$ 指标和 t 值分别为 -0.0229（-12.38），-0.0068（-3.64），-0.0025（-1.43），0.007（3.58），0.02（10.13），套利组合 $Q_5 - Q_1$ 的收益为 0.0429，t 值为 15.85，两者收益之差在 1% 水平上显著。

第 3 章
应计信息、机构投资者反应与股票错误定价[*]

3.1 引　言

　　应计异象是指股票价格对公司应计项目信息存在滞后反应的趋势,当公司应计项目较高（较低）时,股票未来收益较低（较高）。斯隆（Sloan,1996）认为,造成这种现象的原因在于,盈余组成中应计部分的持续性要低于现金流部分,但市场"功能锁定"于会计盈余,无法识别这种差异,从而导致应计项目被高估,现金流被低估。自应计异象被发现以来,一直受到学术界的广泛关注,研究表明,应计项目对股票收益的预测能力无法被经典的资产定价模型所解释,原因在于市场对盈余成分的错误定价,作为股票市场最普遍的价格异象之一,上市公司的应计效应已经对传统的资产定价理论构成严峻挑战（李远鹏和牛建军,2007；宋云玲和李志文,2009；权小锋和吴世农,2012；杨开元等,2013；Hirshleifer et al., 2012）。

　　近期兴起的投资者有限注意理论,为解释应计异象提供了新的视角。由于受有限的时间、精力和信息处理能力制约,投资者在处理信息时具有选择性,他们倾向于利用能够引起其注意力的信息,忽略那些有用但不显著的信息,而只有被投资者注意到的信息才会影响并最终反映在资产价格中（Peng &

---

[*] 本章的部分内容发表在：王磊,孔东民. 应计信息、机构投资者反应与股票错误定价［J］. 管理科学学报,2017（3）：80–97。

Xiong，2006）。根据上述分析，注意力受限投资者对盈余组成部分的关注不足导致要素信息无法纳入股票的估值过程，高（低）应计项目公司被高（低）估，市场产生过度反应，随着市场错误定价被纠正，高（低）应计项目公司的股票在未来获得低（高）收益。如果有限注意是应计异象产生的原因，那么不同注意力水平的投资者与应计项目定价之间就存在着一定的关系。

本章拟考察机构投资者对公司应计信息的反应情况及对股票价格产生的影响，研究应计项目、机构投资者交易行为与股票价格之间的关系，一方面，对理论假设给予实证检验，另一方面，对机构投资者的信息解读能力做出直接判断。选择机构投资者作为研究对象，主要考虑到与注意力受限的个人投资者相比，机构是经验丰富的投资者，拥有专业的团队、先进的择股技术和科学的投资理念，因此，机构投资者基本上不受有限注意力的制约（Barber & Odean，2008）。如果机构有能力关注和解读盈余构成要素，并及时地做出反应，那么机构投资者的交易行为有助于应计信息以更快的速度反映在资产价格中，减轻甚至消除应计异象，提高股票市场定价效率。

本章首先分析了应计异象的成因，发现有限关注理论可以为上市公司应计异象提供合理的解释，当投资者对上市公司关注不足时，股票在公告后的长期收益与公司应计呈负向关系。接着，利用股票日内交易数据考察机构投资者对应计信息的即时反应及产生的经济影响。具体分为以下三个步骤：第一，根据交易规模区分投资者类型，利用日内交易数据构建订单流不平衡指标，以此衡量机构投资者交易行为，考察机构在盈余公告期间的净买入与公司应计水平之间的关系，发现机构在公司意外盈余为正的前提下，根据应计利润水平采取反转交易策略；第二，研究机构上述交易行为对应计定价的影响，发现在机构投资者交易行为的影响下，股票在公告后短期内的收益与公司应计呈负向关系，但在长期则表现出正向关系；第三，基于公司应计对股价的正向预测能力构造套利组合，发现该组合的收益不能完全被基于风险的资产定价模型所解释，说明机构投资者的交易行为造成股价过度反应，导致市场对公司应计项目错误定价。

本章的探索性表现如下：首先，鉴于机构投资者在资本市场中的重要作用，国内学者从流动性成本、股价联动性、市场情绪等方面对其信息解读能力做了丰富的研究，并已取得重要成果（雷倩华等，2012；刘维奇和刘新新，2014；潘宁宁和朱宏泉，2015），与这些文献不同，本章是从投资者有限关注的理论视角来考察机构对盈余构成要素的识别能力；其次，相关文献考察机构投资者对应计利润水平的反应情况，基本上采用机构对股票的季度持股比例来衡量投资者交易行为，在相关的回归模型中，因变量滞后自变量长达数月，在此区间内，投资者的交易行为会受到其他变量的影响，受到数据的限制，这些因素在研究过程中不容易被控制（Battalio et al.，2012）。本章采用日内高频交易数据，使在短暂的时间窗口内衡量投资者对信息的及时反应成为可能。

3.2 文献评述与研究假设

赫什利弗等（Hirshleifer et al.，2011）通过理论模型分析投资者有限关注与会计信息市场反应之间的关系，在他们构建的模型中，投资者分为三种类型：第一种类型投资者忽视当期盈余信息；第二种类型投资者关注盈余信息，但不能辨别盈余的构成要素（应计项目和现金流）；第三种类型投资者能关注盈余信息及其构成要素。理论分析认为，投资者忽视盈余信息引起盈余公告后价格漂移，忽视盈余构成要素可导致应计和现金流异象，因此，第二种类型投资者的比例与应计异象程度正相关，而第三种类型投资者的比例与应计异象程度负相关。

机构投资者是否具备解读盈余构成要素信息的能力？一些文献考察了不同类型机构投资者对公司应计信息的反应情况。柯林斯等（Collins et al.，2003）以持股比例变化衡量机构投资者的交易行为，研究发现，短期型机构投资者持股比例变动与公司应计利润水平负相关。列弗和尼西姆（Lev & Nissim，2006）的研究也有类似的发现，短期型机构投资者能够对应计信息做出积极的反应，但程度比较微弱，可能的原因在于机构投资者出于谨慎人规则或者流动性的考虑，不愿意交易应计利润处于极端水平的公司。

上述文献考察了应计信息公布以后较长的时间内，机构投资者对公司持股比例的变动，发现两者之间存在负向关系，从而认为机构投资者能够正确解读并利用应计信息。但这些研究忽略了一点，与应计项目密切相关的其他指标，也可能影响到机构对股票的持股比例，如上市公司应计利润与未来的盈余水平或收益负相关，而后者可能才是引起机构投资者对股票持股比例变化的原因。因此，仅考察公司应计水平与机构投资者持股比例二者之间的关系，并不能排除噪音信息可能产生的影响。

阿里等（Ali et al.，2008）从不同的视角对机构投资者的信息解读能力进行考察，如果机构投资者能识别应计信息并积极反应，那么他们应持有更高比例的低应计公司股票，从而获得更高的投资收益。研究发现分散程度低、投资回报波动大的基金倾向于持有低应计公司股票，考虑交易成本和风险因素后，这些机构投资者能获得高达2.83%的年超额收益，说明部分激进型机构投资者能利用应计异象获得超常回报。但上述研究方法还是无法完全消除其他变量的影响，例如，研究者也发现，根据公司账面市值比分组能产生与应计水平分组类似的结果。在这两个变量高度负相关的情形下，上述研究结果不足以说明基金对应计信息的识别能力，因为基金也可能是偏好持有价值股而获得超常回报。

近期兴起的投资者有限注意理论认为，注意力是一种稀缺的认知资源（Kahneman，1973）。由于有限的时间和信息处理能力，个人投资者往往只关注能引起其注意的股票，而忽视对其缺乏吸引力的股票，与此不同，机构投资者拥有专业的团队和先进的择股技术，基本上不受有限注意的制约（Barber & Odean，2008）。后续研究通过考察投资者在盈余公告期间的微结构交易行为进而对其信息解读能力做出判断。弗拉齐尼和拉蒙特（Frazzini & Lamont，2006）发现，机构投资者能预见个人投资者交易行为，机构在盈余公告前（后）先于个人买入（卖出）股票，从而利用股票盈余公告溢价现象。王磊和孔东民（2014）的研究表明，如果个人投资者在盈余公告期间某个交易日大幅增持某股票，机构投资者则在次日对该股票采取减仓策略，原因在于机构投资者意识到个人投资者净买入可导致市场过度反应，为了避免股价反转造成投资亏损而做出反向调整。

与采用季度持股比例衡量机构投资者交易行为相比，上述文献因为采用日内数据使得在更短暂的时间窗口内考察投资者交易行为成为可能，虽然研究对象未涉及应计项目，但结果足以说明机构应对盈余信息的及时性和准确性。结合两方面的研究，我们认为机构投资者有能力对应计信息进行正确解读和及时回应。当然，机构投资者在解读应计信息时，会对公司的盈余水平进行总体把握，因为柯林斯和里巴尔（Collins & Hribar，2000）发现，应计异象不同于盈余公告后价格漂移现象，当上市公司每股盈余在相当程度上低于预期时，无论应计项目高低，股票在未来的收益表现都较差。换言之，当意外盈余为负，即便是应计项目很低的股票，也无法获得正的超常收益。因此，如果精明的机构投资者意识到这一点，同时面临卖空限制，机构尽可能交易意外盈余为正的公司股票。① 我们对机构投资者的信息解读能力做出如下研究假设：

H1：机构投资者在公司意外盈余为正的前提下，买入（卖出）低（高）应计水平公司股票。

如果机构投资者能正确解读并利用应计信息，那么其交易行为将对应计利润的定价产生影响。柯林斯等（Collins et al., 2003）以机构投资者持股比例作为投资者成熟度的代理指标，研究发现，股票的机构持股比例越高，应计异象的程度越小，说明机构投资者通过知情交易行为促进了价格发现，投资者成熟度有利于减轻市场对应计的误定价。饶育蕾等（2012）以机构投资者持股比例作为衡量投资者对盈余组成部分关注度的代理指标，研究结果表明，低关注投资者对应计做出高估的定价。上述研究以机构投资者持股比例作为投资者成熟度或关注度的代理指标，或分组考察不同应计水平公司在未来获取的投资回报差异，或采用米什金（Minshkin, 1983）检验方法考察投资者异质性对应计异象的影响，基本上认为机构持股比例越高的股票，应计错误定价的程度越低，机构投资者能起到稳定市场的作用，符合有效市场理论对机构投资者角色的界定。

然而，行为金融的研究表明，虽然机构投资者是知情交易者，但并不总是能起到稳定市场的作用，江（Jiang, 2010）的研究发现，机构投资者往往根据"价值模糊"（value ambiguity）的信息进行交易，这些信息反映投资者意见分歧程度，如果信息是利好（利空）的，机构投资者表现出买入（卖出）行为，加重了市场过度反应，引起更大幅度的价格反转。达斯古普塔等（Dasgupta et al., 2011）发现，机构投资者持续性交易与股票长期收益呈负向关系，被机构持续卖出（买入）的股票在长期会经历价格上涨（下跌）。布朗等（Brown et al., 2014）发现，分析师上调（下调）评级，机构表现出

---

① 具体而言，当未预期盈余为负时，机构投资者不会卖出其中的高应计项目股票，因为机构未持有或者由于存在卖空限制而无法做空该类型股票；机构投资者也不会买入其中的低应计项目股票，因为该类型股票在未来不能获得正的超常收益。

买入（卖出）羊群行为，股价短期内上涨（下跌），在长期表现出反转，说明机构投资者根据分析师评级调整产生的羊群行为，可导致市场过度反应。孔东民等（2015）的研究也发现，机构投资者利用私有信息表现出来的交易行为容易被模仿，产生羊群效应，减弱了信息效率。

因此，机构投资者对应计定价的影响存在以下可能性：首先，机构投资者买入（卖出）低（高）应计项目公司股票，对缓解低（高）应计公司被低（高）估存在着积极作用，但机构大额买入或者卖出会造成股价过度反应，引起市场对公司应计信息错误定价，具体而言，机构强烈买入（卖出）低（高）应计公司，引起低（高）应计公司股票价格在短期大幅上涨（下跌），市场发生过度反应，随着投资者回归理性，股价在随后实现反转，低（高）应计公司股票获得低（高）收益。基于上述分析，本章提出关于机构投资者交易行为与应计定价的第二个研究假设：

H2：机构投资者基于公司应计的反转交易行为，导致低应计（高应计）公司股价在盈余公告后短期内上涨（下跌），在公告后长期则下跌（上涨）。

3.3 研究设计

3.3.1 样本选择和数据来源

考虑到机构投资者的迅速发展壮大在2001年前后，本章选取2001～2010年间在沪深两市交易的A股主板公司为研究样本，并以上市公司年报公告日作为事件日，考察机构投资者对公司年报应计信息的反应情况，及对股票价格的影响。样本筛选标准如下：第一，剔除金融类上市公司；第二，剔除年报公告日期缺失的样本；第三，剔除本年度年报公布日在次年4月30日以后的样本；第四，剔除账面市值比为负以及其他控制变量缺失的样本；第五，样本需要在年报公告前后各1年的区间内，有完整的市场回报率和交易量数据。最终获得7859个公司—年度观测值。本章采用日内高频交易数据衡量投资者行为，该数据主要包括如下字段：股票代码、交易日期、成交时间、成交价格、成交量、成交金额、五个委买报价、五个委卖报价以及各报价上的委托数量。① 日内交易数据来自锐思数据库，上市公司财务数据和股票日收益、交易量数据来自国泰安数据库（CSMAR）。

3.3.2 变量设计

1. 应计和盈余指标

根据斯隆（Sloan，1996）的方法，i 公司在 t 年度的应计利润为：

$$ACL_{i,t} = (\Delta CA_{i,t} - \Delta Cash_{i,t}) - (\Delta CL_{i,t} - \Delta STD_{i,t} - \Delta TP_{i,t}) - Dep_{i,t} \quad (3.1)$$

在公式（3.1）中，$\Delta CA_{i,t}$ 表示总流动资产的变动，$\Delta Cash_{i,t}$ 表示现金和现金等价物的变动，$\Delta CL_{i,t}$ 表示流动负债的变动，$\Delta STD_{i,t}$ 表示流动负债中短期负债的变动，$\Delta TP_{i,t}$ 表示应付所得税的变动，这里所说的变动是指按项目的本期数减去上期数，$Dep_{i,t}$ 表示本期计提的折旧和摊销。接着，利用本年度的资产总额对上述计算所得的应计利润进行标准化处理，下文进行回归分析时，将各年度样本按照 ACL 进行十分位点分组，以样本所属组别的序数值（RACL）进入回归方程，具体设计方法是，将每个年度的样本按照标准化的 ACL 由低到高进行十等分，样本所属组别的序数值为 RACL，当公司的 ACL 属于最低组时，RACL = 1，当公司的 ACL 属于最高组时，RACL = 10，其他公司的 RACL 取值以此类推。

除了应计利润以外，投资者也可能关注年报的信息属性，借鉴于李胜和王艳艳（2006），我们根据如下模型来计算意外盈余：

$$SUE_{i,t} = [EPS_{i,t} - E(EPS_{i,t})]/P = (EPS_{i,t} - EPS_{i,t-1})/P \quad (3.2)$$

其中，$EPS_{i,t}$ 和 $EPS_{i,t-1}$ 分别表示 i 公司在 t 年度和 $t-1$ 年度的每股盈余，P 为 t 年度年报公告前第 5 个交易日的收盘价格。将 $SUE > 0$ 的年报定义为好消息，$SUE \leq 0$ 的年报定义为坏消息。按照研究惯例，下文涉及日期指标时，以 $d = 0$ 表示盈余公告当日，$d < 0$（$d > 0$）表示盈余公告前（后）第 d 个交易日。

---

① 2003 年 12 月 8 日，上海和深圳证券交易所对交易规则进行了改革，由此前的"三档"电子实时行情扩充到"五档"电子实时行情，投资者自此可以观察到委托单簿上五个最优买卖盘档位的实时行情。本章采用的日内高频交易数据时间跨度为 10 年，形成研究样本量达 7859 个，这些为下文实证结果的可靠性提供了保证。

2. 投资者交易行为

与第 2 章的做法类似，本章根据交易规模将投资者分为四种类型：第一，单笔成交金额小于 10 万元的交易视为个人投资者发起；第二，单笔成交金额在（10 万元，30 万元］区间的定义为中等偏小规模交易；第三，单笔成交金额在（30 万元，50 万元］区间的定义为中等偏大规模交易；第四，单笔成交金额超过 50 万元的交易视为机构投资者发起。当成交金额处于中间区域（10 万元，50 万元］时，交易者可能是机构也可能是个人投资者，因此，我们对以上第二和第三种交易规模的投资者类型不做具体识别。简言之，上述各类型投资者定义如下：个人投资者 Ind（$T \leqslant 10$ 万元），中等偏小额投资者 $Uni1$（10 万元 $< T \leqslant 30$ 万元），中等偏大额投资者 $Uni2$（30 万元 $< T \leqslant 50$ 万元），机构投资者 Ins（$T > 50$ 万元）。

表 3-1 中对不同交易规模投资者的成交情况做了描述性统计，可以说明上述识别方法的合理性。首先，根据《中国资本市场发展报告》披露的数据，在沪深证券交易所市场上，2007 年现金及持股市值在 100 万元以下的个人投资者完成的交易金额占总交易额的 73.6%。换言之，机构投资者交易金额占比为 37.4%，这与表 3-1 中大额投资者（单笔成交金额超过 50 万元）交易占比为 36.16% 基本上相符。其次，虽然分界点是 50 万元，但从表 3-1 中可以看出，大额投资者单笔的平均成交金额为 119.559389 万元，这与实务界在分析个股资金流向时采取的方法一致。例如，和讯财经将单笔成交金额在 10 万元以下定义为散单，是一般性散户行为，单笔成交金额在 100 万元以上定义为大单，反映出明显的机构投资者成交行为。

表 3-1　　　　　　　　各类投资者成交概况

$SIZE$（万元）	单笔成交量（股）	单笔成交额（万元）
≤10	3146	2.222305
(10, 30]	20510	16.711489
(30, 50]	43892	38.187615
>50	130309	119.559384

续表

SIZE（万元）	年成交量（亿股）	年成交量占比（%）
≤10	4868.09	35.15
(10, 30]	4708.87	22.56
(30, 50]	2386.36	10.13
>50	8110.25	32.15

SIZE（万元）	年成交额（十亿元）	年成交额占比（%）
≤10	3958.88	29.85
(10, 30]	4774.47	23.12
(30, 50]	2647.00	10.87
>50	10123.47	36.16

对高频交易数据的处理步骤如下：第一，根据李和雷迪（Lee & Ready, 1991）的方法区分订单的交易方向。第二，考虑到机构投资者的单笔大额交易可能是由于交易对手方的委托单金额小且分散，为了减少识别错误，我们将时间间隔在6秒以内、买卖方向相同、价格相同的成交记录合并[①]，视为同一笔交易。第三，参考巴塔利奥和门登霍尔（Battalio & Mendenhall, 2005）的方法，以机构投资者在盈余公告期间相对于公告前后正常水平的超常净买入作为交易行为的衡量指标（NB_Ins）：

$$NB\_Ins = \frac{Event(Buy-Sell)_{Ins} - \frac{1}{2}[Pre(Buy-Sell)_{Ins} + Pos(Buy-Sell)_{Ins}]}{\frac{1}{2}[Pre(Buy+Sell)_{Ins} + Pos(Buy+Sell)_{Ins}]}$$

(3.3)

公式（3.4）中，$Event(Buy-Sell)_{Ins}$ 为投资者在盈余公告期间 [-1, 1] 上的净买入，以买卖方驱动的交易金额之差来衡量，$Pre(Buy-Sell)_{Ins}$ 和 $Pos(Buy-Sell)_{Ins}$ 分别表示投资者在盈余公告前 [-31, -29] 和公告后 [29, 31] 区间上的净买入，$\frac{1}{2}[Pre(Buy+Sell)_{Ins} + Pos(Buy+Sell)_{Ins}]$ 是投资者在上述两个区间上成交量的平均数，而成交量则以买卖方驱动的交易金额之和

[①] 将间隔时间确定为6秒，是因为本章采用的是6秒间隔分笔成交数据快照。

衡量。其他类型投资者的交易行为度量指标以此类推,与投资者类型相对应,分别定义为 NB_Uni2, NB_Uni1 和 NB_Ind。

[-1,1] 是事件窗,[-31,-29] 和 [29,31] 是基准窗,基准窗反映投资者在公告前后的正常交易水平,选择公告前后第 30 个交易日作为基准窗的中心,主要是考虑到上市公司在 4 月份披露一季报,如果基准窗口距年报披露日期太近,那么机构投资者在右侧基准窗内的净买入指标很可能会受到一季报的影响,基准窗就无法反映投资者在公告后的正常交易水平,导致 NB_Ins 不能准确度量机构投资者在盈余公告期间的超常净买入。①

3. 购买并持有收益

股票的价格反应以投资者购买并持有股票的超额收益(buy-and-hold abnormal return,BHAR)衡量。首先,根据股票在 [-250,-31] 区间内的收益数据,利用资本资产定价模型估计出股票的 β 系数;其次,计算股票在 [h,H] 区间内的购买并持有超额收益。股票 i 在 t 年 [h,H] 区间上的 BHAR 表示为:

$$BHAR_{i,t}^{[h,H]} = \prod_{d=h}^{d=H}(1+R_{i,d}) - 1 - \beta_{i,t}\left[\prod_{d=h}^{d=H}(1+R_{m,d}) - 1\right] \quad (3.4)$$

其中,$R_{i,d}$ 是股票 i 在 d 交易日的收益,$R_{m,d}$ 是 d 交易日经流通市值加权平均的市场收益率。

3.3.3 回归模型

在检验本章的研究假说之前,首先考察应计异象的存在性,具体模型如下:

$$BHAR_{i,t}^{[h,H]} = \alpha_0 + \alpha_1 RACL_{i,t} + \beta_1 X_{i,t} + \beta_2 X_{i,t} \times RACL_{i,t} + \sum_{k=1}^{n}\gamma_k CV_{k,i,t} + \varepsilon_{i,t}$$

(3.5)

上式中,因变量设为 $BHAR^{[0,30]}$,考虑到应计异象可能存在于某个特殊的

---

① 出于稳健性的考虑,我们对其他基准窗做了检验,左侧基准窗逐天右移:[-30,-28],[-29,-27],[-28,-26],…,[-23,-21],与此相对应,右侧基准窗逐天左移:[28,30],[27,29],[26,28],…,[21,23],对上述各种情形进行检验,发现结果保持一致。

市场状态或者具备某些特征的样本当中，基于投资者有限关注的理论视角，模型（3.5）对影响应计异象程度的变量（X）加以控制，分别是反映投资者注意力差异的熊牛市指标、年报披露滞后程度以及投资者结构。根据已有的研究文献，当股市处于熊市状态时，由于"鸵鸟效应"的存在，投资者更容易忽略公司应计项目，引起更强烈的应计异象（Karlsson et al.，2009）。年报披露越滞后，投资者对盈余构成要素的注意力就越容易被分散（Hirshleifer et al.，2009）。此外，个人投资者受有限注意力的制约，往往忽视盈余的构成，当上市公司的个人投资者持股比例较高时，市场往往对应计做出过高的定价（饶育蕾等，2012）。

股市周期（BULL）：该指标为虚拟变量，当年报公告日期处于熊市时，取值为1，否则为0。股市周期根据佩根和索索诺夫（Pagan & Sossounov，2003）提出的方法加以判断，假定股市月度价格以 P_t 表示，对数价格为 $p_t = \ln(P_t)$，若 p_{t-3}, p_{t-2}, $p_{t-1} < p_t > p_{t+1}$, p_{t+2}, p_{t+3}，表明 t 时刻对应着一个波峰，若 p_{t-3}, p_{t-2}, $p_{t-1} > p_t < p_{t+1}$, p_{t+2}, p_{t+3}，表明 t 时刻对应着一个波谷。为了使诊断出的熊牛市状态真实地反映股市周期，根据何兴强和周开国（2006），采用该方法还需满足以下条件：第一，牛熊市周期全程时长至少为6个月，若牛熊市单程时长未超过4个月，则股市逆转产生的升跌幅需超过20%；第二，消去连续波峰中价格较低者和连续波谷中价格较高者；第三，不包括距离序列端点不足4个月的波峰和波谷、序列端点附近股价低于端点处股价的波峰、序列端点附近股价高于端点处股价的波谷。

年报披露滞后程度（LAG）：首先计算年报披露日期与会计年度截止日期（12月31日）间隔天数，该指标值越大，说明年报披露越滞后，在进入回归方程时，LAG采用哑变量的形式，对每年度的样本按照年报披露滞后天数由低到高分为十组，如果样本属于最高的五组，该变量取值为1，表示年报披露较为滞后，否则为0。

机构投资者持股比例（INS）：对每年度的样本按照机构持股比例由低到高分为十组，如果样本属于最低的五组，表明公司的机构持股比例较低，个人投资者持股比例较高，该变量取值为1，否则为0。

除了引入变量X，模型（3.5）还控制其与RACL相乘形成的交互项 $X \times RACL$，系数 β_2 可以用来判断投资者关注程度差异对应计定价的影响。控制变量（CV）包括非流动性（ILLIQ）、账面市值比（BM）和市值规模

(*SIZE*) 等风险因素变量。其中，*BM* 等于每股净资产除以收盘价，*SIZE* 以股票市值（百万元为单位）的自然对数来衡量，*ILLIQ* 根据阿米胡德（Amihud，2002）的方法构建，与第 2 章的做法类似，该指标以盈余公告前 30 个交易日的数据计算而得，随后将各年度样本按照指标值进行十等分，以样本所属组别的序数值进入回归方程。此外，模型还控制了年份固定效应（*Year*）。

检验机构投资者对应计信息反应情况（假设 H1）的模型如下：

$$NB\_Ins_{i,t} = \alpha_0 + \alpha_1 RACL_{i,t} + \sum_{k=1}^{n} \beta_k IA_{k,i,t} + \varepsilon_{i,t} \quad (3.6)$$

上式中，α_1 衡量投资者是否对应计信息做出反应，为了考察机构投资者是否受有限注意力的制约，模型（3.6）引入可能影响投资者注意力水平的解释变量 *IA*。第一，股票异常交易量（*ABV*），以股票在 $d = -2$ 交易日的交易量相对于公告前 [-30，-3] 平均交易量的增长率来衡量。第二，股票异常收益（*ABR*），以股票在 $d = -2$ 交易日收益率的绝对值来衡量，当股票交易量异常高或者收益处于极端值时，投资者往往对上市公司提高关注度（Barber & Odean，2008）。对 *ABV* 和 *ABR* 两个指标进行十等分，当样本属于最高组时，变量取值为 1，否则为 0。第三，盈余公告披露集中程度（*NUM*），以同一天披露盈余公告的公司数量来衡量，该数值越大意味着公告披露的集中程度越高，投资者的注意力更容易被分散（Hirshleifer et al.，2009），对该指标进行十等分，以样本所属组别的序数值进入回归方程。第四，周历效应（*WKD*），为虚拟变量，如果年报在周三以后发布，则取值为 1，否则为 0，当周末来临时，投资者对盈余信息的关注程度较低（Dellavigna & Pollet，2009）。

如果假设 H1 成立，那么当样本取好消息年报时，在模型（3.6）中，α_1 应该显著为负，当样本取坏消息年报时，α_1 应该不显著。此外，如果机构投资者也是注意力受限交易者，那么 β_k 应该显著异于零。具体而言，如 *IA* 表示投资者高度关注变量，β_k 应该显著大于零，如 *IA* 表示投资者注意力分散变量，则 β_k 应该显著小于零；但如果机构投资者的交易行为不受有限注意力的制约，那么 β_k 应该不显著。

检验机构投资者交易行为对应计定价影响（假设 H2）的模型如下：

$$BHAR_{i,t}^{[h,H]} = \alpha_0 + \alpha_1 RACL_{i,t} + \alpha_2 TRD_{i,t} + \alpha_3 TRD_{i,t} \times RACL_{i,t}$$
$$+ \sum_{k=1}^{n} \gamma_k CV_{k,i,t} + \varepsilon_{i,t} \quad (3.7)$$

模型（3.7）引入了虚拟变量 TRD 以反映机构根据应计信息进行反转交易的行为特征，即当样本的 ACL 较高，机构表现出强烈的卖出行为，或当样本的 ACL 较低，机构表现出强烈的买入行为，此时 TRD 取为 1，否则为 0。[①] 其与应计利润变量产生的交互项 $TRD \times RACL$，该变量的系数 α_3 可以衡量机构投资者交易行为对应计定价产生的影响。在模型（3.7）中，年报引起的价格即时反应以 $BHAR^{[0,1]}$ 来衡量，滞后反应以 $BHAR^{[2,30]}$ 衡量，控制变量（CV）设计同上。

3.4 实证检验与分析

3.4.1 描述性统计

对连续型变量上下 1% 的极端值进行缩尾处理。[②] 表 3-2 是变量的描述性统计结果，NB_Ins 的均值为 0.1250，说明机构投资者在盈余公告期间表现出净买入行为；SUE 的均值小于 0，说明研究样本的信息性质在平均意义上属于坏消息，ACL 的均值为负，在 1% 的水平显著，说明公司可能存在向下盈余管理的倾向；$BHAR^{[0,1]}$ 的均值为负，但 $BHAR^{[2,30]}$ 的均值为正，说明年报引起的股价即时反应与滞后反应存在差别；LAG 为均值为 88，说明样本公司披露年报的时间与会计年度截止日期平均间隔时间约为 3 个月；INS 的均值约为 0.1936，意味着机构投资者平均持有上市公司近 20% 的流通股份；[③] BM 和 SIZE 的各项指标也说明，研究样本中价值股和成长股、小盘股和大盘股比例适中。

---

① 在 $SUE > 0$ 的前提下，当样本的 ACL 属于最高的 3 组同时 NB_Ins 属于最低的 3 组，或者当样本的 ACL 属于最低的 3 组同时 NB_Ins 属于最高的 3 组时，TRD 取值为 1，否则为 0。

② 在数据处理过程中，我们发现 NB_Ins（ACL）的分布存在较严重右（左）偏，因此对 NB_Ins（ACL）在 1%（2%）以下和 98%（99%）以上的极端值进行缩尾调整处理，缩尾后变量基本上接近正态分布。当然，我们也采用其他的分位点进行处理（如上下 1% 或 2%），发现结论仍保持一致。

③ 在表 3-2 中，ILLIQ、LAG 和 INS 的描述性统计是根据变量原始取值进行分析的结果，下文回归分析时，这三个变量将以分组赋值或哑变量的形式进入模型。

表 3-2　　　　　　　　　　　变量描述性统计

变量	观测数	均值	标准差	最小值	中值	最大值
NB_Ins	7859	0.1250	1.4368	-4.8740	-0.0269	6.1857
SUE	7859	-0.0036	0.0405	-0.1910	0.0003	0.1420
ACL	7859	-0.0154	0.1502	-0.3259	-0.0259	0.4989
$BHAR^{[0,1]}$	7859	-0.0068	0.0439	-0.1140	-0.0095	0.1236
$BHAR^{[2,30]}$	7859	0.0119	0.1605	-0.3398	-0.0045	0.6181
LAG	7859	88	22.614	25	89	120
INS	7859	0.1936	0.2173	0.0000	0.1067	0.8134
$IILIQ$	7859	0.1379	0.1741	0.0046	0.0722	0.9940
BM	7859	0.9568	0.7226	0.1099	0.7395	3.7561
$Size$	7859	7.2362	1.0756	5.2043	7.1252	10.3220

3.4.2　投资者有限注意与应计异象

表 3-3 对应 $BHAR^{[0,30]}$ 为因变量时模型（3.6）的回归结果，即对应计异象的存在性做出验证。在方程（1）中，当模型仅考虑非流动性、账面市值比和规模效应时，$RACL$ 的系数虽然为负，但并不显著，随着影响应计定价控制变量依次加入，相应的回归结果显示出，上市公司在一定的条件下表现出应计异象。在方程（2）中，$RACL$ 的系数 α_1 不显著，但 $BULL \times RACL$ 的系数 β_2 为 -0.0027，在 5% 的水平上显著，反映出当股市处于熊市周期时，公司应计对股价存在负向预测能力。上述现象符合投资者有限关注理论对应计异象的解释，当市场处于熊市状态时，投资者"将头埋入沙堆"以避免额外信息的影响，这就是所谓的"鸵鸟效应"（Karlsson et al., 2009），投资者的这种避险方式导致市场对公司应计信息关注不足，进而股价被低估，随着市场回归理性，低应计水平公司获得高收益。

表 3-3　　　　　　　　　投资者有限注意与应计异象

变量	方程（1）	方程（2）	方程（3）	方程（4）
截距项	-0.0719** (-2.52)	-0.0628** (-2.07)	-0.0548* (-1.87)	-0.1066*** (-3.47)

续表

变量	方程（1）	方程（2）	方程（3）	方程（4）
RACL	-0.0003 (-0.51)	0.0008 (0.80)	0.0010 (1.00)	0.0010 (1.05)
BULL		-0.0004 (-0.04)		
BULL × RACL		-0.0027** (-2.03)		
LAG			-0.0011 (-0.14)	
LAG × RACL			-0.0028** (-2.07)	
INS				0.0233*** (2.79)
INS × RACL				-0.0025* (-1.91)
ILLIQ	0.0071*** (7.53)	0.0071*** (7.53)	0.0066*** (6.95)	0.0074*** (7.73)
BM	0.0084** (2.50)	0.0088*** (2.61)	0.0094*** (2.79)	0.0080** (2.39)
SIZE	0.0046 (1.55)	0.0045 (1.54)	0.0028 (0.95)	0.0072** (2.34)
Year	Yes	Yes	Yes	Yes
R^2	0.0166	0.0172	0.0193	0.0176
样本量	7859	7859	7859	7859

注：标准误经公司层面聚类处理；（ ）内为 t 统计量；*、** 和 *** 分别表示在 10%、5% 和 1% 水平上显著。

在方程（3）中，LAG × RACL 的系数 β_2 为 -0.0028，在 5% 的水平上显著，说明年报披露越滞后，公司应计异象越明显。根据前文的描述性统计，当 LAG 取值为 1 时，年报披露滞后会计截止日期在 3 个月以上，即在 4 月份披露。联系上市公司信息披露的实际情况，一方面，3 月下旬至 4 月下旬是年报披露的高峰期，不少公司在同一天披露年报；另一方面，进入 4 月份，公司一季报开始陆续披露，部分公司在同一天公布上年度年报和本年度一季报，这些因素均会分散投资者对盈余信息及构成要素的关注度，导致公司应计被忽视，引发市场错误定价（Hirshleifer et al.，2009）。

在方程（4）中，$INS \times RACL$ 的系数 β_2 为 -0.0025，显著程度为 10%，当机构持股比例较低时，公司股东主要由个人投资者构成，受有限注意力的制约，散户投资者往往只关注盈余信息本身，而忽视其组成部分，导致高（低）应计公司股票被高（低）估，随着市场回归理性，股价发生反转，高（低）应计公司股票获得低（高）收益。在控制变量方面，$ILLIQ$ 的系数显著为正，反映出投资者在交易缺乏流动性的资产时需要收益上的补偿，BM 的系数显著为正，表明上市公司存在账面市值比效应。

如前所述，本节基于投资者有限关注理论视角，对应计异象的存在性以及成因做了探讨，发现有限关注理论可以为应计异象提供合理的解释。当投资者对上市公司关注不足时，公司应计信息容易被忽略，高（低）应计项目公司被高（低）估，市场产生过度反应，随着投资者逐渐回归理性，市场错误定价被纠正，股票价格发生反转，高（低）应计项目公司的股票在未来获得低（高）收益。既然投资者有限关注能引发应计异象，那么专业的机构投资者能否对应计信息做出反应，从而利用市场对应计的错误定价获取更高的投资回报？下文将对此展开检验。

3.4.3　应计信息与机构投资者反应

1. 单变量分析

鉴于机构投资者的交易行为受公司盈余的影响，我们在考察机构投资者对应计信息的反应时，需要同时考虑意外盈余指标，下文从相关性和回归分析两个角度研究在年报公布以后的短期内，机构投资者对应计信息的反应所表现出的交易行为。首先是相关性分析，根据意外盈余区分信息属性，$SUE > 0$（$SUE \leq 0$）表示年报是好（坏）消息，接着按照单笔交易规模将投资者分为四种类型，如前所述，单笔成交金额超过50万元视为机构投资者发起，单笔成交金额在（30万元，50万元］区间的视为中等偏大规模交易，单笔成交金额在（10万元，30万元］区间的视为中等偏小规模交易，单笔成交金额不超过10万元视为个人投资者发起。为了增强对比性，基于盈余信息性质分组，考察机构投资者和其他类型投资者在年报公告期间的超常净买入指标与

RACL 的 Pearson 相关系数，结果见表 3–4。

表 3–4　　　　　机构投资者交易行为与公司应计的相关性分析

SUE 值	变量	单笔交易规模			
		>50 万元 NB_Ins	30 万~50 万元 NB_Uni2	10 万~30 万元 NB_Uni1	≤10 万元 NB_Ind
SUE >0	RACL	-0.0422***	0.0045	0.0189	0.0288**
	P 值	0.01	0.77	0.19	0.04
SUE ≤0	RACL	-0.0012	0.0006	0.0004	0.0336**
	P 值	0.94	0.97	0.98	0.02

注：*、** 和 *** 分别表示在 10%、5% 和 1% 水平上显著。

SUE >0 对应盈余公告是好消息情形，当单笔成交金额超过 50 万元时，机构投资者净买入 NB_Ins 与公司应计的相关系数为 -0.0422，在 1% 的水平上显著；与此形成对比，在中等交易规模类型中，投资者净买入 NB_Uni1 和 NB_Uni2 与公司应计的相关系数均不显著；而当单笔成交金额不超过 10 万元时，投资者净买入与公司应计表现出显著正相关。SUE ≤0 对应盈余公告是坏消息的情形，此时 NB_Ins 指标与 RACL 不存在相关性，NB_Ind 与 RACL 则表现出显著正相关。表 3–3 的结果说明，当盈余公告是好消息时，机构投资者净买入与公司应计水平存在显著负相关关系，但如果盈余公告是坏消息，两者不存在相关性。此外，其他类型投资者的净买入行为与公司应计之间，或不存在相关性，或表现为正相关，这也说明上文所采取的分类方法能够比较好地识别出机构投资者。

2. 多元回归分析

下文根据模型（3.6）考察公司应计对机构投资者净买入行为的影响，为了增强对比性，我们也分析了其他类型投资者的交易行为。结果见表 3–5。首先是好消息公告子样本的回归结果，当因变量是机构投资者净买入 NB_Ins 时，RACL 的系数为 -0.0204，在 5% 的水平显著，当因变量是中等交易规模投资者净买入指标时，RACL 的系数均不显著，当因变量是个人投资者净买入 NB_Ind 时，RACL 的系数为正，但显著性水平仅为 10%。

表 3-5　　　　　　　　机构投资者交易行为的回归分析

变量	SUE>0				SUE≤0			
	NB_Ins	NB_Uni2	NB_Uni1	NB_Ind	NB_Ins	NB_Uni2	NB_Uni1	NB_Ind
截距项	0.1794** (2.09)	-0.0193 (-0.36)	-0.0315 (-1.08)	0.0198*** (3.00)	0.0791 (0.91)	-0.0143 (-0.27)	0.0430 (1.37)	0.0229*** (3.43)
RACL	-0.0204** (-2.43)	0.0016 (0.29)	0.0036 (1.10)	0.0013* (1.76)	-0.0012 (-0.15)	0.0006 (0.11)	0.0005 (0.13)	0.0016** (2.35)
ABR	0.0295 (0.33)	-0.0027 (-0.05)	-0.0349 (-0.99)	0.0082 (1.10)	0.0887 (0.93)	-0.0311 (-0.49)	-0.0204 (-0.55)	0.0108* (1.71)
ABV	0.0516 (0.49)	-0.1113* (-1.76)	0.0325 (0.85)	0.0184** (2.38)	-0.0477 (-0.43)	-0.0546 (-0.69)	-0.0768* (-1.92)	-0.0011 (-0.14)
NUM	0.0025 (0.33)	-0.0016 (-0.30)	-0.0011 (-0.35)	-0.0015** (-2.14)	-0.0009 (-0.11)	-0.0058 (-0.98)	-0.0063* (-1.83)	-0.0039*** (-5.62)
WKD	-0.0361 (-0.80)	0.0025 (0.08)	-0.0023 (-0.13)	-0.0125*** (-3.09)	0.0059 (0.12)	0.0149 (0.43)	-0.0148 (-0.74)	-0.0095** (-2.36)
Year	控制	控制	控制	控制	控制	控制	控制	控制
R^2	0.0064	0.0052	0.0098	0.0166	0.003	0.0008	0.0062	0.0146
样本量	4014	4353	4769	4799	3845	4391	5043	5094

注：标准误经公司层面聚类处理；（ ）内为 t 统计量； *、** 和 *** 分别表示在 10%、5% 和 1% 水平上显著。

对于坏消息公告子样本的回归结果，当 NB_Ins 为因变量时，RACL 的系数不再显著。在控制变量方面，不同类型投资者在注意力受限程度上表现出显著差别：当 NB_Ins 为因变量时，反映投资者注意力水平的控制变量并未表现出显著性，但当 NB_Ind 为因变量时，ABR 在 10% 的水平显著为正，NUM 和 WKD 则在 1% 和 5% 的水平上显著为负，说明个人投资者是注意力受限交易者而机构投资者在交易过程中基本上不受有限注意的影响。

表 3-4 的相关性分析和表 3-5 的回归结果表明，机构投资者不受有限注意的制约，具备对盈余信息构成要素的解读能力，机构投资者在公司意外盈余为正的前提下，能够对应计信息做出及时反应，根据公司应计项目采取反转交易策略，买入低应计股票，卖出高应计股票；当意外盈余为负或等于零时，机构投资者的交易行为并不受公司应计水平的影响。上述结论支持上

文提出的研究假设 H1。

3.4.4 机构投资者交易行为与应计定价

1. 多元回归分析

既然机构投资者能对公司应计项目做出正确的反应,那么该行为会对股票价格产生什么影响?本节根据模型(3.7)展开分析,正如上文所提到的,交互项 $TRD \times RACL$ 的系数可以反映机构投资者交易对应计定价的影响方向和程度。表3-6是检验结果,方程(1)对应 $BHAR^{[0,1]}$ 为因变量时模型(3.7)的回归结果,发现 $RACL$ 的系数 α_1 显著为正,但 $TRD \times RACL$ 的系数 α_3 显著为负,而且 $\alpha_1 + \alpha_3 = -0.0032$,联合检验显示($\alpha_1 + \alpha_3$)在1%的水平上显著为负(F值为 -49.19),意味着当 $TRD=1$ 时,$RACL$ 对 $BHAR^{[0,1]}$ 存在负向影响,原因在于当公司应计水平较低(较高)时,机构投资者大幅增仓(减仓),导致低应计(高应计)公司股价在短期内上涨(下跌),表现为股票收益在公告后短期内与公司应计呈负向关系。

表3-6　　　　　　　　机构投资者交易行为与应计定价

变量	方程(1) $BHAR^{[0,1]}$	方程(2) $BHAR^{[2,30]}$	方程(3) $BHAR^{[0,30]}$
截距项	-0.0265*** (-3.50)	-0.0419 (-1.54)	-0.0690** (-2.41)
RACL	0.0005*** (2.63)	-0.0009 (-1.21)	-0.0004 (-0.51)
TRD	0.0184*** (4.84)	-0.0567*** (-5.66)	-0.0386*** (-3.51)
$TRD \times RACL$	-0.0037*** (-6.96)	0.0042*** (2.60)	0.0006 (0.36)
ILLIQ	0.0006** (2.42)	0.0067*** (7.39)	0.0074*** (7.80)

续表

变量	方程（1）$BHAR^{[0,1]}$	方程（2）$BHAR^{[2,30]}$	方程（3）$BHAR^{[0,30]}$
BM	0.0006 (0.77)	0.0073 ** (2.28)	0.0081 ** (2.42)
SIZE	0.0019 ** (2.45)	0.0026 (0.91)	0.0045 (1.54)
Year	控制	控制	控制
R^2	0.016	0.0193	0.0201
样本量	7859	7859	7859

注：标准误经公司层面聚类处理；（）内为 t 统计量；*、** 和 *** 分别表示在 10%、5% 和 1% 水平上显著。

方程（2）对应 $BHAR^{[2,30]}$ 为因变量时模型（3.7）的回归结果，RACL 的系数虽然为负，但未通过显著性检验，$TRD \times RACL$ 的系数 α_3 为 0.0042，t 值显示在 1% 的水平显著为正，当 $TRD = 1$ 时，$BHAR^{[2,30]}$ 与 RACL 之间存在显著的正向关系。说明机构基于公司应计水平采取的反转交易策略，对股价滞后反应和即时反应的影响方向完全不同，在盈余公告后 [2，30] 区间上，低（高）应计公司股票在年报公告后长期获得低（高）收益，即公司应计水平在长期对股票未来收益存在正向预测能力。

方程（3）对应 $BHAR^{[0,30]}$ 为因变量时模型（3.7）的回归结果，与方程（1）和方程（2）的结果不同，此时交互项 $TRD \times RACL$ 的系数 α_3 不显著，公司应计对 $BHAR^{[0,30]}$ 的预测能力消失。结合上文的结果，机构投资者的交易行为会影响市场对应计信息的即时反应和滞后反应，但由于对两者的影响方向刚好相反，机构的行为并未影响到市场对应计信息的总反应。造成上述现象的原因在于，受机构投资者交易行为的影响，股价在短期内大幅上涨或下跌，但在随后的时间内，股价发生反转并逐步恢复到正常水平，这符合行为金融理论描述的市场过度反应现象。①

---

① 以一个简单的例子说明，机构投资者大幅增持某低应计公司股票，导致该公司股价在 [0，1] 区间内上涨 10%，涨幅严重超出公司基本面，随着市场回归理性，股价在未来 [2，30] 区间内逐渐下调 10%。因此，从 [0，30] 整个区间上看，股价先涨后跌，最终回归到原有的理性水平，但这个过程实质上经历了市场过度反应。

根据表3-6的结果，我们从如下两个方面加以总结：第一，机构投资者的交易行为能够影响到市场对公司应计的定价，而且这种影响因时间而异，在短期，股票收益与公司应计呈负向关系，在长期，股票收益与公司应计则表现出正向关系，后者与传统应计异象所描述的公司应计与股价之间存在负向关系完全相反；第二，在机构投资者交易行为的影响下，低应计（高应计）公司股价在短期内上涨（下跌），在长期则下跌（上涨），股价在整个区间内产生了反转，这种反转是否是市场过度反应导致的股票错误定价仍需要做进一步的探讨。

2. 套利组合分析

由于机构投资者交易行为的影响，公司应计对股票长期收益表现出正向的预测能力。对于上述现象，存在以下两种可能的解释：一是基于风险的理论解释，即高应计公司股票获得更高的收益，是因为这些公司存在更高的系统性风险，收益是对风险的补偿；二是基于行为金融的理论解释，即机构投资者根据公司应计采取反转交易策略，造成股价在短期内过度反应，低应计（高应计）公司股价上涨（下跌），随着市场逐渐回归理性，股价发生反转，表现为低（高）应计公司股票在未来获得低（高）收益。

本节将据此构建套利组合，检验套利组合的收益能否被经典的资产定价模型所解释，判断公司应计对股票收益的正向预测作用，是由于风险还是市场过度反应。具体步骤如下：首先，对于研究区间的每一个年度，买入 $TRD=1$ 样本中的高应计公司（ACL^{top}），同时卖出 $TRD=1$ 样本中的低应计公司（ACL^{bot}），形成套利组合；其次，计算该套利组合在未来近2个月中的收益时间序列[①]，并以此作为基于风险资产定价模型的被解释变量。如果高应计股票获得高收益是由风险所致，那么考虑风险定价因子以后，α 值应为0；反之，如果造成上述现象的原因是市场过度反应，那么套利组合经风险调整以后仍可以获得超常收益。根据研究惯例，基于风险定价模型采用资本资产定价模型（CAPM）以及法玛和弗伦希（Fama & French, 1993）的三因子模型。

---

① 根据上文的回归结论，股价反转主要发生在年报公告后 [2, 30] 区间内，因此套利组合收益的计算区间设定为次年5月1日至6月20日。

回归结果见表 3-7，第一行采用资本资产定价模型解释套利组合的收益，α 值大于 0，在 5% 的水平上显著，说明在控制市场因素以后，套利组合能获得正的超常收益；第二行在市场因素基础之上，加入了账面市值比因素，结果表明 HML 的系数显著为负，但 α 值在 5% 的水平显著为正；第三行加入了市值规模因素，对应法玛和弗伦希（Fama & French，1993）的三因子模型，SMB 的系数不显著，但 MKT 和 HML 的系数均在 1% 的水平上显著，α 值为 0.0005，仍以 5% 的水平通过显著性检验，说明在控制系统性风险以后，高应计公司股票的（日）收益比低应计公司高出 0.05%，或者说，年收益高出约 12.5%。

表 3-7　　　　　　　　　　　套利组合分析

方程	α 值	MKT	HML	SMB
（1）	0.0005 ** (2.47)	0.0184 * (1.95)		
（2）	0.0004 ** (2.25)	0.0313 *** (3.11)	-0.1268 *** (-3.59)	
（3）	0.0005 ** (2.29)	0.0316 *** (3.14)	-0.1213 *** (-3.38)	-0.0217 (-0.90)

注：（ ）内为 t 统计量；*、** 和 *** 分别表示在 10%、5% 和 1% 水平上显著。

表 3-7 的结果表明，套利组合的收益不能完全被基于风险的资产定价模型所解释，因此表 3-6 所描述的机构投资者交易行为引起的股价反转现象是由于市场过度反应。我们将这一过程通过流程图加以呈现，如图 3-1 所示，机构投资者根据公司应计采取反转交易策略，买入低应计水平公司股票，卖出高应计水平公司股票，产生的压力导致低应计（高应计）公司股价在短期内上涨（下跌），随着市场逐渐回归理性，股价在长期发生反转，表现为低（高）应计公司股票在未来获得低（高）收益，这些结果支持上文提出的研究假设 H2。

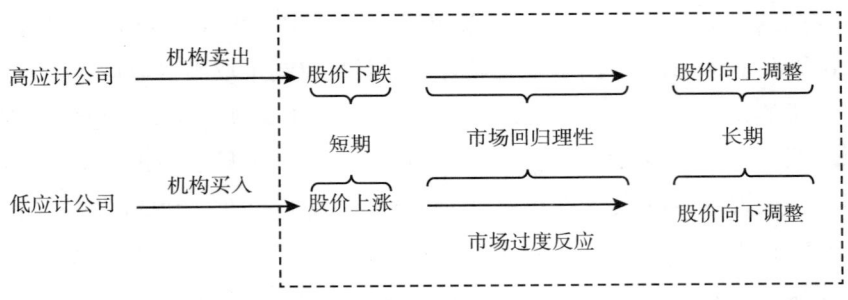

图 3-1 机构投资者交易行为与应计定价

3.4.5 拓展性检验

1. 个人投资者交易行为分析

行为金融理论研究表明，投资者关注能够对股票价格产生压力，股价在短期内会上涨，但随着投资者对股票的关注度恢复到常态，价格发生反转。王磊和孔东民（2014）发现，受有限注意力的制约，个人投资者在公告期间表现出净买入行为，引起股票价格在公告期间大幅上涨，随着投资者对上市公司的关注恢复常态，股票价格在公告后发生反转。因此，本小节拟检验上文发现的市场对应计信息过度反应，是否由个人投资者净买入行为产生的价格压力所致。即是否存在以下可能性：个人投资者倾向于关注低应计公司股票，在盈余公告期间表现出显著净买入行为，引起股价在公告后上涨，随着投资者注意力衰减，市场过度反应得以纠正，股价在长期产生反转。为此，我们考察个人投资者在不同应计水平公司盈余公告期间的净买入行为（NB_Ind）。

结果见表 3-8，个人投资者在不同应计水平公司盈余公告期间均表现出显著的净买入行为，但 t 检验显示，个人投资者在不同应计水平公司盈余公告期间的净买入程度并不存在显著差别，因此，本章发现的市场对应计信息过度反应引起的股价反转，并不是由个人投资者的交易行为引起。此外，由表 3-8 也可以看出，个人投资者不能根据应计信息做出正确反应，其表现出的净买入行为主要是因为盈余公告能引起个人投资者的高度关注。表 3-8 同时公布了机构的净买入指标值，从数值上看，机构的净买入程度远远高出个人投资者，从交易方向上看，机构投资者是根据公司应计采取反转交易策略。

表 3-8　　　　　　　　　　　个人投资者交易行为分析

变量	ACL^{bot}	ACL^{top}	$ACL^{top} - ACL^{bot}$
NB_Ind	0.0227 *** (3.36)	0.0254 *** (4.37)	0.0027 (0.30)
NB_Ins	1.6815 *** (17.07)	-0.9144 *** (-17.08)	-2.5959 *** (-23.15)

注：括号内为 t 统计量；*、** 和 *** 分别表示在 10%、5% 和 1% 水平上显著。

2. 机构投资者交易行为的敏感性检验

为了增强实证结果的稳健程度，本节在区分机构投资者交易时，将单笔交易规模的金额在原有的基础上再上调 5 万元，提高划分标准，可以有效降低将个人投资者误划入机构投资者的概率，但也增加了将机构投资者误划入个人投资者的可能性，损失了研究机构投资者交易行为的有效样本。实证结果如表 3-9 所示，根据研究假设 H1 和研究假设 H2 检验的回归结果，当所有影响投资者注意力的变量得到控制后，在 $SUE > 0$ 的样本中，$RACL$ 的系数为负，显著性水平为 5%，与此形成对比，在 $SUE \leq 0$ 的样本中，$RACL$ 的系数虽然为负，但并不显著；说明机构投资者在意外盈余为正的样本中，根据公司应计采取反转交易策略。

对于研究假设 H2 的检验，当模型以 $BHAR^{[0,1]}$ 为因变量，虽然 $RACL$ 的系数为正，但 $TRD \times RACL$ 的系数显著为负，两个变量的系数之和为 -0.0037，F 检验显示在 1% 的水平上显著为负（F 值为 -61.37）；当模型以 $BHAR^{[2,30]}$ 为因变量，$RACL$ 的系数不显著，但 $TRD \times RACL$ 的系数在 5% 的水平上显著为正。表 3-10 是套利组合分析，基于公司应计对股价收益的预测能力构造套利组合，经法玛和弗伦希（Fama & French, 1993）三因子模型调整以后，套利组合能获得正的超常收益，而且与表 3-6 的结果相比，此时的 α 值高达 0.06%。上述结果表明，机构投资者在意外盈余为正的样本中，根据公司应计水平采取反转交易策略，买入（卖出）低（高）应计公司股票，上述交易行为产生价格压力，引起市场过度反应，表现为股票收益在短期与公司应计负相关，但在长期与公司应计正相关。

表3-9　　机构投资者交易行为的敏感性检验回归分析

变量	H1 检验 SUE>0	H1 检验 SUE≤0	H2 检验 $BHAR^{[0,1]}$	H2 检验 $BHAR^{[2,30]}$
截距项	0.1846** (2.16)	0.0603 (0.70)	-0.0327*** (-4.55)	-0.0121 (-0.46)
RACL	-0.0192** (-2.32)	-0.0055 (-0.65)	0.0006*** (2.98)	-0.0006 (-0.77)
TRD			0.0215*** (5.57)	-0.0497*** (-4.67)
TRD×RACL			-0.0042*** (-7.93)	0.0038** (2.23)
IA/CV/Year	控制	控制	控制	控制
R^2	0.0075	0.0032	0.0173	0.0518
样本量	3954	3740	7694	7694

注：标准误经公司层面聚类处理；( ) 内为 t 统计量；*、** 和 *** 分别表示在10%、5%和1%水平上显著。

表3-10　　　　　　　　　套利组合分析

α 值	MKT	HML	SMB
0.0006*** (2.74)	0.0170 (1.56)	-0.1207*** (-3.09)	-0.0874*** (-3.32)

注：( ) 内为 t 统计量；*、** 和 *** 分别表示在10%、5%和1%水平上显著。

3.5　结　　语

本章考察机构投资者对上市公司应计信息的即时反应，及对股票价格产生的影响。主要观点和分析如下：第一，作为经验丰富的专业投资者，机构投资者基本上不受有限注意的制约，能对应计信息及时做出反应，在公司意外盈余为正的前提下，买入（卖出）低（高）应计公司股票；第二，在机构投资者交易行为的影响下，低应计（高应计）公司股价在年报公告后短期内上涨（下跌），在长期则下跌（上涨），股价在整个区间内经历了反转；第三，基于公司应计对股票长期收益的正向预测能力构造套利组合，买入高应计水平股票，同时卖出低应计水平股票，该组合经风险定价模型调整后，能获得正的超常回报。上述结果说明机构投资者的交易行为引起股票价格过度反应，导致市场对公司应计信息错误定价。

根据上文的研究，投资者有限注意可以为上市公司应计异象的产生提供合理的解释，具体而言，当投资者对上市公司关注不足时，往往忽视盈余组成部分，导致应计信息无法纳入股票估值过程，高（低）应计公司股票价格被高（低）估，随着市场错误定价被纠正，高（低）应计项目公司的股票在未来获得低（高）收益。从这个角度而言，机构投资者根据公司应计采取反转交易策略，这种反应准确而且及时，体现机构拥有对盈余信息及构成要素的正确解读能力，机构投资者的交易策略主观上是为了获取更高的投资收益，但客观上却造成市场过度反应。

本章的研究可以视为对行为金融理论模型相关研究假说的实证检验，投资者对盈余构成关注不足导致高（低）应计公司被高（低）估，应计异象由此产生；机构投资者不受有限注意的制约，既关注盈余信息，又能对盈余构成给予正确的解读，这些发现均符合赫什利弗等（Hirshleifer et al.，2011）理论模型的预期。但研究也发现，作为理论模型所描述的第三类投资者，机构的交易行为造成股价过度反应，导致市场对公司应计项目错误定价，反映出机构投资者不够成熟，因此，对于机构投资者而言，在正确识别应计信息的同时，要切实关注市场过度反应，避免股价波动带来投资亏损。

第 4 章
证券投资基金羊群行为与股票市场过度反应[*]

4.1 引　　言

中国股票市场长期以来以个人投资者为主体，个人投资者缺乏教育，投资理念不成熟，对概念股的炒作时有发生，奥运概念股、创投概念股以及低碳概念股都是例证。概念股炒作的本质是投资者过度反应，但投资者反应的依据不是公司基本面，而是概念，这种投机行为容易引发股市剧烈波动。为了引导长期投资和价值投资理念，抑制过度投机，监管层于 2001 年提出超常规发展机构投资者，随后，我国机构投资者取得了长足发展，但在现实中机构投资者的行为却屡屡遭到质疑。

关于机构投资者的市场影响，学术界一直存在着争议。在有效市场理论框架下，机构投资者被视为理性的套利者，当市场出现错误定价时，机构投资者理性的套利活动能迅速地使股票价格回归到理性水平（Fama，1965）。但行为金融学则指出，各种风险、成本和代理问题会阻碍机构投资者实施套利（Shleifer & Vishny，1997），机构投资者的羊群行为和动量交易行为会使股票价格偏离基础价值（Delongetal.，1990；Scharfstein & Stein，1990）。那么在中国这样一个新兴市场上，机构投资者的行为具有哪些特征，产生了什

---

[*] 本章的部分内容发表在：王磊，孔东民，陈巍. 证券投资基金羊群行为与股票市场过度反应[J]. 南方经济，2011（3）：69-78。

么样的影响？本章即以中国股票市场为背景，考察机构投资者在市场过度反应中所起的作用，判断其对市场效率和市场稳定的影响。

本章将账面市值比分解为反映公司基本面的有形收益和反映投资者主观预期的无形收益，首先检验股票收益反转的驱动因素，由股票收益与无形收益负相关可推断出，市场过度反应的依据是投资者的主观预期，而非公司基本面；接着考察机构投资者在不同无形收益股票上的交易行为，判断其对市场过度反应的影响。

4.2 文献评述

市场过度反应现象由德邦特和泰勒（DeBondt & Thaler，1985，1987）发现，是指过去3~5年中收益低（高）的股票将获得高（低）收益。过度反应是投资者不完全理性的体现，由此引发的股票收益可预测性对有效市场假说构成严峻的挑战。过度反应概念为行为金融学派解释股票收益长期反转现象和账面市值比效应开辟了新的视角，但纵观以往的文献，研究者并没有在市场过度反应的依据上取得一致意见，而这正是市场过度反应的根源所在。

巴尔贝里斯等（Barberis et al.，1998）的投资者情绪模型表明，公司公布一系列利好的盈余公告信息后，外推心理使投资者过分依赖这些信息去推断公司的总体盈利状况，市场发生过度反应，当市场了解到公司的真实收益时，过度反应被纠正，股票产生长期收益反转。丹尼尔等（Daniel et al.，1998，2001）的投资者过度自信模型则认为，投资者对利好的私人信息过度自信，将股价抬高至严重超出基本面的水平，而公开信息则逐渐纠正市场过度反应，使股价回归到理性水平，股票收益反转是因为投资者对私人信息过度反应而对公开信息反应不足。

在实证方面，拉克尼肖克等（Lakonishok et al.，1994）认为，价值股的年收益率比成长股要高出10%~11%，原因在于投资者对价值股不良的基本面过度悲观，导致股价被非理性低估，当市场回归理性，股票收益反转。这支持投资者对公司基本面过度反应的结论，但在现实市场中，投资者难以通过理论准确估计出资产的内在价值，往往只是从心理上进行衡量，因此投资者决策或者反应的依据很可能是主观预期因素（Shiller，2005）。

丹尼尔和蒂特曼（Daniel & Titman，2006）的研究表明，投资者并不重视分析公司基本面，而是关注与公司基本面无关的投资概念，这些概念反映投资者对公司发展前景的主观预期，投资者预期过度乐观或悲观导致市场过度反应。

上述研究将市场看成是同质的整体，随着理论的发展，学术界认识到不同类型投资者的投资风格和行为存在差异，而这些差异会影响资产的价格行为。机构投资者被视为经验丰富的专业投资者，一些文献因此专门研究了机构投资者对股票收益长期反转和账面市值比效应的影响。在丹尼尔和蒂特曼（Daniel & Titman，2006）的基础上，江（Jiang，2010）的研究表明，机构投资者根据与公司基本面无关的主观预期信息进行惯性交易，加剧股票收益长期反转和账面市值比效应。达斯古普塔等（Dasgupta et al.，2009）也发现，被机构投资者持续卖出的股票在未来两年的表现明显好于被机构投资者持续买入的股票，说明机构投资者交易的持续性加剧股票收益长期反转。

国内的相关研究文献表明机构投资者有反应不足的倾向。祁斌等（2006）发现不同投资者群体主导的股票表现出不同的价格特征，机构投资者持股比例比较低的股票存在着明显的反转现象，而机构投资者持股比例比较高的股票存在着比较明显的惯性效应，说明个体投资者有反应过度倾向而机构投资者有反应不足倾向。游家兴（2008）的研究表明，机构投资者在短期内对信息的反应相对理性，在长期内对新信息存在一个反馈调整的渐进过程，在其主导下，市场表现出反应不足。这些文献基本上是从静态的角度，以机构持股比例作为投资者异质性的代理指标，考察不同类型投资者主导的股票呈现出的价格特征。

4.3 研究设计

4.3.1 变量设计：账面市值比分解

本章对账面市值比做如下分解（详细推导过程见附录）：

$$bm_{i,t} \equiv \ln(BM_{i,t}) = \ln(B_{i,t}/P_{i,t}) = \underbrace{\ln(B_{i,t-1}/P_{i,t-1})}_{\equiv bm_{i,t-1}} + \ln(B_{i,t}/B_{i,t-1}) - \ln(P_{i,t}/P_{i,t-1})$$

$$= bm_{i,t-1} + \underbrace{\overbrace{\ln(B_{i,t}/B_{i,t-1}) + \varphi_i(t-1, t)}^{(\text{账面收益})}}_{\equiv r_i^B(t-1,t)} - r_i(t-1, t) \qquad (4.1)$$

其中，$B_{i,t}$ 和 $B_{i,t-1}$ 分别为股票 i 在 t 年末和 $t-1$ 年末的每股账面价值，$P_{i,t}$ 和 $P_{i,t-1}$ 分别为股票 i 在 t 年末和 $t-1$ 年末的每股市场价值；$r_i^B(t-1, t)$ 表示股票 i 在区间 $(t-1, t)$ 的账面收益，其中 $\varphi_i(t-1, t)$ 为调整因子，是股价和配送股、拆细及分红等因素的函数；$r_i(t-1, t)$ 为股票 i 在区间 $(t-1, t)$ 的连续复利收益。由公式（4.1）可以推导出 $r_i^B(t-1, t)$：

$$r_i^B(t-1, t) = bm_{i,t} - bm_{i,t-1} + r_i(t-1, t) \qquad (4.2)$$

$r_i^B(t-1, t)$ 可做如下理解：投资者在 $t-1$ 年末按账面价值买入 1 单位资金的股票 i，假定在 $(t-1, t)$ 区间内，股票的所有派息均按股票在派息日的市场价值进行再投资，那么这笔投资在 t 年末的账面价值就是账面收益。由此 $r_i^B(t-1, t)$ 所包含的信息被定义为股票 i 在区间 $(t-1, t)$ 内基于会计业绩的公司基本面信息。

公式（4.1）第三项 $r_i(t-1, t)$ 除反映区间 $(t-1, t)$ 的基本面信息外，还反映投资者对公司发展前景的预期。将剔除 $r_i(t-1, t)$ 中基本面信息成分后的收益定义为无形收益，以此作为投资者预期信息的代理指标。具体而言，在每个时间段，以 $r_i(t-1, t)$ 为因变量，以 $bm_{i,t-1}$ 和 $r_i^B(t-1, t)$ 为自变量作普通最小二乘回归，拟合值为

$$\hat{r}_i(t-1, t) = \hat{\gamma}_0 + \hat{\gamma}_{BM} \times bm_{i,t-1} + \hat{\gamma}_B \times r_i^B(t-1, t) \qquad (4.3)$$

残差项为股票 i 在区间 $(t-1, t)$ 的无形收益，即

$$\begin{aligned} r_i^I(t-1, t) &= r_i(t-1, t) - \hat{r}_i(t-1, t) \\ &= r_i(t-1, t) - [\hat{\gamma}_0 + \hat{\gamma}_{BM} \times bm_{i,t-1} + \hat{\gamma}_B \times r_i^B(t-1, t)] \end{aligned} \qquad (4.4)$$

由此可以得出：

$$bm_{i,t} = f[bm_{i,t-1}, r_i^B(t-1, t), r_i^I(t-1, t)] \qquad (4.5)$$

即 $bm_{i,t}$ 可表示为 $bm_{i,t-1}$、$r_i^B(t-1, t)$ 和 $r_i^I(t-1, t)$ 的函数，假定股票滞后期账面市值比相等，则 bm_t 受到两个变量的影响：反映公司基本面的账面收益和反映投资者对公司发展前景预期的无形收益。

4.3.2 数据来源和描述性统计

研究样本为 1994~2008 年间在沪、深两地上市的 A 股公司，账面市值比和股票收益数据来源于国泰安数据库（CSMAR）。剔除每股净资产为负数和收益数据缺失的样本后，共得到 13797 个公司—年度观测值。与市场上其他类型机构投资者相比，证券投资基金的规模最大，信息披露也最为及时公开，因此本章选取证券投资基金作为机构投资者的代表。计算基金羊群行为指标需要基金投资组合变动情况的相关信息，数据来源于万得财经数据库（Wind），该数据库公布了 2004 年 6 月以来基金持股明细半年度变动情况，本章实证部分主要采用下半年度羊群行为指标，包括 2004~2008 年间共 5 个下半年度的 1422 个公司—半年度观测值。表 4-1 和表 4-2 公布了主要变量的描述性统计和相关系数。

表 4-1　　　　　　　　　　变量的描述性统计

变量	均值	标准差	最小值	中值	最大值
$r(t-1, t)$	0.0248	0.6194	-2.4003	-0.0578	2.5607
$r^B(t-1, t)$	0.0841	0.3264	-4.6827	0.0669	6.9753
$r^I(t-1, t)$	0	0.2932	-1.5113	-0.0264	1.5222
BM_t	0.3128	0.7071	0.0010	0.3312	1.9219
HM	0.0172	0.1558	-0.4605	0.0052	0.4767

表 4-2　　　　　　　　　　变量的相关性分析

变量	$r^B(t-1, t)$	$r^I(t-1, t)$	bm_{t-1}	bm_t	dbm
$r^B(t-1, t)$	1.0000				
$r^I(t-1, t)$	0 0.9999	1.0000			
bm_{t-1}	-0.0992 <0.0001	0 0.9995	1.0000		

续表

变量	$r^B(t-1, t)$	$r^I(t-1, t)$	bm_{t-1}	bm_t	dbm
bm_t	0.1502 <0.0001	-0.4147 <0.0001	0.5953 <0.0001	1.0000	
dbm	0.2780 <0.0001	-0.4693 <0.0001	-0.4163 <0.0001	0.4828 <0.0001	1.0000

注：本表公布的是 Pearson 相关系数以及对应的 P 值，$dbm = bm_t - bm_{t-1}$。

根据表 4-1 的描述性统计结果，$r(t-1, t)$ 和 $r^B(t-1, t)$ 的均值分别为 0.0248 和 0.0841，$r^I(t-1, t)$ 的均值为 0，但标准差接近 0.3，说明市场对不同公司的发展前景有着不同的预期；BM_t 的均值为 0.3128，标准差超过 0.7，BM_t 值的分布较为分散，说明样本选取恰当，包括成长股和价值股。基金羊群行为指标（HM）均值为 0.0172，但标准差超过 0.15，表明基金在不同股票上的羊群行为程度存在较大的差别。根据表 4-2 的变量相关性分析，$r^B(t-1, t)$ 和 $r^I(t-1, t)$ 不相关，说明上述方法能分解出公司基本面信息以及与基本面无关的投资者预期信息；$r^I(t-1, t)$ 和 bm_t 以及 dbm 负相关，说明账面市值比受到投资者预期的影响。

4.4 实证检验与分析

4.4.1 无形收益反转

首先，我们考察不同无形收益股票组合在未来的收益，具体过程如下：在 t 年内，计算出样本股票的无形收益，按十分位点由小到大分为 10 组 D_1，D_2，…，D_{10}，计算 D_1 和 D_{10} 组合内各只股票在 t 年以及未来两年内的月度收益，通过等权重加权平均得出组合的月度收益，需要指出的是，这里的股票收益是经过市场调整后的超常收益。

由图 4-1 可知，D_{10} 组合在 t 年内表现良好，最低月收益为 1.4%，最高月收益为 6.5%；D_1 组合在 t 年内表现欠佳，最低月收益为 -6.7%，最高月收益为 0；股票收益在 $t+1$ 年开始反转，而且反转趋势会延续到未来两年，在反转区间内，D_{10} 组合的月收益大多为负，最高的月收益只有 1%，而 D_1 组合的表现总体上优于 t 年的情况。这说明无形收益存在长期反转效应。

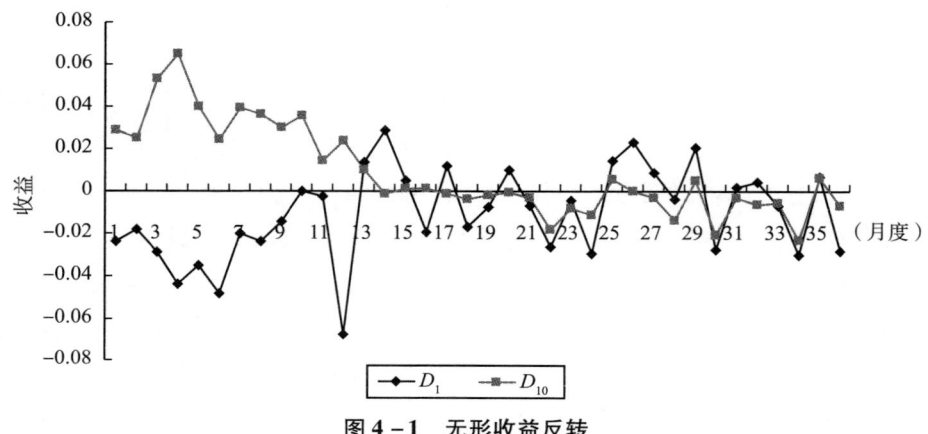

图 4-1 无形收益反转

此外，我们也计算并比较各无形收益组合在 t 年末的账面市值比，如表 4-3 所示，D_1、D_{10} 组合在 t 年末的账面市值比均值分别为 0.4645 和 0.2189，均值检验 t 值为 29.99，在 1% 的水平上存在显著差异；D_1、D_{10} 组合在 t 年末的账面市值比中值分别为 0.42 和 0.18，中值检验 z 值为 22.84，在 1% 的水平上存在显著差异；而且 F 检验（χ^2 检验）显示，表 4-3 分析的 4 个无形收益组合在 t 年末的账面市值比均值（中值）均存在显著差异。①

表 4-3　　　　　　　　　无形收益与账面市值比

项目	D_1	D_4	D_7	D_{10}
均值	0.4645	0.4133	0.3505	0.2189
	T = 29.99（Pr < 0.01）		F(3) = 301.35（Pr < 0.0001）	

---

① 将 D_4 和 D_7 换成其他中间无形收益组合，也能得出类似的结论，限于篇幅，本章未在此列出。

续表

项目	D_1	D_4	D_7	D_{10}
中值	0.4200	0.3672	0.3023	0.1842
	Z = 22.84（Pr < 0.01）		$\chi^2(3)$ = 521.81（Pr < 0.0001）	

注：T检验（Z检验）是 D_1 和 D_{10} 成对样本的均值（中值）检验，F检验（χ^2 检验）是 $D_1 \sim D_{10}$ 共4组样本的均值（中值）检验。

由此可以看出，高账面市值比股票过去一年的无形收益要低，市场表现较差，但在未来两年内有较高的收益，与此相反，低账面市值比股票过去一年的无形收益则较高，市场表现也较好，但在未来两年内呈现低收益。

本节进一步采用法玛和麦克白（Fama & MacBeth，1973）方法实证检验，股票收益与账面收益还是无形收益存在负相关关系，以此考察股票收益长期反转的驱动因素，具体步骤如下：

第一步，对于 $t+1$ 年7月至 $t+2$ 年6月间的每个月 ℓ，作如下普通最小二乘回归：

$$r_{i,\ell} = \lambda_{0,\ell} + \lambda_{1,\ell} bm_{i,t-1} + \lambda_{2,\ell} r_i^B(t-1,t) + \lambda_{3,\ell} r_i^I(t-1,t) + \varepsilon_{i,\ell} \quad (4.6)$$

其中，$r_{i,\ell}$ 为股票 i 在 ℓ 月的收益率，$bm_{i,t-1}$ 是股票 i 在 $t-1$ 年末的账面市值比，$r_i^B(t-1,t)$ 和 $r_i^I(t-1,t)$ 分别是股票 i 在 t 年的账面收益和无形收益[1]，$\lambda_{k,\ell}$ 是对应的回归系数，$k=0,1,2,3$。$\varepsilon_{i,\ell}$ 是白噪声过程。

第二步，若样本区间包括 n 个月，则经过 n 次回归后得到回归系数的时间序列，分别求其均值 $\overline{\lambda_k} = \frac{1}{n}\sum_{\ell=1}^{n}\lambda_{k,\ell}$、标准差 $\hat{\sigma}_k = \sqrt{\frac{1}{n-1}\sum_{\ell=1}^{n}(\lambda_{k,\ell}-\overline{\lambda_k})^2}$ 和 t 统计量 $t_k = \frac{\overline{\lambda_k}}{\hat{\sigma}_k}$。在残差项是白噪声过程的假设下，t 统计量服从自由度为 $n-2$ 的 t 分布，用来检验回归系数的均值是否显著异于零。实证结果如表4-4所示。

---

[1] 上市公司一般在次年的4月30日前公布上一年度年报，自变量滞后因变量6个月是为了确保公司财务年报所包含的信息能广泛地为市场所获知。

表4-4　　　　　　月度收益对账面收益和无形收益的回归结果

方程	常数项	bm_{t-1}	$r^B(t-1, t)$	$r^I(t-1, t)$
(1)	0.0247 *** (2.6800)	0.0055 ** (2.1200)		
(2)	0.0183 ** (2.1700)		-0.0080 (-1.3200)	
(3)	0.0172 ** (2.0800)			-0.0150 ** (-2.5900)
(4)	0.0258 *** (2.7800)	0.0058 ** (2.0900)	-0.0034 (-0.6000)	
(5)	0.0258 *** (2.7800)	0.0058 ** (2.1000)	-0.0032 (-0.5700)	-0.0148 ** (-2.5600)

注：( ) 内为t值；*、** 和 *** 分别表示在10%、5%和1%水平上显著。

由表4-4，在所有的回归方程中，bm_{t-1} 的系数均在5%或1%的水平上显著为正，高账面市值比股票获得高收益，说明中国股票市场存在着账面市值比效应。在方程（2）、方程（4）和方程（5）中，$r^B(t-1, t)$ 的系数均为负，但并不显著，而在方程（3）和方程（5）中，$r^I(t-1, t)$ 的系数均在5%的水平上显著为负，说明股票收益与账面收益不相关，但和无形收益显著负相关。因此，股票收益长期反转效应是由股票收益和无形收益负相关所致。

由此可见，中国股票市场上，投资者对公司基本面无明显反应，而对公司发展前景的预期过度反应，导致股票收益长期反转。即投资者对价值股的发展前景过度悲观，对成长股的发展前景过度乐观，导致价值股被低估，成长股被高估，当过度反应被纠正后，价格反转，价值股具有更高的收益。

4.4.2　无形收益与基金羊群行为

市场对无形收益包含的信息过度反应从而导致股票收益产生长期反转。本节将研究证券投资基金对无形信息的反应，进而判断基金纠正还是加剧市场过度反应。洪和施泰因（Hong & Stein, 1990）的委托代理模型表明，面临评级压力的基金经理会模仿其他经理人的投资决策，基金羊群行为由此产生，当投资结果具有更大不确定性时，基金的羊群行为就更加强烈。由于无形收益反映投资者的主观预期，这种信息具有很大的不确定性，可能会引发较强烈的基金羊群效应。

羊群行为指标参照拉克尼肖克等（Lakonishok et al., 1992）的方法（简称 LSV）构建，该指标可以测度基金经理在每一时期对投资组合中各股票同方向交易相对于独立交易的偏离程度，计算公式如下：

$$HM_{it} = |P_{it} - E(P_{it})| - E|P_{it} - E(P_{it})| \tag{4.7}$$

其中，i 为股票，t 为时期；P_{it} 为 t 时期买入股票 i 的基金家数占交易该股票的所有基金家数的比例，即 $P_{it} = B_{it}/(B_{it} + S_{it})$，$B_{it}$ 为 t 时期净买入股票 i 的基金家数，S_{it} 为 t 时期净卖出股票 i 的基金家数；$E(P_{it})$ 是 P_{it} 的期望值，以 t 时期净买入股票的基金家数占交易股票的所有基金家数的比例来代替，即 $E(P_{it}) \approx \bar{P}_t = \sum_{i=1}^{n_t} B_{it} / (\sum_{i=1}^{n_t} B_{it} + \sum_{i=1}^{n_t} S_{it})$，$n_t$ 为基金在 t 时期交易的股票数。

$E|P_{it} - E(P_{it})|$ 是不存在羊群行为的假设下 $|P_{it} - E(P_{it})|$ 的期望值，减去该值的原因在于，在基金不存在羊群行为的假设下，$|P_{it} - E(P_{it})|$ 可能不为零，如市场整体上涨或下跌时，基金经理共同买入股票或卖出股票，这种相互独立的行为也会导致 P_{it} 偏离 $E(P_{it})$。如果基金不存在羊群行为，经理的投资决策相互独立，那么基金买入某股票的概率服从参数为 $(N_{it}, E(P_{it}))$ 的二项分布，即 $B_{it} \sim B(N_{it}, E(P_{it}))$，其中 $N_{it} = B_{it} + S_{it}$，表示 t 时期交易股票 i 的基金家数，这意味着 B_{it} 等于 k 的概率为 $P(B_{it} = k) = C_{N_{it}}^{k} \bar{P}^k (1 - \bar{P}^k)^{N_{it}-k}$。在此基础之上，韦默斯（Wermers, 1999）将羊群行为分为买方羊群行为和卖方羊群行为，买方羊群行为 $BHM_{it} = HM_{it} | \{P_{it} > E(P_{it})\}$，卖方羊群行为 $SHM_{it} = HM_{it} | \{P_{it} < E(P_{it})\}$。

BHM_{it} 反映 t 时期买入股票 i 的基金比例大于平均买入比例（$\bar{P}_t$），该指标表现出基金买入行为特征；SHM_{it} 则反映 t 时期买入股票 i 的基金比例小于平均买入比例（$\bar{P}_t$），该指标表现出基金卖出行为特征。HM_{it}、BHM_{it} 和 SHM_{it} 衡量的是基金在 t 时期对单只股票的羊群行为程度，根据具体的要求，在相应的区间内对样本股票的羊群行为指标进行算术平均就可求得基金整体上的羊群行为程度。①

基金是否根据股票的无形收益进行交易？本部分建立如下回归方程，考察基金在不同无形收益股票上的交易行为：

$$HM_{it} = \beta_0 + \beta_1 r_i^I(t-1,t) + \beta_2 r_i^B(t-1,t) + \beta_3 MV_{it-1} + \beta_4 BM_{it-1} + u_{it} \quad (4.8)$$

公式（4.8）中，HM_{it}为股票i在t年下半年的羊群行为指标，$r_i^I(t-1,t)$和$r_i^B(t-1,t)$分别表示股票i在t年的无形收益和账面收益，MV_{it-1}和BM_{it-1}是控制变量，分别为股票i在t年初的市值规模（取自然对数值）和账面市值比，回归结果如表4-5所示。

表4-5　　　　　　　　无形收益和基金羊群行为

变量	项目	β_0	$r_i^I(t-1,t)$	$r_i^B(t-1,t)$	MV_{it-1}	BM_{it-1}
HM = BHM	系数	0.0324**	0.0493***	0.0423	0	-0.0260
	t值	2.3500	2.8500	1.6000	0	-1.0600
HM = SHM	系数	0.0619***	-0.0246*	-0.0707***	0	-0.0487***
	t值	5.9800	-1.8700	-3.2500	0.4700	-2.9300

注：*、**和***分别表示在10%、5%和1%水平上显著。

当因变量为BHM时，$r_i^I(t-1,t)$的系数为0.0493，在1%的水平上显著为正，当因变量为SHM时，$r_i^I(t-1,t)$的系数为-0.0246，在10%的水平上显著为负。表4-4的数据说明，当市场对公司发展前景乐观时，基金在股票上表现出强烈的买方羊群行为；而当市场对公司发展前景悲观时，基金在股票上表现出一定的卖方羊群行为。

4.4.3 基金羊群行为与市场过度反应

基金羊群行为加剧还是减缓市场过度反应？本节对此展开实证检验，步骤如下：第一，在研究区间内，根据年无形收益按五分位点将股票分为5组——D_1、D_2、D_3、D_4、D_5；第二，根据半年度羊群行为指标，按三分位点

---

① 计算股票的基金羊群行为指标时，本章要求至少有3只基金交易该股票，如基金增持该股票，则表示基金买入，反之亦然。剔除被动指数型基金和债券型基金后，共有197只基金作为研究样本。

将股票分为 3 组——L，M，H，交叉形成 15 个组合；第三，计算各个组合在未来 12 个月内的月度平均收益。

检验结果如表 4-6 所示。$D_1 \sim D_5$ 可理解为构建套利投资组合（卖空高无形收益股票，买入低无形收益股票）考察无形收益反转情况，当羊群行为程度为 L 和 M 时，反转效应并不明显，而当羊群行为程度为 H 时，套利组合的月平均收益为 0.0190，在 5% 水平上显著，说明基金羊群行为加剧股票收益长期反转和市场过度反应。

表 4-6　　　　　　　　　基金羊群行为与市场过度反应

羊群行为 (HM)	无形收益						t 值
	D_1	D_2	D_3	D_4	D_5	$D_1 \sim D_5$	
L	0.0437	0.0440	0.0396	0.0411	0.0327	0.0110	1.31
M	0.0373	0.0364	0.0497	0.0340	0.0427	-0.0055	-0.23
H	0.0576	0.0426	0.0452	0.0339	0.0386	0.0190**	2.23

注：*、** 和 *** 分别表示在 10%、5% 和 1% 水平上显著。

4.5　结　　语

本章将账面市值比分解为公司基本面信息和投资者对公司发展前景的主观预期信息，以 1994~2008 年间在沪、深两地上市的 A 股公司为样本，首先采用法玛和麦克白（Fama & MacBeth，1973）方法检验市场对何种信息过度反应，接着利用羊群行为指标考察证券投资基金对该信息的反应。结果表明，市场对公司基本面无明显反应，但对公司发展前景的主观预期过度反应；当市场对公司发展前景乐观时，基金在股票上表现出买方羊群行为，而当市场对公司发展前景悲观时，基金在股票上表现出卖方羊群行为；基金羊群行为加剧市场过度反应。

机构投资者在制定投资策略时需要考虑市场预期因素，但如果投资者无视公司基本面，盲目炒作市场概念；那么这种行为将不利于市场的稳定。委托代理问题是造成机构投资者短视行为的根本原因，目前的基金评价体系过于看重短期业绩,使得基金经理互相模仿,追涨杀跌,因此要建立一套科学、公平和客观的业绩评价体系,切实改变机构投资者行为的短期化和同质化:第一,评级机构要注重对基金的长期评价,频繁的短期排名只会助长基金经理的短视行为;第二,在评价基金业务时,不仅要考核基金的业绩,同时要考虑基金投资决策系统的有效性和一贯性以及基金公司的治理结构;第三,加强投资者教育,引导其树立长期投资理念,为基金管理人按照基金合同进行投资运作提供良好的外部环境。

附　　录

计算账面市值比(每股账面价值/每股市场价值)所用到的每股市场价值是指股票的收盘价,计算股票收益需要考虑送股、配股、拆细等原因引起的股本变动,在计算个股收益(考虑现金红利再投资)时,国泰安数据库(CSMAR)做了如下调整:

$$R_t = \frac{P_t(1 + F_t + S_t) \times C_t + D_t}{P_{t-1} + C_t \times S_t \times K_t} - 1 \quad (4.\text{A1})$$

其中,R_t 是股票在 t 日的单利收益率,P_t 是股票在 t 日的收盘价,P_{t-1} 是股票在 $t-1$ 日的收盘价,C_t 是股票在 t 日为除权日时的每股拆细数,D_t 是股票在 t 日为除权日时的每股现金分红,F_t 是股票在 t 日为除权日时的每股红股数,K_t 是股票在 t 日为除权日时的每股配股价,S_t 是股票在 t 日为除权日时的每股配股数。

本章根据研究惯例使用连续复利收益:

$$r_t = \ln(1 + R_t) \quad (4.\text{A2})$$

将公式(4.A1)代入公式(4.A2)并做简单调整,得:

$$r_t = \ln\left(\frac{P_t}{P_{t-1}} \cdot \varphi_t\right) = \ln\left(\frac{P_t}{P_{t-1}}\right) + \ln(\varphi_t) \quad (4.\text{A3})$$

公式(4.A3)中,φ_t 代表调整因子,是股价(P_{t-1},P_t)和配送股、拆细及分红等因素(C_t,D_t,F_t,K_t,S_t)的函数。根据公式(4.A3),股票在 $(t-\tau, t)$ 区间内的累积收益为:

$$r(t-\tau, t) = \sum_{s=t-\tau+1}^{t} \ln\left[\left(\frac{P_s}{P_{s-1}}\right) \cdot \varphi_s\right] = \sum_{s=t-\tau+1}^{t} \ln\left(\frac{P_s}{P_{s-1}}\right) + \sum_{s=t-\tau+1}^{t} \varphi_s$$

$$= \ln\left(\frac{P_t}{P_{t-\tau}}\right) + \varphi(t-\tau, t) \tag{4.A4}$$

由公式（4.A4）得：

$$\ln\left(\frac{P_t}{P_{t-\tau}}\right) = r(t-\tau, t) - \varphi(t-\tau, t) \tag{4.A5}$$

而（对数）账面市值比可表示为：

$$bm_t = \ln(BM_t) = \ln\left(\frac{B_t}{P_t}\right) = \underbrace{\ln\left(\frac{B_{t-\tau}}{P_{t-\tau}}\right)}_{\equiv bm_{t-\tau}} + \ln\left(\frac{B_t}{B_{t-\tau}}\right) - \ln\left(\frac{P_t}{P_{t-\tau}}\right) \tag{4.A6}$$

公式（4.A6）中，B_t 和 $B_{t-\tau}$ 分别是股票在 t 日和 $t-\tau$ 日的每股账面价值，P_t 和 $P_{t-\tau}$ 分别是股票在 t 日和 $t-\tau$ 日的每股市场价值或收盘价。公式（4.A5）代入公式（4.A6）并整理得：

$$bm_t = bm_{t-\tau} + \underbrace{\overbrace{\ln\left(\frac{B_t}{B_{t-\tau}}\right) + \varphi(t-\tau, t)}^{（账面收益）} - r(t-\tau, t)}_{\equiv r^B(t-\tau,t)}$$

$$= bm_{t-\tau} + r^B(t-\tau, t) - r(t-\tau, t) \tag{4.A7}$$

第5章
投资者关注与盈余公告周一效应[*]

5.1 引　　言

行为金融学派利用投资者有限关注理论成功地解释了一些股票市场异象，盈余公告后价格漂移就是其中一例。盈余公告后价格漂移（post-earning announcement drift，PEAD）由鲍尔和布朗（Ball & Brown，1968）发现，指公司盈余公告公布后，股票的超常收益向上或向下漂移，或者说股票价格有按照未预期盈余的方向持续漂移的趋势，因此 PEAD 也被称为标准化意外盈余（standardized unexpected earnings，SUE）效应。伯纳德和托马斯（Bernard & Thomas，1989）认为，PEAD 本质上不是风险溢价，而是股票价格对盈余公告信息的滞后反应。

根据赫什利弗和托伊（Hirshleifer & Toeh，2003）、彭和熊（Peng & Xiong，2006）以及赫什利弗等（Hirshleifer et al.，2011）的理论模型，当投资者对上市公司关注不足时，他们可能忽视公司的盈余公告，导致股票价格不能完全及时地反映盈余信息，在盈余公告公布后，随着关注该公司的投资者增加，盈余信息逐渐反映在股价中，产生价格漂移现象。相对于研究文献丰富的理论演绎，相关的经验证据却显得不足，主要原因在于投资者关注程度难以用指标准确地衡量。现有研究已采用的投资者关注程度衡量指标包括

---

[*] 本章的部分内容发表在：王磊，叶志强，孔东民，张顺明. 投资者关注与盈余公告周一效应[J]. 金融研究，2012（11）：193-206。

股市周期、股票的超常收益率或异常交易量、换手率、媒体报道的频率和广告投入费用等（Barber & Odean，2008；Hou et al.，2009；Lou，2011）。这些研究认为，当股票的价格和交易量出现异常情况，或者上市公司曝光率增加时，投资者会提高对公司股票的关注程度。

与上述指标不同，本章将一周的交易日分成周一和其他交易日，投资者在周一交易时对股市的关注程度高于其他交易日，理由如下：第一，国内学者如奉立城（2000）、张兵（2005）等研究了股市日历效应后发现，中国股市在周一的波动率最高；根据彭（Peng，2005）、西肖尔斯和吴（Seasholes & Wu，2007），投资者会对波动率高的股票提高关注程度。第二，福斯特和维斯瓦纳坦（Foster & Viswanathan，1990，1993）的研究表明，知情交易者在周末休市期间能继续获得私人信息，所以股票市场在周一存在更严重的信息不对称；从我国股票市场实际情况来看，一些上市公司选择在周六公布财务报告，由于信息的累积，投资者在周一面临的信息量要超过其他交易日，这需要投资者提高关注度并加以甄别。第三，经过周末的休息调整，投资者在周一达到最佳的精神状态，有更多精力关注股市。如果投资者有限关注是引发盈余惯性和市场反应不足的原因，而投资者对股市的关注程度在不同交易日存在差别，那么上市公司在不同的时间披露盈余信息会产生不同的经济后果。为此，我们比较市场对周一和其他工作日盈余公告的不同反应，以考察投资者关注对股票价量行为的影响。

5.2　文献评述与研究假设

心理学中的双重听力试验和选择性注意力视觉试验均表明，如果人同时收到并处理多方面的信息，或者同时执行多项任务，完成的效果并不好，说明人的精力有限，只能选择关注某项任务目标。基于这些心理学试验成果，行为金融理论将这一心理特征作为引起投资者非理性的重要因素，开始研究有限关注对投资者决策和资产价格行为的影响，取得了丰富的研究成果。

在赫什利弗和托伊（Hirshleifer & Toeh，2003）的模型中，投资者的注意和信息处理能力是有限的，内容相同的信息，由于表达方式的不同，会影响投资者对信息的认知程度，显著程度高的信息能快速被投资者获知并充分解读，最终反映在资产价格中，因此，当信息内容相同时，投资者对公司的估值取决于交易的归类和表述方式，如果信息披露的结果强调信息的利好（利空）因素，则会导致股价被高估（低估），股票未来收益下降（上升）。

赫什利弗等（Hirshleifer et al.，2011）利用投资者有限注意解释盈余惯性和应计异象（accrual anomaly），注意力受限的投资者会忽视盈余公告，导致盈余信息不能及时地反映在股票价格中，引起公告后价格漂移现象，而即使是关注盈余公告的投资者，也可能无法辨别盈余的构成要素（应计项目和现金流），导致相关的要素信息难以纳入投资者的估值过程，投资者高估（低估）应计项目高（低）的公司，市场产生过度反应，随着市场错误定价被纠正，高（低）应计项目公司的股票在未来获得低（高）收益。

实证文献采用投资者关注衡量指标对理论模型提出的假说展开检验。赫什利弗等（Hirshleifer et al.，2009）研究表明，盈余公告日超常收益（盈余公告后价格漂移）对盈余信息的敏感性，随着同一天公布盈余信息的公司数量增加而减少（增加），原因在于大量公司在同一天公布盈余报告，投资者的注意力会被分散，对盈余信息的关注程度就比较低。德拉维尼亚和波莱（Dellavigna & Pollet，2009）发现，即将来临的周末分散了投资者在周五对股市的注意力，投资者对周五公布的盈余信息的关注程度低于其他工作日公布的盈余信息，与其他工作日公布的盈余公告相比，周五的盈余公告在公告日附近对股价和交易量的影响程度较小，但在长期会引起更为强烈的公告后价格漂移。

贾春新等（2010）以谷歌（Google）搜索的历史资讯数量作为个人投资者关注程度的代理指标，通过对限售非流通股解禁这一事件，考察投资者购买决策中的有限关注行为后发现，投资者关注引起股票正的回报，而且投资者情绪会通过投资者有限关注机制对个股回报产生影响。权小锋和吴世农（2010）以换手率作为投资者关注衡量指标，发现投资者关注程度与盈余公告效应呈显著负向关系，公告日市场交易量与投资者关注呈 U 形关系。

于李胜和王艳艳（2010）将同时披露的信息定义为竞争性信息披露，研究发现，盈余公告日超常收益（公告后价格漂移）对盈余信息的敏感性随着盈余信息竞争数量的增加而增加（减少），说明竞争性信息披露提高了投资者的分类认知效率。李小晗和朱红军（2011）发现，投资者在工作日（周一至周五）需要处理日常工作事务，在加工盈余信息过程中表现出有限关注状态，对盈余信息的即时解读效率降低，解读滞后增加，而投资者在周六有更多的时间和精力关注股市，对盈余信息的即时解读效率提高，解读滞后减少。

现有的研究已取得重要成果和进展，相关文献也反映出在中国股票市场中，有限关注对投资者交易行为与资产价格的影响机制和表现形式有别于成熟市场。本章所研究的投资者关注对盈余公告效应的影响机理梳理如下：在周一交易日，股票市场堆积着大量的信息，投资者会提高对股市的关注程度，尤其需要利用盈余公告信息充当其投资决策的依据，导致股票公告日超常收益对盈余信息存在更高的敏感程度；但随着时间的推移，投资者对周一盈余公告的关注程度逐渐衰减，越来越少的盈余信息反映在股价中，导致盈余公告后价格漂移与盈余信息的敏感性更低。因此，本章提出以下研究假设：

H1：周一盈余公告引起的股票价格即时反应（公告日超常收益）对盈余信息的敏感程度高于其他工作日盈余公告情形。

H2：周一盈余公告引起的股票价格滞后反应（公告后价格漂移）对盈余信息的敏感程度低于其他工作日盈余公告情形。

投资者关注可能受市场状态的影响，卡尔森等（Karlsson et al., 2009）发现投资者在市场低迷时期察看投资组合的频率远低于市场繁荣时期，表明投资者分配注意力时表现出"鸵鸟效应"[①]，与市场处于低迷状态时相比，投资者在市场上升阶段对股市表现出更高程度的关注。基于上述分析，本章提出以下研究假设：

H3：投资者在不同工作日对盈余信息关注程度的差异受到市场状态的影响，这种差异在市场上升阶段表现更为显著。

同时，由于周一市场上存在更多的知情交易者和私人信息，股市处于高度波动状态，无论是个人投资者还是机构投资者，都面临着更大的市场风险，投资者基于风险认知而提高对股市的关注程度后，其投资行为变得更加谨慎，所以当上市公司在周一发布盈余信息时，个人投资者和机构投资者在公告日的交易量均减少，公告日的市场交易量小于其他工作日盈余公告的情形。本章提出了研究假设4：

[①] 鸵鸟遇到危险时，会把头埋进沙子里，以假装危险不存在的方式来逃避危险，加莱和萨德（Galai & Sade, 2006）发现，在金融市场中，如果初始信息是利好的，投资者会继续搜寻出更可靠的信息，但若初始信息是利空的，投资者则不愿意搜集额外的信息，即"投资者将头埋在沙里面"。

H4：个人投资者和机构投资者在周一盈余公告的公告日交易量均减少，周一盈余公告产生的公告日异常交易量低于其他工作日盈余公告情形。

5.3 研究设计

5.3.1 样本和数据来源

研究样本为沪深两市 A 股主板的上市公司，考察区间为 2003～2010 年，并选取该期间上市公司季报、中报和年报的公告日作为事件日。为了排除异常情况对实证结果的影响，本章按如下标准对样本进行筛选：第一，剔除金融类上市公司，包括银行、证券公司和保险公司等；第二，剔除公告年份被 ST 和 PT 的样本；第三，剔除一季报和上一年度年报公告日期重叠的样本；第四，剔除在节假日盈余公告的样本①；第五，剔除账面市值比为负以及其他控制变量缺失的样本。最终得到 23929 个公司—季度观测值为本书研究的有效样本。考察不同类型投资者在公告日的交易量时，需用到高频交易数据，时间跨度为 2004～2006 年。上市公司季报、中报和年报公布日期、股票逐笔交易数据、股票收益以及其他财务数据均来自国泰安数据库（CSMAR）。

样本分布情况见表 5-1 至表 5-3，从年度分布来看，随着时间推移，每年的有效样本量基本上呈现出递增趋势；从季度分布来看，中报和三季报多于一季报和年报，原因在于样本中剔除了一季报和上一年度年报公告日期重叠的观测值；从周历分布来看，在 23929 个样本中，周二和周五公布的盈余公告最多，共有 11924 个，大约占了一半的比例，周一盈余公告有 2454 个，占样本量的 10.26%。

---

① 节假日盈余公告样本包括上市公司在周六和清明节公布的盈余公告。正如前言部分在论述指标选取原因时所描述的，本章是根据市场波动率来选择投资者关注衡量指标，而股市在周六和其他节假日处于休市状态，因此剔除这些样本。

表 5-1　　　　　　　　　盈余公告年度样本分布

项目	2003 年	2004 年	2005 年	2006 年	2007 年	2008 年	2009 年	2010 年	合计
公告数	2664	2706	2691	2674	2981	3366	3753	3094	23929
比例	0.1113	0.1131	0.1125	0.1117	0.1246	0.1407	0.1568	0.1293	1

表 5-2　　　　　　　　　盈余公告季度样本分布

项目	一季度	二季度	三季度	四季度	合计
公告数	5790	6504	6777	4858	23929
比例	0.2420	0.2718	0.2832	0.2030	1

表 5-3　　　　　　　　　盈余公告周历样本分布

项目	周一	周二	周三	周四	周五	合计
公告数	2454	6175	4879	4672	5749	23929
比例	0.1026	0.2581	0.2039	0.1952	0.2403	1

5.3.2　变量设计

1. 未预期盈余

与公式（2.1）类似，标准化意外盈余 SUE 可表示为：

$$SUE_{i,t} = [EPS_{i,t} - E(EPS_{i,t})]/P_{i,t} = [EPS_{i,t} - EPS_{i,t-4}]/P_{i,t} \quad (5.1)$$

其中，$EPS_{i,t}$ 和 $EPS_{i,t-4}$ 分别是股票 i 在 t 年度的每股盈余，$P_{i,t}$ 是股票 i 在 t 季度盈余公告前第 5 个交易日的收盘价。对于研究区间的每一年度，将样本按照如下方法分成 11 个组别。SUE<0 的样本按照五分位点分组：RSUE1，RSUE2，…，RSUE5；SUE=0 的样本放入 RSUE6 组；SUE>0 的样本按照五分位点分组：RSUE7，RSUE8，…，RSUE11。未预期盈余的等级属性越高，说明盈余信息的属性越好，其中 RSUE11 代表未预期盈余的第 11 分位组，表明极端好消息组，RSUE1 代表未预期盈余的第 1 分位组，表明极端坏消息组。

2. 超常收益

盈余公告产生的价格反应以购买持有超额收益（BHAR）来衡量，计算BHAR时，对应的股票组合由市值规模及账面市值比共同确定划分而形成，规模以每年6月末的股票总市值衡量，账面市值比则由上一年末公司所有者权益账面价值与总市值之比计算而得，分别取市值及账面市值比的五等分点，两个五等分点相交，将所有的股票分为25组。股票i在t季度盈余公告后$[h, H]$区间内的$BHAR$表示为：

$$BHAR_{i,t}^{[h,H]} = \prod_{d=h}^{d=H}(1+R_{i,d}) - \prod_{d=h}^{d=H}(1+R_{p,d}) \qquad (5.2)$$

上式中，$R_{i,d}$是股票i在交易日d的收益率，$R_{p,d}$是股票i所在组合的收益率。在本章中，参照德拉维尼亚和波莱（Dellavigna & Pollet, 2009）的方法，盈余公告引起的价格即时反应和滞后反应对应的事件窗口分别设为$[0, 1]$和$[2, 75]$，其中0表示盈余公告日，相应的购买持有超额收益为$BHAR_{i,t}^{[0,1]}$和$BHAR_{i,t}^{[2,75]}$。

3. 异常交易量

股票在盈余公告日的异常交易量，以窗口期$[h, H]$相对于基准期$[h-20, h-11]$平均交易量的增长率来表示：

$$ABV_{i,t}^{[h,H]} = \frac{\sum_{d=h}^{d=H}\log(V_{i,d})}{(H-h+1)} - \frac{\sum_{d=h-20}^{d=h-11}\log(V_{i,d})}{10} \qquad (5.3)$$

上式中，$\log(V_{i,d})$表示股票i在d日交易量（百万元为单位）的自然对数值。盈余公告引起的交易量即时反应对应的事件窗口分别为$[0, 1]$，股票i在t季度盈余公告产生的公告日异常交易量定义为$ABV_{i,t}^{[0,1]}$。

与第3章的做法类似，我们根据交易规模区分交易类型，单笔交易规模小于10万元的界定为小规模交易，代表个人投资者交易，单笔交易规模大于50万元的界定为大规模交易，代表机构投资者交易。同理，根据公式（5.3）分别计算出个人投资者和机构投资者的公告日异常交易量①，以$ABV_{Ind,i,t}^{[0,1]}$和

---

① 具体计算时要求样本在基准期$[h-20, h-11]$内至少有3个交易日的数据。

$ABV_{Ins,i,t}^{[0,1]}$ 来表示。

4. 控制变量

非流动性（$ILLIQ$）：与第 2 章的做法类似，我们根据阿米胡德（Amihud，2002）的方法，以盈余公告前 30 个交易日的数据计算该指标。

机构投资者持股比例（IO）：巴托夫等（Bartov et al.，2000）发现，机构投资者持股比例与盈余公告后价格漂移的程度负相关，说明机构投资者经验丰富，能充分利用 PEAD 异象，因此，以机构投资者持股比例作为投资者熟练程度的代理指标①。账面市值比（BM）和市值规模（$SIZE$）：变量设计同公式（5.2），参照德拉维尼亚和波莱（Dellavigna & Pollet，2009）、赫什利弗等（Hirshleifer et al.，2009）的方法，BM 和 SIZE 以十分位点形式进入回归方程。盈余公告披露滞后时间（LAG）：以公告发布日期距会计年度、半年度和季度的截止日期的天数来衡量。盈余波动性（$EPSVOL$）：以本季及之前季度共 8 期每股盈余的标准差来衡量，若不足 8 期，则以实有的数据来计算。

5.3.3 股市状态的识别

与第 3 章类似，股市状态根据佩根和索索诺夫（Pagan & Sossounov，2003）提出的方法来识别，假定股市月度价格以 P_t 表示，对数价格为 $p_t = \ln(P_t)$。若 p_{t-3}，p_{t-2}，$p_{t-1} < p_t > p_{t+1}$，p_{t+2}，p_{t+3}，表明 t 时刻对应着一个波峰，此时市场为牛市；若 p_{t-3}，p_{t-2}，$p_{t-1} > p_t < p_{t+1}$，p_{t+2}，p_{t+3}，表明 t 时刻对应着一个波谷，此时市场为熊市。本章以上证综合 A 股指数和深证成分 A 股指数作为考察对象，股市月度价格以当月各交易日股票指数收盘价的平均值来衡量。

5.3.4 模型设定

如果上市公司在盈余公告时存在择机行为，则周历可能是一个内生性

---

① 在 2004 年 6 月前，股票的一季度和三季度机构投资者持股比例数据基本上是缺失的，为了避免损失样本，本章采用机构投资者持股比例的中报和年报数据。

指标①。为了控制可能存在的内生性问题,根据格林(Greene,2003),本章拟采用处理效应(treatment effect)方法检验周一盈余公告对股票价量的影响:

$$Y_i = \alpha + \beta_1 X_i + \delta MA_i + \beta_2 X_i MA_i + \Gamma' CV_i + \varepsilon_i \tag{5.4}$$

上式中,Y 是因变量,分别以 $BHAR$ 和 ABV 来表示②,X_i 是未预期盈余对应的分位点,MA_i 是虚拟变量,若盈余公告在周一发布,MA_i 取值为 1,否则为 0,CV_i 是控制变量,包括变量 $ILLIQ$、IO、BM 和 $SIZE$,$\{\alpha, \beta_1, \delta, \beta_2, \Gamma'\}$ 是待估计系数,ε_i 是随机扰动项。假定盈余公告日决定方程为:

$$MA_i^* = \gamma' Z_i + \eta_i$$
$$MA_i = 1 \text{ 若 } MA_i^* > 0; \ MA_i = 0 \text{ 若 } MA_i^* \leq 0 \tag{5.5}$$

公式(5.5)中,MA_i^* 是不可观察的潜变量,Z_i 是影响公司盈余公告日期选择的一系列外生变量,η_i 是随机扰动项,当 Z_i 包含有除 X_i 和 CV_i 外能影响 Y_i 的其他变量时,或者 ε_i 和 η_i 相关时,公式(5.4)面临样本自我选择偏差,因此除 X、$ILLIQ$、BM 和 $SIZE$ 外,本章将可能影响盈余公告时机的变量 LAG 和 $EPSVOL$ 也放入 Z。

将公式(5.4)和公式(5.5)作为联立方程组,假定 ε_i 和 η_i 服从二元正态分布,$E(\varepsilon_i) = 0$,$\text{Var}(\varepsilon_i) = \sigma_\varepsilon^2$,$E(\eta_i) = 0$,$\text{Var}(\eta_i) = \sigma_\eta^2$,$\text{Corr}(\varepsilon_i, \eta_i) = \rho$。对于在周一盈余公告的股票,$Y$ 的期望值为:

$$E(Y_i | MA_i = 1) = \alpha + (\beta_1 + \beta_2)X_i + \delta + \Gamma' CV_i + \rho\sigma_\varepsilon \lambda_{i1}(\gamma' Z_i) \tag{5.6a}$$

其中,$\lambda_{i1}(\gamma' Z_i)$ 为逆米尔斯率(inverse Mills ratio),$\lambda_{i1}(\gamma' Z_i) = \phi(\gamma' Z_i)/\Phi(\gamma' Z_i)$,其中 $\phi(\cdot)$ 和 $\Phi(\cdot)$ 分别表示标准正态分布的概率密度函数和累积分布函数。类似的,对于在其他工作日盈余公告的股票,Y 的期望值为:

$$E(Y_i | MA_i = 0) = \alpha + \beta_1 X_i + \Gamma' CV_i + \rho\sigma_\varepsilon \lambda_{i2}(\gamma' Z_i) \tag{5.6b}$$

上式中,$\lambda_{i2}(\gamma' Z_i) = -\phi(\gamma' Z_i)/[1 - \Phi(\gamma' Z_i)]$。根据公式(5.6a)和公式(5.6b),对于在周一和其他工作日盈余公告的股票,Y 的期望值之差为:

$$E(Y_i | MA_i = 1) - E(Y_i | MA_i = 0) = \beta_2 X_i + \delta + \rho\sigma_\varepsilon \phi(\gamma' Z_i)/[\Phi(\gamma' Z_i)(1 - \Phi(\gamma' Z_i))] \tag{5.6c}$$

---

① 相关研究发现,上市公司倾向在周二发布好消息,在周六公布坏消息(谭伟强,2008;周嘉南和黄登仕,2011)。

② 当检验研究假设 1 至研究假设 3 时,公式(5.5)右侧保留 $\beta_2 X_i MA_i$ 项,当检验研究假设 4 时,公式(5.5)式右侧剔除 $\beta_2 X_i MA_i$ 项。

根据公式（5.6c），当 $\rho > 0$ 时，由公式（5.4）估计而得的不同工作日盈余公告产生的市场影响差异将被高估，反之则被低估。

采用赫克曼（Heckman，1979）两步法估计联立方程组的回归系数，第一步采用 Probit 模型估计回归方程（5.5），得出的系数值用于计算 λ_{i1} 和 λ_{i2}；第二步是在公式（5.4）右侧加入变量 λ_i 以纠正样本自我选择偏差：

$$Y_i = \alpha + \beta_1 X_i + \delta MA_i + \beta_2 X_i MA_i + \delta_\lambda \lambda_i + \Gamma'CV_i + \nu_i \quad (5.7)$$

上式中，$\lambda_i = \lambda_{i1}(\gamma' Z_i) MA_i + \lambda_{i2}(\gamma' Z_i)(1 - MA_i)$，采用 OLS 方法估计回归方程的系数值。

5.3.5 描述性统计

表 5-4 和表 5-5 是样本的描述性统计结果。表 5-4 显示了周一和其他工作日的盈余公告中，各未预期盈余组别的样本数量和 SUE 均值，由该表可以看出，对于大多数 SUE 组别，周一和其他工作日盈余公告的 SUE 均值几乎是相等的，说明本章对未预期盈余的分组方法不会产生异常值情况。表 5-5 比较了周一和其他工作日盈余公告的公司特征，除了未预期盈余、市值规模和盈余波动性的差异不显著，其他的特征要素均存在显著性差异。在周一公布盈余信息的公司具有更高的机构持股比例和账面市值比，在公告前股票的流动性更低，公告日滞后会计报表截止日期的时间更短。

表 5-4　　　　　　　　样本未预期盈余均值统计

项目	组别	SUE1	SUE2	SUE3	SUE4	SUE5	SUE6
周一	SUE 均值	-0.0304	-0.0087	-0.0043	-0.0020	-0.0006	0
	公告数	217	201	226	231	222	61
其他	SUE 均值	-0.0339	-0.0087	-0.0042	-0.0020	-0.0006	0
	公告数	1924	1943	1921	1928	1913	508

项目	组别	SUE7	SUE8	SUE9	SUE10	SUE11
周一	SUE 均值	0.0005	0.0017	0.0032	0.0066	0.0210
	公告数	274	264	264	256	238
其他	SUE 均值	0.0005	0.0017	0.0033	0.0064	0.0251
	公告数	2180	2259	2270	2294	2335

表 5-5　样本盈余公告的特征比较

变量	周一	其他	均值差
SUE	-0.0007 (-1.6200)	-0.0004 (-2.6800)	-0.0003 (-0.5700)
ILLIQ	0.0035 (3.5500)	0.0026 (49.44)	0.0008** (2.3200)
IO	0.2723 (50.2700)	0.2530 (141.1400)	0.0193*** (3.4400)
BM	0.5004 (82.9900)	0.4877 (240.7100)	0.0127** (2.0000)
SIZE	7.9486 (367.46)	7.9241 (1186.83)	0.0245 (1.1600)
LAG	37.8696 (87.5700)	43.2460 (250.1200)	-5.3764*** (-10.1100)
EPSVOL	0.0704 (39.3100)	0.0713 (119.0600)	-0.0009 (-0.5100)
样本量	2454	21475	23929

注：（ ）内为 t 值；*、** 和 *** 分别表示在 10%、5% 和 1% 水平上显著；SIZE 是市值（百万元为单位）的自然对数值。

5.4　实证检验与分析

5.4.1　股票价格反应

1. 单变量分析

图 5-1 和图 5-2 分别刻画不同工作日盈余公告引起的股价即时反应和滞后反应，未预期盈余分位数分组刻度越高，表示盈余信息的属性越好，价格即时反应和滞后反应分别以 $BHAR_{i,t}^{[0,1]}$ 和 $BHAR_{i,t}^{[2,75]}$ 来衡量。根据图 5-1，对于 $SUE \leq 0$ 的 6 个未预期盈余组别，盈余公告产生的公告日超常收益为负，对于同一个 SUE 组别，周一盈余公告的超常收益小于其他工作日盈余公告的

超常收益;对于 $SUE>0$ 的 5 个未预期盈余组别,盈余公告产生的公告日超常收益为正,对于同一个 SUE 组别,周一盈余公告的超常收益均大于其他工作日盈余公告的超常收益。当上市公司在周一发布盈余公告时,股票价格对于未预期盈余信息即时反应的敏感程度要高于其他工作日盈余公告情形。

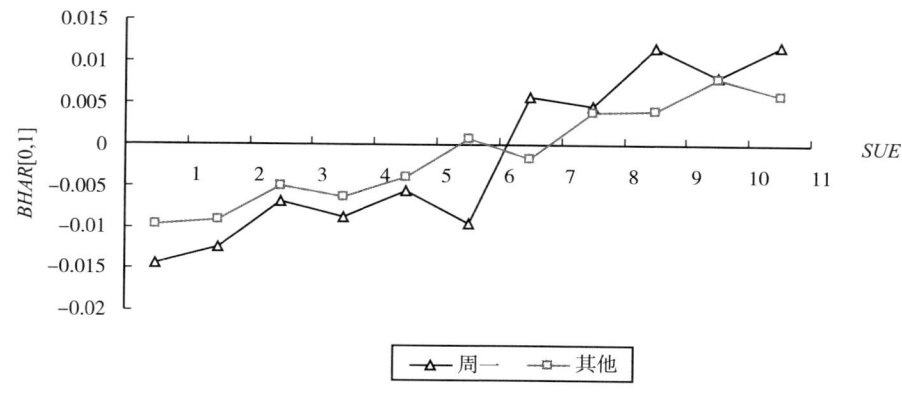

图 5-1 盈余信息的即时价格反应

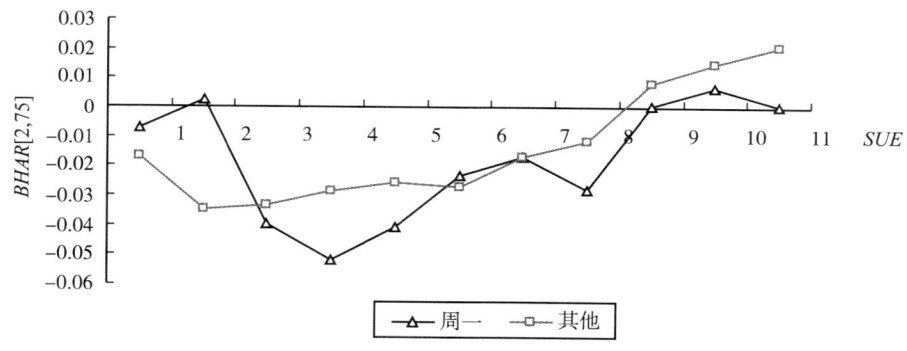

图 5-2 盈余信息的滞后价格反应

盈余公告后价格漂移则表现出与公告日市场反应相反的趋势。根据图 5-2,对于其他工作日的盈余公告样本,正的未预期盈余引起股票价格正向漂移,漂移幅度随着未预期盈余的增加而增长,负的未预期盈余引起股票价格负向漂移。与其他工作日盈余公告相比,周一盈余公告表现出更低程度的公告后价格漂移,这种现象在 $SUE>0$ 的组别中最为突出,在 $SUE<0$ 的部分组别中也存在着这一趋势。

2. 滞后反应率分析

考察股票价格对不同属性盈余信息（好消息和坏消息）的反应情况，以此为基础构建滞后反应率（delayed response ratio，DRR）指标，并检验周一盈余公告的滞后反应率是否小于其他工作日盈余公告的滞后反应率。回归模型如下：

$$BHAR_{i,t}^{[h,H]} = \alpha + \beta_1 X_{it}^{top} + \delta MA_{it} + \beta_2 X_{it}^{top} MA_{it} + \Gamma' CV_{it} + \varepsilon_{it} \quad (5.8)$$

在公式（5.8）中，$X_{i,t}^{top}$ 为虚拟变量，当样本观测值属于好消息组别时，取值为1，否则为0；其余变量定义同模型（5.4）。周一盈余公告滞后反应率（DRR^M）和其他工作日盈余公告滞后反应率（DRR^{NM}）分别定义为：

$$DRR^M = \frac{E[BHAR_{i,t}^{[2,75]} | X_{i,t}^{top}=1, MA_{i,t}=1] - E[BHAR_{i,t}^{[2,75]} | X_{i,t}^{top}=0, MA_{i,t}=1]}{E[BHAR_{i,t}^{[0,75]} | X_{i,t}^{top}=1, MA_{i,t}=1] - E[BHAR_{i,t}^{[0,75]} | X_{i,t}^{top}=0, MA_{i,t}=1]}$$

$$= \frac{\beta_1^{[2,75]} + \beta_2^{[2,75]}}{\beta_1^{[0,75]} + \beta_2^{[0,75]}} \quad (5.9)$$

$$DRR^{NM} = \frac{E[BHAR_{i,t}^{[2,75]} | X_{i,t}^{top}=1, MA_{i,t}=0] - E[BHAR_{i,t}^{[2,75]} | X_{i,t}^{top}=0, MA_{i,t}=0]}{E[BHAR_{i,t}^{[0,75]} | X_{i,t}^{top}=1, MA_{i,t}=0] - E[BHAR_{i,t}^{[0,75]} | X_{i,t}^{top}=0, MA_{i,t}=0]}$$

$$= \frac{\beta_1^{[2,75]}}{\beta_1^{[0,75]}} \quad (5.10)$$

在上述公式（5.9）和公式（5.10）中，$\beta_1^{[2,75]}$ 和 $\beta_2^{[2,75]}$ 是因变量取 $BHAR_{i,t}^{[2,75]}$ 时，模型（5.8）中变量 $X_{i,t}^{top}$ 和 $X_{i,t}^{top} \times MA_{i,t}$ 的回归系数，$\beta_1^{[0,75]}$ 和 $\beta_2^{[0,75]}$ 是因变量取 $BHAR_{i,t}^{[0,75]}$ 时，模型（5.8）中变量 $X_{i,t}^{top}$ 和 $X_{i,t}^{top} \times MA_{i,t}$ 的回归系数。如果研究假设 H2 成立，则 $DRR^M < DRR^{NM}$，采用 Delta 方法计算 DRR^M 和 DRR^{NM} 的标准差和 t 值[1]，并进行双样本均值检验。

实证结果如表 5-6 所示。当因变量为 $BHAR^{[0,1]}$ 时，X^{Top} 的系数在1%水平上显著为正，说明在其他工作日盈余公告中，好消息组合在公告日的超常收益显著大于坏消息组合，$X^{Top} \times MA$ 的系数在1%的水平上显著为正，意味着周一盈余公告好坏消息组合的公告日超常收益之差大于其他工作日盈余公告情

---

[1] 关于 Delta 方法在本章的运用详见附录，根据该方法，要使 t 统计量服从渐进正态分布须保证较大的样本量，因此本部分以3个最高和3个最低未预期盈余组别作为实证分析的样本（14089个观测值）。

形。当因变量为 $BHAR^{[2,75]}$ 时，X^{Top} 的系数在1%水平上显著为正，说明在其他工作日盈余公告中，好消息组合公告后超常收益显著大于坏消息组合，$X^{Top} \times MA$ 的系数在5%的水平上显著为负，意味着周一盈余公告好坏消息组合的公告后超常收益之差小于其他工作日盈余公告情形①。

表 5-6　　　　　　　　　　滞后反应率比较分析

变量	$BHAR^{[0,1]}$ 方程（1）	方程（2）	$BHAR^{[2,75]}$ 方程（3）	方程（4）	$BHAR^{[0,75]}$ 方程（5）	方程（6）
截距项	-0.0081*** (-3.7100)	-0.0069*** (-2.6200)	-0.0408*** (-4.3800)	-0.0511*** (-4.5400)	-0.0484*** (-4.9400)	-0.0576*** (-4.8600)
MA	0.0384** (2.0000)	0.0394** (2.0500)	0.0887 (1.0700)	0.0910 (1.1000)	0.1121 (1.2900)	0.1152 (1.3200)
X^{top}	0.0134*** (14.2100)	0.0111*** (4.0600)	0.0406*** (10.1000)	0.0588*** (4.9300)	0.0558*** (13.1700)	0.0718*** (5.7300)
$X^{top} \times MA$	0.0088*** (3.1400)	0.0088*** (3.1200)	-0.0272** (-2.1500)	-0.0270** (-2.1400)	-0.0161 (-1.2200)	-0.0161 (-1.2200)
λ	-0.0219** (-2.2200)	-0.0224** (-2.2600)	-0.0378 (-0.8900)	-0.0390 (-0.9200)	-0.0528 (-1.1800)	-0.0544 (-1.2200)
样本量	14089	14089	14089	14089	14089	14089

注：方程（1）、方程（3）、方程（5）的控制变量为 ILLIQ、IO、BM 和 SIZE，方程（2）、方程（4）、方程（6）控制了上述变量及其与 X^{top} 相乘而得的交互项。（ ）内为 t 值；*、** 和 *** 分别表示在10%、5%和1%水平上显著。

表 5-7 比较了不同盈余公告的滞后反应率，在回归方程（1）的情形中，周一盈余公告的滞后反应率（DRR^M）为 33.37%，其他工作日盈余公告的滞后反应率（DRR^{NM}）为 72.82%，在1%的水平上显著，DRR^M 与 DRR^{NM} 的差值为 -39.45%，显著性水平为10%。在回归方程（2）的情形中，DRR^M 与 DRR^{NM} 分别为 56.86% 和 81.93%，均在1%的水平上显著，差值为 -25.07%，在5%的水平上存在显著差异，说明周一盈余公告的滞后反应率小于其他工作日盈余公告的滞后反应率。表 5-7 的实证结果验证了上文提出

---

① 样本自我选择偏差的判断依据是 λ 系数及显著性，下文的全样本回归对此有详细介绍，为简约起见，本章的其他表格并未列示 Probit 模型的回归结果。

的研究假设 H1 和研究假设 H2。

表 5-7　　　　　　　　不同盈余公告的滞后反应率比较

方程	DRR^M	DRR^{NM}	$DRR^M - DRR^{NM}$
（1）	0.3337 (1.6200)	0.7282 *** (30.6400)	-0.3945 * (-1.9000)
（2）	0.5686 *** (4.1700)	0.8193 *** (17.4000)	-0.2507 ** (-2.1400)

注：( ) 内为 t 值；*、** 和 *** 分别表示在 10%、5% 和 1% 水平上显著。

3. 回归分析

投资者在周一的注意力更加集中，因此周一盈余公告的公告日超常收益对盈余信息的敏感程度高于其他工作日盈余公告情形，即当模型（5.7）的因变量为 $BHAR_{i,t}^{[0,1]}$ 时，$X \times MA$ 的系数应该为正（$\beta_2 > 0$）；随着投资者关注程度的衰减，越来越少的盈余信息反映在公告后的价格变动中，因此周一盈余公告产生的 PEAD 对盈余信息的敏感程度低于其他工作日盈余公告情形，即当模型（5.7）的因变量为 $BHAR_{i,t}^{[2,75]}$ 时，$X \times MA$ 的系数应该为负（$\beta_2 < 0$）。

检验结果见表 5-8，根据 Probit 模型的回归结果，公司的机构持股比例越高、盈余公告披露越及时，就越有可能选择在周一进行盈余公告。对于样本自我选择纠正模型，当因变量为 $BHAR_{i,t}^{[0,1]}$ 时，λ 的系数在 5% 的水平上显著为负，这意味着模型（5.7）若未经过样本自我选择纠正，MA 的系数将被低估。就具体的回归系数而言，以方程（1）为例，由 MA 的系数可知，周一盈余公告产生的公告日超常收益比其他工作日盈余公告高出 2.63%，X 的系数为 0.0017，在 1% 的水平上显著为正，未预期盈余越高，盈余公告日的市场回报也越高；$X \times MA$ 的系数为 0.0011，在 1% 的水平上显著为正，说明周一盈余公告的公告日超常收益对盈余信息的敏感程度高于其他工作日盈余公告情形（公司在周一公告时，公告日市场回报对盈余信息的敏感系数等于 0.0011 + 0.0017 = 0.0028；公司在其他工作日公告时，公告日市场回报对盈余信息的敏感系数等于 0.0017）；方程（2）加入了 X 与控制变量的交互项，主要变量的回归系数及显著程度与方程（1）的结论保持一致，上述结果验证了本章提出的研究假设 H1。

表 5-8 股价对盈余信息的反应

变量	Probit 模型 因变量：MA	纠正模型 因变量：$BHAR^{[0,1]}$ 方程（1）	纠正模型 因变量：$BHAR^{[0,1]}$ 方程（2）	纠正模型 因变量：$BHAR^{[2,75]}$ 方程（3）	纠正模型 因变量：$BHAR^{[2,75]}$ 方程（4）
截距项	-1.1448*** (-26.1700)	-0.01281*** (-7.4200)	-0.0136*** (-5.3700)	-0.0552*** (-7.3200)	-0.0696*** (-6.2700)
MA		0.0263* (1.8200)	0.0273* (1.8900)	0.0703 (1.1100)	0.0721 (1.1400)
X × MA		0.0011*** (3.4800)	0.0011*** (3.4700)	-0.0028* (-1.9200)	-0.0027* (-1.9000)
λ		-0.0167** (-2.2500)	-0.0172** (-2.3200)	-0.0302 (-0.9300)	-0.0312 (-0.9600)
X	-0.0023 (-0.6700)	0.0017*** (16.3400)	0.0018*** (5.8000)	0.0048*** (10.4500)	0.0070*** (5.1300)
ILLIQ	0.9603 (1.5800)	0.0177 (0.9000)	-0.0294 (-0.7500)	-0.0031 (-0.0400)	-0.0538 (-0.3100)
IO	0.1504*** (3.5300)	-0.0052*** (-3.9000)	-0.0035 (-1.2700)	-0.0114** (-1.9700)	-0.0132 (-1.0900)
BM	0.0050 (1.2900)	-0.0003** (-2.4900)	0.0001 (0.4800)	0.0002 (0.3400)	0.0020* (1.8600)
SIZE	0.0054 (1.3600)	0.0001 (0.9800)	-0.0002 (-0.9200)	0.0020*** (4.0100)	0.0028*** (2.5800)
LAG	-0.0050*** (-10.3400)				
EPSVOL	-0.0490 (-0.3800)				
X × ILLIQ			0.0120 (1.3800)		0.0130 (0.3400)

续表

变量	Probit 模型	纠正模型			
	因变量：MA	因变量：$BHAR_{i,t}^{[0,1]}$		因变量：$BHAR_{i,t}^{[2,75]}$	
	方程（1）	方程（2）	方程（3）	方程（4）	
$X \times IO$		-0.0003 (-0.7000)		0.0003 (0.1700)	
$X \times BM$		-0.0001* (-1.8800)		-0.0003* (-1.9100)	
$X \times SIZE$		0.0001* (1.6400)		-0.0001 (-0.7600)	
Wald chi2	378.97	386.32	148.50	153.04	
Prob > chi2	0.0000	0.0000	0.0000	0.0000	
样本量	23929	23929	23929	23929	

注：（）内为 t 值；*、**和***分别表示在10%、5%和1%水平上显著。

当因变量为 $BHAR_{i,t}^{[2,75]}$ 时，λ 的系数虽然为负，但未通过显著性检验，说明样本自我选择偏差并不严重。由方程（3），X 的系数为 0.0048，在 1% 的水平上显著，$X \times MA$ 的系数为 -0.0028，在 10% 的水平上显著（t 值显示接近 5% 的显著性水平），说明周一盈余公告产生的 PEAD 对盈余信息的敏感程度低于其他工作日盈余公告情形（公司在其他工作日公告时，公告日市场回报对盈余信息的敏感系数等于 0.0048；公司在周一公告时，公告日市场回报对盈余信息的敏感系数等于 0.0048 - 0.0028 = 0.0020），方程（4）加入了 X 与控制变量的交互项，主要变量的回归系数及显著程度与回归方程（1）的结论保持一致。上述结果验证了上文提出的研究假设 H2。

4. 市场状态与投资者关注

不同市场状态下投资者对盈余信息的反应如表 5-9 所示，盈余公告日期处于牛（熊）市的样本分别定义牛（熊）市盈余公告。① 当因变量为 $BHAR^{[0,1]}$ 时，$X \times MA$ 的系数在牛市样本回归中以 1% 的水平显著为正，但该系数在熊市样本回归中不显著；当因变量为 $BHAR^{[2,75]}$ 时，$X \times MA$ 的系数在 5% 的水平显著为负，显著程度比全样本回归情形下有所提高，但该系数在熊市样本回归中也变得不显著。② 说明投资者在牛市状态下对周一盈余公告的关注程度高于其他工作日盈余公告，但当市场处于熊市状态时，投资者对周一和其他工作日盈余公告的关注程度并不存在显著差别。表 5-9 的回归结果支持本章提出的研究假设 H3。

表 5-9　　　　　　　　　　市场状态与投资者关注

市场状态	变量	因变量 $BHAR^{[0,1]}$		因变量 $BHAR^{[2,75]}$	
		方程（1）	方程（2）	方程（3）	方程（4）
牛市状态	截距项	-0.007*** (-3.03)	-0.011*** (-3.22)	-0.080*** (-7.18)	-0.089*** (-5.33)
	MA	-0.006 (-0.34)	-0.005 (-0.29)	0.092 (1.11)	0.089 (1.07)
	X	0.002*** (10.67)	0.002*** (5.09)	0.007*** (9.92)	0.008*** (4.05)
	$X \times MA$	0.001*** (3.26)	0.001*** (3.30)	-0.005** (-2.29)	-0.005** (-2.28)
	λ	-0.002 (-0.20)	-0.002 (-0.26)	-0.032 (-0.75)	-0.031 (-0.72)
	样本量	13597	13597	13597	13597

---

①　分别采用上证综合 A 股指数和深证成分 A 股指数识别股市周期，发现两种指数得到的结果是一致的，牛市时间段包括 2003 年 1 月~2003 年 4 月，2003 年 12 月~2004 年 3 月，2005 年 8 月~2007 年 10 月，2008 年 12 月~2009 年 12 月，2010 年 8 月~2011 年 4 月；熊市时间段包括 2003 年 5 月~2003 年 11 月，2004 年 4 月~2005 年 7 月，2007 年 11 月~2008 年 11 月，2010 年 1 月~2010 年 7 月，2011 年 5 月~2011 年 8 月。

②　对两种市场状态下的样本分别进行回归分析，主要是为了避免引入市场状态虚拟变量可能产生的多重共线性问题。考察引入市场状态虚拟变量情形，当样本为牛市盈余公告时，虚拟变量 Bull 取 1，否则为 0，虚拟变量 Bull 和交互项 $X \times Bull$ 的相关系数为 0.90，$X \times MA \times Bull$ 与 $X \times MA$ 的相关系数为 0.77，并均在 1% 的水平上显著。

续表

市场状态	变量	因变量 $BHAR^{[0,1]}$ 方程（1）	因变量 $BHAR^{[0,1]}$ 方程（2）	因变量 $BHAR^{[2,75]}$ 方程（3）	因变量 $BHAR^{[2,75]}$ 方程（4）
熊市状态	截距项	-0.024*** (-9.48)	-0.021*** (-5.37)	-0.025*** (-2.72)	-0.059*** (-4.08)
	MA	0.072*** (2.83)	0.071*** (2.81)	0.007 (0.07)	0.002 (0.03)
	X	0.002*** (12.91)	0.001*** (3.09)	0.002*** (3.73)	0.007*** (4.04)
	X×MA	0.0005 (1.19)	0.0005 (1.17)	-0.0001 (-0.03)	0.0002 (0.09)
	λ	-0.036*** (-2.87)	-0.036*** (-2.85)	-0.009 (-0.20)	-0.008 (-0.17)
	样本量	10332	10332	10332	10332

注：方程（1）、方程（3）控制 ILLIQ、IO、BM 和 SIZE 等变量，方程（2）、方程（4）控制上述变量及其与 X 相乘而得的交互项。（）内为 t 值；*、** 和 *** 分别表示在 10%、5% 和 1% 水平上显著。

5.4.2 交易量反应

1. 单变量分析

图 5-3 显示股票在盈余公告日前后的异常交易量。在周一发布盈余信息的公司在公告日当天的交易量上升了 10.89%，在其他工作日发布盈余信息的公司在公告日当天的交易量上升了 21.00%，后者几乎是前者的两倍；在公告日后的第一个交易日，交易量的涨幅有所下降，在周一发布盈余信息的公司在该交易日的交易量增加了 5.79%，在其他工作日发布盈余信息的公司在该交易日的交易量增加了 13.38%，后者是前者的 2.3 倍。图 5.1 与上文提出的研究假设 4 相吻合，但简单变量组合分析并没有考虑影响股票交易的公司特征，也未考虑内生性问题，因此下文将以 ABV 为因变量根据模型（5.7）展开检验。

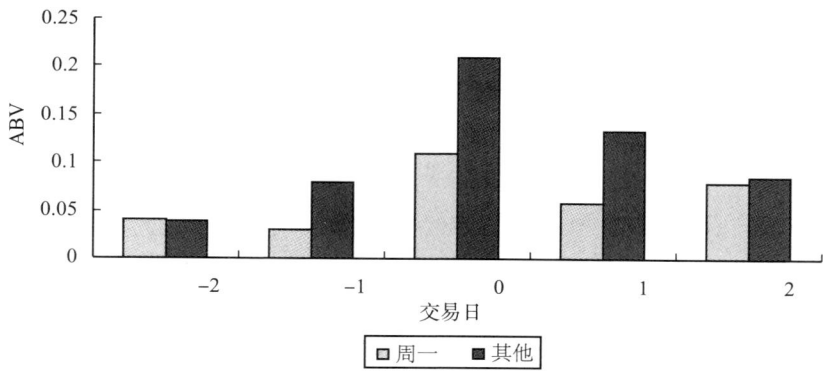

图 5-3　盈余信息的即时交易量反应

2. 实证分析

表 5-10 是因变量为异常交易量时模型 (5.7) 的回归结果。首先，不区分投资者类型 λ 的系数在 1% 的水平显著为正，说明公告日异常交易量高的公司选择周一盈余公告的概率更高，换言之，若回归模型未处理内生性问题，MA 的系数将被高估；在纠正样本自我选择后，MA 的系数为 -1.2117，在 1% 的水平上显著；在控制变量方面，IILIQ 和 SIZE 的系数显著为正，说明 ILLIQ 高的公司在盈余公告日有更多的知情交易，公司规模越大，盈余公告日异常交易量越高。在个人投资者和机构投资者交易的回归结果中，在控制样本自我选择偏差后，MA 的系数均在 1% 的水平显著为负，说明当市场高度波动时，无论是个人投资者还是机构投资者，都提高了风险意识，交易动机变得更加谨慎，导致交易量萎缩。这些结果验证了上文提出的研究假设 H4。

表 5-10　公告日异常交易量

变量	投资者整体		个人投资者		机构投资者	
	Probit 模型 MA	纠正模型 ABV	Probit 模型 MA	纠正模型 ABV_{Ind}	Probit 模型 MA	纠正模型 ABV_{Ins}
	方程 (1)	方程 (2)	方程 (3)	方程 (4)	方程 (5)	方程 (6)
截距项	-1.1448*** (-26.170)	0.1326*** (4.520)	-1.0558*** (-14.350)	0.2728*** (4.320)	-1.2697*** (-7.580)	0.6628 (1.5000)

续表

变量	投资者整体 Probit 模型 MA 方程（1）	投资者整体 纠正模型 ABV 方程（2）	个人投资者 Probit 模型 MA 方程（3）	个人投资者 纠正模型 ABV_{Ind} 方程（4）	机构投资者 Probit 模型 MA 方程（5）	机构投资者 纠正模型 ABV_{Ins} 方程（6）
MA		-1.2117*** (-5.000)		-2.8307*** (-6.320)		-10.4117*** (-2.880)
λ		0.5822*** (4.650)		1.4183*** (6.100)		5.4223*** (2.870)
X	-0.0023 (-0.670)	0.0196*** (11.370)	-0.0041 (-0.690)	0.0099*** (2.590)	0.0124 (1.300)	0.0455** (2.090)
ILLIQ	0.9603 (1.580)	1.4050*** (4.140)	0.7799 (1.380)	1.5584*** (3.490)	-19.5593 (-0.610)	0.1317 (0.000)
IO	0.1504*** (3.530)	0.0022 (0.100)	0.2220*** (2.690)	0.3177*** (5.100)	0.2804** (2.370)	0.9133*** (2.750)
BM	0.0050 (1.290)	-0.0008 (-0.410)	-0.0002 (-0.030)	0.0103** (2.350)	0.0028 (0.250)	0.0077 (0.330)
SIZE	0.0054 (1.360)	0.0058*** (2.850)	-0.0004 (-0.060)	-0.0084* (-1.750)	-0.0011 (-0.080)	0.0138 (0.450)
LAG	-0.0050*** (-10.340)		-0.0054*** (-6.570)		-0.0025* (-1.780)	
EPSVOL	-0.0490 (-0.380)		0.2772 (1.120)		-0.1464 (-0.300)	
Wald chi2		191.990		74.520		20.840
Prob > chi2		0.000		0.000		0.035
样本量	23929	23929	7831	7831	2678	2678

注：（）内为 t 值；*、** 和 *** 分别表示在 10%、5% 和 1% 水平上显著。

5.4.3 稳健性检验

1. 包括周六盈余公告样本的情形

在本章研究区间内，有相当数量的公司选择在周六发布盈余公告，上文的研究结论是否受这部分样本的影响？我们将样本扩展至周一至周六发布的所有盈余公告，回归结果见表 5 – 11。当因变量为 $BHAR^{[0,1]}$ 时，$X \times MA$ 的系数为 0.0011，在 1% 的水平上显著为正；当因变量为 $BHAR^{[2,75]}$ 时，$X \times MA$ 的系数为 -0.0026，在 10% 的水平上显著为负；当因变量为 $ABV^{[0,1]}$ 时，MA 的系数为 -1.1159，在 1% 的水平上显著为负；当因变量为 $ABV_{Ind}^{[0,1]}$ 和 $ABV_{Ins}^{[0,1]}$ 时，MA 的系数均在 1% 的水平上显著为负。上述结果表明，当加入周六盈余公告样本后，结论并未发生改变。

表 5 – 11　　　　　　　　包括周六盈余公告样本的检验结果

变量	$BHAR^{[0,1]}$	$BHAR^{[2,75]}$	$ABV^{[0,1]}$	$ABV_{Ind}^{[0,1]}$	$ABV_{Ins}^{[0,1]}$
	方程（1）	方程（2）	方程（3）	方程（4）	方程（5）
截距项	-0.0119 *** (-5.5200)	-0.0660 *** (-6.8800)	0.0965 *** (4.0500)	0.2140 *** (4.0400)	0.3236 (1.1600)
MA	0.0207 (1.4000)	0.0864 (1.3100)	-1.1159 *** (-4.5600)	-3.2130 *** (-6.7400)	-8.8811 *** (-3.4200)
X	0.0017 *** (6.2900)	0.0060 *** (4.8500)	0.0195 *** (12.820)	0.0108 *** (3.1100)	0.0417 *** (2.6100)
X×MA	0.0011 *** (3.5900)	-0.0026 * (-1.8000)			
λ	-0.0135 * (-1.8500)	-0.0371 (-1.1400)	0.5189 *** (4.2500)	1.5635 *** (6.5600)	4.4728 *** (3.4000)
样本量	29873	29873	29873	9960	3284

注：回归方程（1）、方程（2）的控制变量为 ILLIQ、IO、BM、SIZE 及其与 X 相乘而得的交互项，回归方程（3）、方程（4）、方程（5）的控制变量为 ILLIQ、IO、BM、SIZE；()内为 t 值；*、** 和 *** 分别表示在 10%、5% 和 1% 水平上显著。

2. 变量的敏感性分析

变量的敏感性分析从未预期盈余分组和超常收益计算两个方面展开：一方面，对未预期盈余采用普通的十分位点分组，即将每年公布盈余信息的样本公司按照未预期盈余从小到大分成 10 组，以替换上文设计的分组方法；另一方面，考察盈余公告产生的价格反应时，采用市场调整法计算的累计超常收益（cumulative abnormal return，CAR）作为其衡量指标。回归结果见表5-12。

表5-12 变量敏感性分析

变量	$CAR^{[0,1]}$ 方程（1）	$CAR^{[2,75]}$ 方程（2）	$ABV^{[0,1]}$ 方程（3）	$ABV_{Ind}^{[0,1]}$ 方程（4）	$ABV_{Ins}^{[0,1]}$ 方程（5）
截距项	-0.0167*** (-6.3200)	-0.0353*** (-3.7100)	0.1360*** (4.5600)	0.6828 (1.5300)	0.2581*** (4.0500)
MA	0.0544*** (3.6300)	0.0481 (0.9000)	-1.1736*** (-4.8700)	-10.4349*** (-2.8800)	-2.8229*** (-6.3200)
X	0.0020*** (5.6000)	0.0065*** (4.9300)	0.0211*** (10.710)	0.0498** (2.0600)	0.0135*** (3.1300)
X×MA	0.0013*** (3.7400)	-0.0024* (-1.7500)			
λ	-0.0310*** (-4.0000)	-0.0210 (-0.7600)	0.5632*** (4.5200)	5.4345*** (2.8600)	1.4146*** (6.1000)
样本量	23929	23929	23929	7831	2678

注：方程（1）、方程（2）的控制变量为ILLIQ、IO、BM、SIZE及其与X相乘而得的交互项，方程（3）、方程（4）、方程（5）的控制变量为ILLIQ、IO、BM、SIZE；（ ）内为t值；*、**和***分别表示在10%、5%和1%水平上显著。

当因变量为$CAR_{i,t}^{[0,1]}$时，$X \times MA$的系数在1%水平上显著为正，当因变量为$CAR_{i,t}^{[2,75]}$时，$X \times MA$的系数在10%的水平上显著为负，当因变量为$ABV^{[0,1]}$、$ABV_{Ind}^{[0,1]}$和$ABV_{Ins}^{[0,1]}$时，MA的系数在1%水平上显著为负，说明与其他工作日盈余公告相比，周一盈余公告引起的股价即时反应更强烈，但盈余公告后价格漂移的程度更弱，周一盈余公告伴随着更低的市场交易量。上述结果表明，上文公布的实证结果是稳健的。

5.5 结　语

　　投资者注意力是一种稀缺的认知资源,其分配方式会影响到上市公司信息披露产生的经济后果。本章以 2003~2010 年间 A 股主板市场上市公司为样本,比较了市场对周一盈余公告和其他工作日盈余公告的不同反应,研究结果表明:第一,与其他工作日披露的盈余公告相比,周一盈余公告表现出更高程度的公告日价格反应,和更低程度的公告后价格漂移;第二,盈余公告价格反应的周历差异主要体现在股市的上升时期;第三,投资者在周一的交易行为更加谨慎,周一盈余公告伴随着更低的公告日市场交易量。

　　上述结论支持了投资者关注假说。由于周末信息的累计效应,股票市场在周一交易日充斥着大量的私人信息,投资者会提高注意力和对盈余信息的关注程度,以加大信息甄别力度,因此盈余公告日价格反应对盈余信息的敏感程度增强,随着时间的推移和投资者关注程度的下降,越来越少的信息反映在股票价格中,导致更低程度的盈余公告后价格漂移。而且股票市场在周一的波动率更高,投资者意识到风险而变得更为谨慎,使得周一盈余公告表现出更低的公告日交易量。

附　录

　　将多元 Delta 方法运用到近似无关回归(seemingly unrelated regression, SUR)模型中,考察含有 m 个回归方程的系统:

$$y_i = X_i \beta_i + \varepsilon_i, \quad i = 1, 2, \cdots, m \tag{5.A1}$$

其中,y_i 是表示因变量的 T 维列向量,X_i 是表示自变量的 $T \times k_i$ 矩阵,β_i 是表示回归系数的 k_i 维列向量,ε_i 是表示随机干扰项的 T 维列向量。该 SUR 模型可表示为:

$$\begin{bmatrix} y_1 \\ y_2 \\ \vdots \\ y_m \end{bmatrix} = \begin{bmatrix} X_1 & 0 & \cdots & 0 \\ 0 & X_2 & \cdots & 0 \\ \vdots & \vdots & \ddots & \vdots \\ 0 & 0 & \cdots & X_m \end{bmatrix} \begin{bmatrix} \beta_1 \\ \beta_2 \\ \vdots \\ \beta_m \end{bmatrix} + \begin{bmatrix} \varepsilon_1 \\ \varepsilon_2 \\ \vdots \\ \varepsilon_m \end{bmatrix} \Leftrightarrow y = X\beta + \varepsilon \qquad (5.A2)$$

假定在公式（5.A2）中，随机干扰项 ε_i 同期相关，跨期独立，即 $E(\varepsilon_{it}, \varepsilon_{jt}|X) = \sigma_{ij}$，$E(\varepsilon_{it}, \varepsilon_{js}|X) = 0$ $\forall t \neq s$，则 ε 的方差—协方差矩阵可表示为：

$$E(\varepsilon\varepsilon^T|X) = \Omega = \Sigma \otimes I_T \qquad (5.A3)$$

其中，$\Sigma = [\sigma_{ij}]_{m \times m} = \begin{bmatrix} \sigma_{11} & \sigma_{12} & \cdots & \sigma_{1m} \\ \sigma_{21} & \sigma_{22} & \cdots & \sigma_{2m} \\ \vdots & \vdots & \ddots & \vdots \\ \sigma_{m1} & \sigma_{m1} & \cdots & \sigma_{m} \end{bmatrix}$，$I_T$ 是 T 维单位矩阵。

采用广义最小二乘法（generalized least squares，GLS）估计 SUR 模型得：

$$\hat{\beta} = [X'(\hat{\Sigma}^{-1} \otimes I_T)X]^{-1} X'(\hat{\Sigma}^{-1} \otimes I_T)y \qquad (5.A4)$$

在大样本条件下，该估计量是无偏的、一致的，并且服从渐进正态极限分布（Amemiya，1985）：

$$\sqrt{T}(\hat{\beta} - \beta) \xrightarrow{d} N\left(0, \left(\frac{1}{T}X'(\Sigma^{-1} \otimes I_T)X\right)^{-1}\right) \qquad (5.A5)$$

定义 $r: ^k \rightarrow$ 是连续可微函数，$\theta \equiv r(\beta)$，令 $g(\beta)$ 是 $r(\cdot)$ 的梯度，根据伍德里奇（Wooldridge，2002）的引理 3.9 可得：

$$\sqrt{T}(\hat{\theta} - \theta) \overset{a}{\sim} N\left(0, g(\beta)\left(\frac{1}{T}X'(\Sigma^{-1} \otimes I_T)X\right)^{-1}g(\beta)'\right) \qquad (5.A6)$$

由此，$\hat{\theta}$ 或 $r(\hat{\beta})$ 渐进方差的合理估计为：

$$Avar(\hat{\theta}) = g(\hat{\beta})(X'(\hat{\Sigma}^{-1} \otimes I_T)X)^{-1}g(\hat{\beta})' \qquad (5.A7)$$

$\hat{\theta}$ 或 $r(\hat{\beta})$ 渐进标准误为：

$$se(\hat{\theta}) = [g(\hat{\beta})(X'(\hat{\Sigma}^{-1} \otimes I_T)X)^{-1}g(\hat{\beta})']^{1/2} \qquad (5.A8)$$

因此，t 统计量服从渐进标准正态分布：

$$t = \frac{\hat{\theta} - \theta}{se(\hat{\theta})} \overset{a}{\sim} N(0, 1) \qquad (5.A9)$$

第6章
投资者有限关注与并购财富效应

6.1 引　　言

随着资本市场的发展，并购重组在促进产业整合和升级、引导资金"脱虚入实"方面正发挥着越来越重要的作用。根据万德财经数据库（Wind）的统计，2017年中国并购重组市场共发生8048起交易，远远超过2016年的5208起，交易金额高达3.3万亿元，较2016年增长了3.06%。虽然并购市场如火如荼，但相关研究却表明，上市公司并购并未给股东创造财富，投资者在并购中反而遭受财富损失（李善民和朱滔，2005；陆桂贤，2012）。

众多学者从不同的角度对上述现象进行了深入的考察，研究发现，管理层过度自信、公司两权（现金流权和控制权）分离、市场过度反应均可导致并购绩效恶化和投资者财富损失（吴超鹏等，2008；杨威等，2018）。与这些文献的研究视角不同，本章拟运用投资者有限关注理论来解释上市公司并购财富损益现象。心理学研究表明，注意力是一种稀缺资源（Kahneman，1973）。在股票市场中，只有被投资者注意到的信息才会影响并最终反映在资产价格中。巴伯和奥戴恩（Barber & Odean，2008）的价格压力假说认为，投资者关注引起股票购买需求增加，使股价在短期内有上涨的压力，甚至发生过度反应，但在长期随着投资者关注程度减弱，股价逐步下降，直至回归到理性水平。

基于上述理论，我们试图利用投资者关注的价格压力假说来解释并购期间的股价行为，研究发现，公司并购公告能够引起市场高度关注，个人投资者在公告期间表现出显著的净买入行为，导致收购方公司股价在短期内被高估，随着时间推移，投资者关注程度逐渐下降，收购方公司股价的错误估计得以修复，投资者因此遭受财富损失。本章利用投资者关注理论来解释并购期间的股价异象，丰富现有文献对并购损益的解释，同时，本章的研究也为监管层提高对并购市场的管理水平、保护投资者权益提供经验证据。

6.2 文献评述与研究假设

研究表明，盈余公告能引起投资者提高注意力，投资者对注意力的分配能影响到盈余公告期间的股价行为（Dellavigna & Pollet, 2009; Hirshleifer et al., 2009）。同时，巴伯和奥戴恩（Barber & Odean, 2008）认为，个人投资者是注意力受限交易者，当他们面临诸多投资选择时，往往倾向于购买能够吸引其注意力的股票，而投资者一般只能卖出手中已持有的股票，即便是在一个允许卖空的市场环境中，当有利空消息出现时，投资者可能会因为高昂的交易成本而不愿卖空股票，因此，综合起来看，个人投资者是受市场高度关注股票的净买入者。

一些文献采用日内数据并根据交易规模来识别投资者类型，考察不同类型投资者在盈余公告期间的交易行为，对巴伯和奥戴恩（Barber & Odean, 2008）的观点展开检验。弗拉齐尼和拉蒙特（Frazzini & Lamont, 2006）发现，小交易规模投资者在盈余公告期间表现出显著的净买入行为。阿布迪等（Aboody et al., 2010）根据股票在盈余公告前12个月的累积收益进行分组，最高组定义为"赢家组合"，研究表明，小交易规模以及中等交易规模投资者在"赢家组合"股票盈余公告期间表现出净买入行为。

上述研究基本上以盈余公告作为考察对象，作为上市公司资本运作的重要工具，并购公告是影响投资者注意力分配的重要事件。路易斯和孙（Louis & Sun, 2010）发现，上市公司的并购公告能引起投资者提高注意力，但投资者对在周五发布的并购公告的关注程度要低于在其他工作日发布的并购公告，表现为周五并购公告引起的股价和交易量反应程度更小。张继德等（2015）

发现，收购方股票因投资者有限注意程度的不同而存在短期财富效应，投资者注意力分散程度的周历分布特征会引起收购方公司短期财富效应的周历变动。这些研究基本上认同并购公告能引起市场的广泛关注，但未考察投资者在并购公告期间的交易行为特征。

结合上述两个方面的研究，我们认为，并购公告能引起投资者提高对公司股票的关注程度，受有限注意力的制约，个人投资者整体上在并购公告期间是净买入者，因此，本章提出第一个研究假设：

H1：注意力受限个人投资者在并购公告期间表现出显著的净买入行为。

投资者关注对股票价格产生什么样的影响？研究者从不同的角度构建反映投资者关注程度的指标，进而考察这些指标对股价的影响。笪治等（Da et al.，2011）利用谷歌（Google）检索量指数作为个人投资者关注的衡量指标，发现检索量上升会给股票带来正向的价格压力，产生超常收益，但股价在未来一年中经历反转。张继德等（2014）采用百度（Baidu）指数作为个人投资者关注程度的衡量指标，研究表明，投资者对信息的当期关注会对股票收益产生正向影响，但这一现象在一段时间后发生反转。岑维等（2014）以深交所互动易平台数据作为投资者关注度衡量指标，发现投资者关注度与股票收益存在正向关系。孙书娜和孙谦（2018）利用雪球社区用户的自选股信息构建了个人投资者关注度指标，发现投资者关注会在短期内对股票价格形成正向的压力，引起股价上涨。

上述文献从不同的视角构建个人投资者关注程度的衡量指标，但这些指标无法直接反映出投资者的交易行为以及买卖方向。一些文献则直接以个人投资者净买入作为关注度的衡量指标，特里曼等（Trueman et al.，2003）发现，个人投资者的净买入行为可以部分地解释互联网股票盈余公告溢价现象。弗拉齐尼和拉蒙特（Frazzini & Lamont，2006）从投资者关注的理论视角对盈余公告溢价进行了研究，他们认为个人投资者在盈余公告期间的净买入行为是注意力受限的表现，这种行为对股票产生的价格压力，是盈余公告溢价形成的重要原因。阿布迪等（Aboody et al.，2010）也认为，个人投资者的净买入行为引起"赢家组合"的股价在盈余公告前大幅上涨。

这些研究考察了个人投资者净买入行为在短期产生的价格影响，但这种价格压力是否会引起市场过度反应，导致股价在长期经历反转，研究文献并未给出明确答案。最近，王磊和孔东民（2014）发现，个人投资者在"好消息"盈余公告期间表现出显著的净买入行为,引起股价在公告期间上涨,随着公告后投资者对上市公司的关注恢复到常态,股票价格发生反转。这些结论验证了投资者关注产生的价格压力假说,根据这些文献,如果并购公告能吸引投资者的关注,那么个人投资者在并购公告期间的净买入行为也会对股价产生类似的影响,基于此,本章提出第二个研究假设:

H2:个人投资者的净买入行为引起股价在并购公告期间大幅上涨,但股价在并购公告完成后发生反转。

6.3 研究设计

6.3.1 样本与数据来源

研究样本为 A 股上市公司在 2001~2010 年间发生的并购[①],为了确保样本的有效性,我们按照如下标准对样本进行筛选:第一,剔除由金融类上市公司发起的并购;第二,如果公司在一个季度内发生多起并购,仅取第一起并购作为研究样本;第三,并购类型为资产收购、吸收合并和要约收购;第四,并购交易规模要超过收购方在公告日流通市值的 0.1%;第五,剔除数据缺失的观测值。最终获得 3736 起并购作为研究样本。并购信息以及相关的财务数据和股票交易数据取自国泰安数据库(CSMAR)。

6.3.2 变量设计

1. 个人投资者净买入

与第 2 章的做法一致,将单笔成交金额小于 10 万元的交易视为由个人投

[①] 计算个人投资者净买入指标需要股票日内交易数据,与第 3 章类似,本章使用的日内交易数据区间为 2001~2010 年,因此,我们采用同区间的公司并购作为研究样本。

资者发起，接着，根据李和雷迪（Lee & Ready, 1991）的方法区分订单的买卖方向。个人投资者净买入指标根据埃尔斯等（Ayers et al., 2011）提出的方法来构建，具体步骤为：

第一步，对于股票 i 在 t 交易日，我们加总个人投资者的买方金额 $\sum_{m=1}^{M} Buy_{im}$ 和卖方金额 $\sum_{n=1}^{N} Sell_{in}$，M 是股票 i 在 t 交易日买入笔数，Buy_{im} 是第 m 笔买入交易的成交额，N 是股票 i 在 t 交易日卖出笔数，$Sell_{in}$ 是第 n 笔卖出交易的成交额。那么股票 i 在 t 交易日的个人投资者订单流不平衡指标 BMS_{it} 为：

$$BMS_{it} = \sum_{m=1}^{M} Buy_{im} - \sum_{n=1}^{N} Sell_{in} \qquad (6.1)$$

第二步，根据事件研究法，并购公告日设为 0，窗口期为 [-5, 5]，基准期为 [-45, -6]，计算个人投资者在基准期内日平均净买入指标：

$$NBMS_i = \sum_{t \in [-45, -6]} BMS_{i,t} / 40 \qquad (6.2)$$

同时，计算个人投资者在基准期内日平均成交金额，日成交额为买方成交额与卖方成交额之和：

$$BPS_{it} = \sum_{m=1}^{M} Buy_{im} + \sum_{n=1}^{N} Sell_{in} \qquad (6.3)$$

因此，基准期内日平均成交金额为：

$$NBPS_i = \sum_{t \in [-45, -6]} BPS_{i,t} / 40 \qquad (6.4)$$

第三步，计算个人投资者在窗口期内的日异常净买入指标：

$$ABMS_{it} = \frac{BMS_{it} - NBMS_i}{NBPS_i} \qquad (6.5)$$

那么，在 $[t_1, t_2]$ 区间上，个人投资者平均异常净买入为：

$$NABMS_i^{[t_1, t_2]} = \sum_{t=t_1}^{t_2} ABMS_{i,t} / (t_2 - t_1 + 1) \qquad (6.6)$$

2. 并购财富效应

并购的财富效应以投资者购买并持有股票的超额收益。首先，根据股票在并购公告前 [-150, -31] 区间内的收益数据，利用资本资产定价模型估计出股票的 β 系数；接着，计算在公司 i 的第 j 起并购公告期间内投资者购买并持有股票的超额收益：

$$BHAR_{i,j}^{[h,H]} = \prod_{t=h}^{t=H}(1+R_{i,t}) - 1 - \beta_{i,k}[\prod_{t=h}^{t=H}(1+R_{m,t}) - 1] \quad (6.7)$$

其中，$R_{i,t}$ 是股票 i 在 t 交易日的收益，$R_{m,t}$ 是 t 交易日经流通市值加权平均的市场收益率。

6.3.3 模型构建

本章的回归模型构建如下：

$$BHAR_{ij}^{[0,2]}/BHAR_{ij}^{[3,d]} = \alpha + \beta NABMS_{ij}^{[-1,1]} + \Gamma' CV_{ij} + \varepsilon_{ij} \quad (6.8)$$

上式中，$NABMS_{ij}^{[-1,1]}$ 表示个人投资者在股票 i 的第 j 起并购公告期间 $[-1,1]$ 上的平均异常净买入指标，因变量 $BHAR_{ij}^{[0,2]}$ 表示投资者在并购公告期间 $[0,2]$ 购买并持有股票的超额收益，$BHAR_{ij}^{[3,d]}$ 为投资者在并购公告后 $[3,d]$ 区间上的购买并持有股票的超额收益。为了全面分析个人投资者交易行为对并购财富的影响，d 分别取值 10，20，30 和 40。CV 表示控制变量，包括并购支付方式（$Type$）、并购交易金额（$Value$）、并购公告前一年度收购方公司的资产收益率（ROA）、资产负债率（LEV）、托宾 Q 指标（$TobinQ$）、经营活动现金流（OCF）以及资产规模（$Asset$）。此外，模型还控制了行业和年份效应。各主要变量的详细定义见表 6-1。

表 6-1　　　　　　　　　　变量定义

变量	名称	符号	定义
因变量	购买并持有股票的超额收益	$BHAR^{[0,2]}$	见上文定义
		$BHAR^{[3,10]}$	
		$BHAR^{[3,20]}$	
自变量	个人投资者净买入	$NABMS^{[-1,1]}$	见上文定义

续表

变量	名称	符号	定义
控制变量	并购支付方式	Type	虚拟变量，如果是现金支付，则取值为1，否则为0
	并购交易规模	Value	标的交易金额/总资产
	资产收益率	ROA	净利润/总资产
	资产负债率	LEV	负债/总资产
	托宾Q指标	TobinQ	市值/总资产
	经营活动现金流	OFC	经营活动产生的现金流量净额/总资产
	资产规模	Asset	总资产的自然对数
	行业	Industry	行业效应
	年份	Year	年份效应

6.4 实证检验与分析

6.4.1 描述性统计

表6-2是各主要变量的描述性统计结果，$BHAR^{[0,2]}$ 和 $BHAR^{[3,10]}$ 的均值分别为0.0080和0.0014，根据标准差可以判断前者在1%的水平上显著，后者则未通过显著性检验，说明股价在并购公告发布期间上涨，随后逐渐回落。$NABMS^{[-1,1]}$ 的均值为0.0463，在1%的水平上显著为正，说明个人投资者在并购公告期间表现出净买入行为。Type的均值显示，有92%的样本采用现金支付方式，Value的均值为0.0834，根据资产规模可以推算出平均每起交易的规模达1.75亿元。从控制变量的描述性统计来看，收购方公司整体上表现出一定的盈利能力，Lev均值未超过0.5，表明样本公司负债比例合理，OCF均值为0.05，说明公司存在富余的经营活动现金流，托宾Q均值大于1，表明企业有增加投资的需求。

表 6-2   变量描述性统计

变量	均值	标准差	最小值	中值	最大值
$BHAR^{[0,2]}$	0.0080	0.0662	-0.1339	-0.0012	0.3084
$BHAR^{[3,10]}$	0.0014	0.0676	-0.1645	-0.0030	0.2511
$NABMS^{[-1,1]}$	0.0463	0.3849	-1.1161	0.0290	1.4860
$Type$	0.9229	0.2668	0.0000	1.0000	1.0000
$Value$	0.0834	0.2272	0.0006	0.0218	1.7667
ROA	0.0366	0.0570	-0.2356	0.0373	0.1865
LEV	0.4903	0.1833	0.0807	0.5002	0.9582
$TobinQ$	1.9131	1.6100	0.2642	1.4090	9.0911
OCF	0.0526	0.0837	-0.2137	0.0521	0.2769
$Asset$	21.4634	1.0888	19.3187	21.3097	25.0002

表 6-3 是主要变量之间的相关系数，$NABMS^{[-1,1]}$ 和 $BHAR^{[0,2]}$ 之间显著正相关，但和 $BHAR^{[3,10]}$ 之间则显著负相关，说明个人投资者在并购期间的净买入引起股价在同期大幅上涨，但在随后的一周内，股价逐步回落。$BHAR^{[0,2]}$ 与 $Type$ 显著负相关，但与 $Value$ 显著正相关，说明现金支付方式对并购期间的股东财富存在负向影响，并购规模则对股东财富存在正向影响。表 6-2 和表 6-3 的结果表明，并购公告发布以后，市场在短期内产生积极的反应，并购公告能引起市场关注，个人投资者在公告期间表现出净买入行为，由此产生价格压力，引起股价在短期内上涨，但在长期逐渐回落。上述结果初步验证了上文提出的研究假设 H1 和研究假设 H2。

6.4.2 研究假设检验

1. H1 的检验

为了检验研究假设 H1，我们考察个人投资者在并购公告日前后各 5 个交易日的净买入指标，如图 6-1 所示，我们发现，个人投资者净买入在整个考察区间内呈现出倒 V 字形状，在并购公告发布之前，个人投资者异常净买入

表 6-3　主要变量的相关性分析

变量	$BHAR^{[0,2]}$	$BHAR^{[3,10]}$	$NABMS^{[-1,1]}$	Type	Value	ROA	LEV	TobinQ	OCF	Asset
$BHAR^{[0,2]}$	1.0000	0.0012	0.0558***	-0.1316***	0.0201	-0.0146	0.0205	0.0017	-0.0269	0.0129
$BHAR^{[3,10]}$	0.0888***	1.0000	-0.0606***	-0.0014	-0.0160	0.0350**	-0.0194	0.0172	0.0499***	-0.0155
$NABMS^{[-1,1]}$	0.0764***	-0.0469***	1.0000	-0.0972***	0.0476***	0.0075	0.0075	0.0170	-0.0092	-0.0032
Type	-0.2638***	-0.0427***	-0.1013***	1.0000	-0.2877***	0.0924***	-0.0674***	0.0260	0.0222	0.0503***
Value	0.2499***	0.0601***	0.0731***	-0.5032***	1.0000	0.0167	-0.1412***	0.1997***	0.0089	-0.2880***
ROA	-0.0603***	0.0233	0.0015	0.1198***	-0.0698***	1.0000	-0.3970***	0.4390***	0.3307***	0.0442***
LEV	0.0474***	-0.0081	0.0065	-0.0754***	0.0010	-0.3722***	1.0000	-0.4785***	-0.1314***	0.3225***
TobinQ	-0.0303*	-0.0007	0.0492***	0.0090	0.1228***	0.2799***	-0.3769***	1.0000	0.1069***	-0.4229***
OCF	-0.0177	0.0356**	0.0108	0.0093	0.0356**	0.2987***	-0.1386***	0.1068***	1.0000	0.0958***
Asset	-0.0083	-0.0112	-0.0088	0.0489***	-0.1542***	0.1158***	0.2865***	-0.3587***	0.0885***	1.0000

注：表中数据左下角部分是变量之间的 Pearson 相关系数，右上角部分是变量之间的 Spearman 相关系数；*、** 和 *** 分别表示在 10%、5% 和 1% 水平上显著。

（ABMS）指标数值较小，随着并购公告临近，在公告日的前一个交易日，该指标值达到 0.0084，在并购公告日当天该指标快速上升至 0.0299，随着并购公告完成，该指标值在公告日的后一个交易日下降至 0.0097，在随后的 2 个交易日中，ABMS 指标急剧回落。图 6.1 的结果说明，个人投资者在并购公告日期间 [-1, 1] 表现出显著的净买入行为，说明并购公告能够引起个人投资者提高注意力，这些结果支持了研究假设 H1。

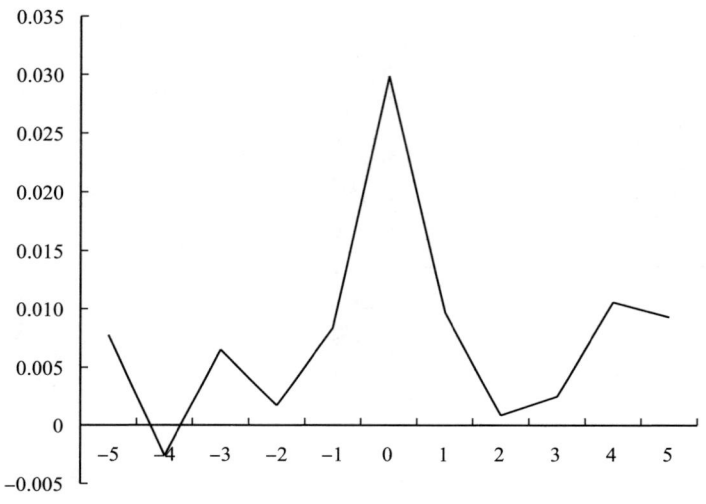

图 6-1 个人投资者在并购公告期间的净买入

2. H2 的检验

为了检验研究假设 H2，我们根据模型（6.8）考察投资者在并购公告期间的净买入指标对投资者财富的影响，结果见表 6-4。方程（1）以 $BHAR^{[0,2]}$ 为因变量，$NABMS^{[-1,1]}$ 的系数为 0.0082，t 值显示在 1% 的水平上显著，$NABMS^{[-1,1]}$ 每增加一个标准差，将引起 $BHAR^{[0,2]}$ 增加 0.0032，约等于 0.05 个标准差，说明并购公告期间投资者净买入程度越高的股票，股价在公告后短期内上涨的程度越高，换言之，个人投资者在并购公告期间的净买入行为导致股票价格在并购公告后短期内显著上涨，带来并购公告溢价现象。

表 6-4　　　　　　　　　　个人投资者净买入与并购财富效应

变量	$BHAR^{[0,2]}$ 方程（1）	$BHAR^{[3,10]}$ 方程（2）	$BHAR^{[3,20]}$ 方程（3）	$BHAR^{[3,30]}$ 方程（4）	$BHAR^{[3,40]}$ 方程（5）
截距项	0.0639 ** (2.18)	0.0534 * (1.70)	0.0092 (0.19)	0.0893 (1.47)	0.1470 ** (2.03)
$NABMS^{[-1,1]}$	0.0082 *** (3.01)	-0.0095 *** (-3.26)	-0.0116 *** (-2.59)	-0.0108 * (-1.90)	-0.0095 (-1.41)
Type	-0.0438 *** (-9.53)	-0.0061 (-1.24)	-0.0047 (-0.62)	0.0066 (0.69)	-0.0085 (-0.75)
Value	0.0469 *** (8.56)	0.0155 *** (2.64)	0.0146 (1.63)	0.0258 ** (2.27)	0.0271 ** (2.00)
ROA	-0.0130 (-0.59)	0.0253 (1.07)	0.0114 (0.32)	-0.0309 (-0.67)	-0.0126 (-0.23)
LEV	-0.0021 (-0.30)	-0.0067 (-0.89)	-0.0187 (-1.60)	-0.0035 (-0.23)	0.0096 (0.55)
TobinQ	-0.0033 *** (-3.36)	-0.0017 (-1.62)	-0.0028 * (-1.76)	-0.0051 ** (-2.51)	-0.0065 *** (-2.72)
OCF	-0.0123 (-0.90)	0.0288 ** (1.96)	0.0557 ** (2.49)	0.0681 ** (2.40)	0.0516 (1.52)
Asset	-0.0001 (-0.07)	-0.0018 (-1.31)	0.0001 (0.06)	-0.0044 * (-1.65)	-0.0068 ** (-2.11)
Industry	控制	控制	控制	控制	控制
Year	控制	控制	控制	控制	控制
R^2	0.1154	0.0292	0.0359	0.0409	0.0379
样本量	3736	3736	3736	3736	3736

注：（ ）内为 t 值；*、** 和 *** 分别表示在 10%、5% 和 1% 水平上显著。

随着时间的推移，投资者净买入行为对股价在并购公告后的行为会产生什么样的影响？方程（2）以 $BHAR^{[3,10]}$ 为因变量，我们发现，$NABMS^{[-1,1]}$ 的系数为 -0.0095，t 值显示在 1% 的水平上显著，$NABMS^{[-1,1]}$ 每增加一个标准差，将引起 $BHAR^{[3,10]}$ 下降 0.05 个标准差，方程（3）和方程（4）分别以 $BHAR^{[3,20]}$ 和 $BHAR^{[3,30]}$ 因变量，结果表明 $NABMS^{[-1,1]}$ 的系数仍在 5% 的水平上显著为负，这些结果说明并购公告期间投资者净买入程度越高的股票，股价在公告后回落的程度也越高。方程（5）以 $BHAR^{[3,40]}$ 为因变量，此时 $NABMS^{[-1,1]}$ 的系数虽然为负，但未通过显著性检验。

根据表6-4，我们可以得出如下两个重要的结论：第一，投资者净买入对并购期间股价行为的影响方向因考察区间不同而存在差别，具体而言，投资者在并购期间的净买入引起股价在并购公告后短期内显著上涨，但随着投资者注意力恢复到正常水平，并购公告前个人投资者净买入程度越高的股票，股价在并购公告后回落的幅度越大；第二，投资者净买入对股价长期行为的影响可延伸至并购公告后的第30个交易日，随着因变量计算区间的延长，个人投资者净买入指标对并购后股价行为的影响变得不再显著。整体上而言，对于并购公告期间，投资者净买入程度高的股票，股价在并购公告后的短期内大幅上涨，但股价在并购公告发布后的一段时间内经历反转，上述结果验证了研究假设H2。

6.4.3 稳健性检验

1. 考虑公告前股价的影响

研究表明，个人在投资者在买入股票时往往采用反转策略（史永东等，2009）。那么，前文发现的结果是否受到并购公告前股价的影响？换言之，个人投资者在并购公告期间的净买入行为只是因为股票价格在并购公告前表现低迷，投资者采取反转策略而买入股票。为了检验上述可能性，我们根据股票在并购公告前的累积收益 $CRET^{[-30,-2]}$ 进行三分位分组——G_1，G_2，G_3，然后计算不同组别样本在并购公告期间的投资者净买入，结果见表6-5。

表6-5　　　　考虑并购公告前股价影响后的投资者净买入行为

交易日	$CRET^{[-30,-2]}$		
	G_1	G_2	G_3
-5	0.0091 * (1.76)	0.0121 ** (2.10)	0.0021 (0.25)

续表

交易日	$CRET^{[-30,-2]}$		
	G_1	G_2	G_3
-4	0.0011 (0.23)	-0.0004 (-0.08)	-0.0085 (-1.23)
-3	0.0021 (0.36)	0.0017 (0.27)	0.0156** (2.09)
-2	-0.0005 (-0.09)	0.0020 (0.38)	0.0036 (0.46)
-1	0.0155*** (2.73)	0.0087 (1.44)	0.0009 (0.14)
0	0.0407*** (6.77)	0.0190*** (2.91)	0.0299*** (3.76)
1	0.0160** (2.55)	0.0121* (1.95)	0.0011 (0.15)
2	0.0060 (1.05)	0.0119* (1.75)	-0.0153** (-2.02)
3	0.0094 (1.53)	0.0078 (1.13)	-0.0095 (-1.39)
4	0.0142** (2.53)	0.0219*** (3.15)	-0.0043 (-0.64)
5	0.0122* (1.81)	0.0197*** (2.84)	-0.0040 (-0.57)

注：( ) 内为 t 值；*、** 和 *** 分别表示在 10%、5% 和 1% 水平上显著。

当 $CRET^{[-30,-2]}$ 最低时，个人投资者在 $d = -1, 0, 1$ 交易日均表现出显著的净买入行为；当 $CRET^{[-30,-2]}$ 居中时，个人投资者在 $d = -1$ 交易日的净买入行为消失，但在 $d = 0, 1$ 交易日仍存在出显著的净买入行为；当 $CRET^{[-30,-2]}$ 最高时，个人投资者在 $d = -1, 1$ 交易日均不存在净买入行为，但公告日当天仍表现出显著的净买入行为。上述结果表明，个人投资者在并购公告期间的净买入行为确实会受到股票价格的影响，但投资者仍在 G_3 组合股票并购公告期间表现出净买入行为，说明排除并购公告前股价影响因素后，个人投资者在并购公告期间依然表现出注意力受限交易者的行为特征。

2. 考虑投资者异质信念的影响

上市公司发布并购公告后，投资者对未来发生的并购事件产生分歧，在卖空存在限制的市场环境中，投资者异质信念容易引起股价高估，随着并购公告完成，过度反应得以纠正，股价又重新回归到理性水平（Miller，1977）。那么，本章的研究发现是否受投资者异质信念的影响？我们将对此展开检验，具体而言，在每个季度内，剔除异质信念指标最高值的5%样本，然后基于新样本对研究假设 H2 进行检验。根据左浩苗等（2011），在我国股票市场中，股票特质波动率与横截面收益之间呈负相关关系，造成这种现象的主要原因是投资者异质信念。因此，我们采用股票特质波动率作为投资者异质信念的衡量指标。

如前所述，我们根据市场模型法采用资本资产定价模型估算残差项，以此作为股票异质收益的衡量指标；接着，定义 [-1, 1] 为并购公告期间，对于该区间内的每个交易日，模型的残差项的平方记为 ε_{it}^2，定义 [-30, -11] 以及 [11, 30] 为非公告期间，该区间上模型残差平方的平均值为 ε_{inon}^2，因此，股票在并购公告期间 t 交易日的异质波动率为：

$$AIVOL_{it} = \sqrt{\frac{\varepsilon_{it}^2}{\varepsilon_{inon}^2} - 1} \qquad (6.9)$$

在 [-1, 1] 区间内取上述指标的均值，即可求得 i 公司在并购公告期间的异质波动率。

检验结果见表6-6，我们发现，在方程（1）中，当因变量为 $BHAR^{[0,2]}$ 时，$NABMS^{[-1,1]}$ 的系数为 0.0093，在 1% 的水平上显著；在方程（2）中，当因变量为 $BHAR^{[3,10]}$ 时，$NABMS^{[-1,1]}$ 的系数为 -0.0084，在 1% 的水平上显著；在方程（3）中，当因变量为 $BHAR^{[3,20]}$ 时，$NABMS^{[-1,1]}$ 的系数仍在 5% 的水平显著为负。与表6-4的结果相比，$NABMS^{[-1,1]}$ 的系数值并未出现显著的增加或减少。随着考察区间的延长，在方程（4）和方程（5）中，$NABMS^{[-1,1]}$ 的系数虽然为负，但未能通过显著性检验。表6-6的结果说明，剔除异质信念影响因素以后，股价在并购公告期间仍然存在反转现象，但与之前的结果相比,股价反转的区间有所缩短,这些结果表明,上文发现的结论是稳健的。

表6-6　　　　　　　　　考虑投资者异质信念的影响

变量	$BHAR^{[0,2]}$ 方程(1)	$BHAR^{[3,10]}$ 方程(2)	$BHAR^{[3,20]}$ 方程(3)	$BHAR^{[3,30]}$ 方程(4)	$BHAR^{[3,40]}$ 方程(5)
截距项	0.0560** (2.11)	0.0439 (1.37)	0.0057 (0.11)	0.0948 (1.52)	0.1523** (2.04)
$NABMS^{[-1,1]}$	0.0093*** (3.75)	-0.0084*** (-2.78)	-0.0096** (-2.07)	-0.0080 (-1.36)	-0.0075 (-1.07)
Type	-0.0269*** (-6.20)	-0.0105** (-2.01)	-0.0148* (-1.83)	-0.0051 (-0.50)	-0.0260** (-2.13)
Value	0.0450*** (8.58)	0.0100 (1.59)	0.0067 (0.69)	0.0164 (1.32)	0.0121 (0.82)
ROA	0.0107 (0.53)	0.0304 (1.25)	0.0045 (0.12)	-0.0382 (-0.80)	-0.0307 (-0.54)
LEV	-0.0015 (-0.23)	-0.0048 (-0.62)	-0.0163 (-1.37)	0.0015 (0.10)	0.0133 (0.74)
TobinQ	-0.0032*** (-3.69)	-0.0013 (-1.25)	-0.0025 (-1.55)	-0.0051** (-2.47)	-0.0063 (-2.57)
OCF	-0.0293** (-2.36)	0.0297** (1.98)	0.0608*** (2.63)	0.0765*** (2.61)	0.0552 (1.58)
Asset	-0.0006 (-0.54)	-0.0012 (-0.85)	0.0008 (0.36)	-0.0041 (-1.49)	-0.0061* (-1.84)
Industry	控制	控制	控制	控制	控制
Year	控制	控制	控制	控制	控制
R^2	0.0874	0.0286	0.0371	0.0414	0.0388
样本量	3566	3566	3566	3566	3566

注:( )内为t值;*、**和***分别表示在10%、5%和1%水平上显著。

3. 变量敏感性检验

我们采用市场均值调整法来估算并购引起的股价反应，股票 i 在 t 交易日的超常收益为 $AR_{it} = R_{it} - R_{mt}$，其中，$R_{it}$ 股票 i 在 t 交易日的收益率，R_{mt} 表示市场组合在 t 交易日经流通市值加权平均的收益率，并购公告期间 $[-d, d]$ 累计超常收益为 $CAR_i^{[-d,d]} = \sum_{t=-d}^{d} AR_{it}$，我们以此为因变量对上文提出的研究假设 H2 展开检验，结果见表 6 – 7。方程（1）以 $CAR^{[0,2]}$ 为因变量，$NABMS^{[-1,1]}$ 的系数为 0.0084，t 值显示在 1% 的水平上显著；方程（2）和方程（3）分别以 $CAR^{[3,10]}$、和 $CAR^{[3,20]}$ 为因变量，$NABMS^{[-1,1]}$ 的系数分别为 –0.0095 和 –0.0104，t 值显示在 1% 和 5% 的水平上显著；方程（4）分别以 $CAR^{[3,30]}$ 为因变量，$NABMS^{[-1,1]}$ 的系数在 10% 的水平上显著为负。随着因变量的计算区间拓展至并购公告后的第 40 个交易日，$NABMS^{[-1,1]}$ 的系数变得不再显著。这些结果与前文得出的结论完全一致。

表 6 – 7　　变量敏感性检验

变量	$CAR^{[0,2]}$ 方程（1）	$CAR^{[3,10]}$ 方程（2）	$CAR^{[3,20]}$ 方程（3）	$CAR^{[3,30]}$ 方程（4）	$CAR^{[3,40]}$ 方程（4）
截距项	0.0596 ** (2.11)	0.0576 * (1.84)	0.0213 (0.46)	0.0969 * (1.71)	0.1643 ** (2.50)
$NABMS^{[-1,1]}$	0.0084 *** (3.18)	–0.0095 *** (–3.24)	–0.0104 ** (–2.41)	–0.0099 * (–1.87)	–0.0071 (–1.17)
$Type$	–0.0398 *** (–8.99)	–0.0060 (–1.22)	–0.0028 (–0.38)	0.0072 (0.81)	–0.0034 (–0.33)
$Value$	0.0423 *** (8.02)	0.0149 ** (2.55)	0.0129 (1.49)	0.0214 ** (2.02)	0.0272 ** (2.22)
ROA	–0.0082 (–0.38)	0.0329 (1.38)	0.0292 (0.83)	0.0118 (0.28)	0.0481 (0.97)
LEV	–0.0016 (–0.23)	–0.0062 (–0.82)	–0.0184 * (–1.64)	–0.0033 (–0.24)	0.0111 (0.70)
$TobinQ$	–0.0032 *** (–3.40)	–0.0015 (–1.46)	–0.0028 * (–1.82)	–0.0053 *** (–2.81)	–0.0079 *** (–3.63)

续表

变量	$CAR^{[0,2]}$ 方程（1）	$CAR^{[3,10]}$ 方程（2）	$CAR^{[3,20]}$ 方程（3）	$CAR^{[3,30]}$ 方程（4）	$CAR^{[3,40]}$ 方程（4）
OCF	-0.0138 (-1.05)	0.0255* (1.74)	0.0509** (2.35)	0.0605** (2.28)	0.0531* (1.73)
Asset	-0.0001 (-0.07)	-0.0021 (-1.48)	-0.0005 (-0.26)	-0.0047* (-1.88)	-0.0074** (-2.56)
Industry	控制	控制	控制	控制	控制
Year	控制	控制	控制	控制	控制
R^2	0.1070	0.0288	0.0309	0.0380	0.0354
样本量	3736	3736	3736	3736	3736

注：（ ）内为 t 值；*、** 和 *** 分别表示在 10%、5% 和 1% 水平上显著。

6.5 结　　语

本章利用日内交易数据构建订单流不平衡指标，考察个人投资者对公司并购事件的反应及对股票价格产生的影响。研究表明，公司并购公告能引起市场广泛关注，个人投资者在并购公告期间表现出显著的净买入行为，引起股票价格在并购期间大幅上涨，随着公告后投资者对公司的关注度恢复到常态，股票价格在公告后发生反转。上述结果表明，个人投资者是注意力受限交易者，他们在并购公告期间的净买入行为对股价产生压力，引起市场过度反应。本章的研究为投资者在并购期间遭受损失提供了一种可能的解释。

根据本章的研究结果，我们提出如下政策建议：首先，监管部门要加大对中小投资者的教育力度，引导他们树立科学的投资理念，尽量减少有限关注等心理偏差对投资行为造成的干扰；其次，从上文的研究结果可以看出，个人投资者在并购公告前就表现出净买入行为，说明公司在宣布并购公告过程中存在一定程度的信息泄露，因此，监管部门要加强对上市公司并购重组过程中信息披露的监管，完善相关的配套法规，强化执法力度；最后，上市公司要明确内部人员的信息披露职责，形成有效的内部约束机制，切实避免信息泄露造成股价过度波动，给投资者带来损失。

第 7 章
私募股权投资与企业并购[*]

7.1 引　　言

在经济转型和市场化改革的背景下，中国企业兼并重组的步伐不断加快，2014 年中国并购市场共完成交易 1929 起，较 2013 年增长 56.6%，涉及交易金额共 1184.90 亿美元，同比增长 27.1%。与此同时，由于监管部门新股发行制度改革的延续，越来越多风险投资机构选择并购作为退出渠道。并购市场的快速发展和股权投资退出的多元化引发私募股权投资（private equity，PE）相关的并购活动大幅增加。2014 年 PE 相关的并购共计发生 972 起，涉及金额共计 688.29 亿美元，同比涨幅高达 98.6%。虽然 PE 参与企业并购的热情不减，但市场对此褒贬不一。赞成者认为，PE 具有专业的管理知识和丰富的投资经验，能够对公司管理层实施有效的监督，提高上市企业公司治理水平。但也存在与此不同的观点，一些私募基金参与上市公司并购重组，目的是为了炒作概念，高位套现，或伺机攫取私人利益。

上述争论引申出一个亟须思考的问题，即 PE 在企业并购中到底扮演了什么角色，是积极的监督者还是利益攫取者？本章拟对此展开研究。我们以创业板上市企业为研究对象，考察 PE 作为收购方主要股东，对并购行为、市场估值以及经营业绩的影响，包括并购支付方式的选择，并购事件引起的

---

[*] 本章的部分内容发表在：王磊，刘海邻，贺学会. 私募股权投资与企业并购——基于创业板市场的证据 [J]. 管理评论，2019，31（1）：27–38。

市场反应、并购前后公司业绩的变化,从而对 PE 在公司并购中所起的作用做出判断。研究结果表明,PE 参与的企业并购在支付方式上存在明显的偏好顺序,具体为混合支付 > 现金支付 > 股票支付;但 PE 的介入并没有使收购方企业在并购后显著提高经营业绩,而且,市场对有 PE 参与的并购事件反应消极,并购公告日期间的股东财富明显低于无 PE 介入的并购。上述结果表明,PE 在企业并购活动中并未发挥监督作用。

与研究 PE 对企业绩效或者 IPO 定价效率影响的文献不同,本章以股东和经理人可能存在潜在利益冲突的企业并购事件作为研究背景,考察 PE 对企业并购行为的影响以及产生的经济后果,这些研究设计有助于判断 PE 是否具备监督功能。此外,以往文献所考察的私募股权并购基金运作模式,一般指当风险资本所投资的企业无法达到上市的要求,往往选择被收购作为其退出的另一种方式,而本章拟研究 PE 所投资的公司在并购交易中处于收购方地位。

7.2 文献评述与研究假设

研究表明,即便是在企业成功上市之后,PE 仍然会以股东的身份继续监督企业的管理和运作,卡普兰和斯特龙伯格(Kaplan & Strömberg, 2009)将 PE 介入企业的行为分为三种类型——融资、治理和运营。在融资方面,PE 通过财务杠杆向管理层施加压力,避免资金浪费;在治理方面,PE 控制董事会,并以积极的姿态介入公司治理;在运营方面,PE 致力于培养行业和公司管理技能。冈珀斯等(Gompers et al., 2016)根据上述三个角度设计问卷,对 79 家私募股权投资机构展开调查后发现,PE 在投资前后定期更换公司管理层,并向管理层提供强有力的股权激励,精简董事会规模,并促使其构成多元化,成员包括公司内部人、PE 以及外部投资者。相关的研究支持上述结论,PE 对企业创新活动存在积极影响,不会为了削减企业的短期成本而牺牲长期投资机会,投资业绩远远超过市场平均水平,合伙人的人力资本在此过程中发挥着关键作用(Harris et al., 2014;Ewens & Rhodes, 2015;Bernstein et al., 2015;Amess et al., 2016)。

相比于国外研究发现 PE 积极介入企业管理,影响经营决策,国内学者却有不一样的发现,私募股权投资行业在我国尚处于起步阶段,还不够成熟。

一方面，外部环境的制约使不少本土创投机构缺乏良好的长期投资回报预期，同时，由于面临较大的股东回报压力，风险投资机构往往急于退出投资项目；另一方面，风险投资机构以 IPO 折价来提前退出投资项目，以此建立自己的声誉，吸引更多的资金流入，投资行为短期化造成投后管理缺位等问题，反映出 PE 具有消极股东的一面（陈工孟等，2011；余琰等，2014）。黄福广等（2012）认为，在目前的环境下，PE 参与公司治理将被视为对经营权的干涉，甚至会引起被投资公司的敌意，因此 PE 不愿过多介入公司的经营决策。

那么 PE 在企业并购过程中是采取积极策略，还是被动消极态度？支付方式的选择是企业并购决策的重要环节，关系到并购后企业的所有权结构、风险状况以及利益分配，对并购双方都有重要意义（Huang et al., 2016）。本章首先考察 PE 对并购支付方式选择的影响，来判断其对公司经营决策的话语权。在三种支付方式中，现金支付迅速直接，但并购方需要付出大量的货币资金；股票支付使公司运营资金免遭挤压，但会稀释股权；混合支付则集中了上述两种支付方式的优点，而且，这种支付方式有其独特的影响因素和特征，并不是现金和股票两种方式简单的叠加（Boone et al., 2014）。

研究表明，为防止并购后股权被稀释以及外部投资者干预，收购公司大股东或管理层往往偏好现金支付方式，说明公司内部人在并购支付方式的选择上存在倾向性（Martin，1996；Faccio & Masulis，2005）。在并购发生前，PE 成为收购方的主要股东，如果并购采用股票支付方式，增发新股会改变收购方公司原有的股权结构，PE 的股权将被稀释，可能会因此丧失对公司经营决策的控制权或话语权，因此，单纯的股票支付方式将受到抵制。由上述分析可以看出，就股票和现金两种支付方式而言，PE 更倾向于选择后者。

但如前所述，单纯的现金支付方式会对其所投资的公司带来较大的资金压力，特别是本章所研究的创业板公司大多处于快速成长期，公司现金流并不宽裕，采用单一的现金支付，可能会造成公司负债率上升，公司财务风险加大等一系列影响，势必会损害到 PE 长远的投资收益。因此，采用混合支付方式，一方面既减缓公司现金流压力，降低公司举债杠杆率，另一方面也防止股权大量稀释造成 PE 在公司内部的话语权受到挑战。安德里奥索普洛斯和杨（Andriosopoulos & Yang，2015）也发现，收购方往往通过现金和股票混合支付方式取得对目标公司完全的控制权。因此，在现金支付与混合支付两种方式中，PE 会倾向于选择后者。

根据上述分析，如果 PE 是积极的投资者，就会在控制权和退出收益之间进行权衡，督促企业管理层选择适当的并购支付方式，既保证自身对公司有足够的话语权，又能避免现金流枯竭导致基本面恶化而使长期利益受损；反之，如果 PE 是消极股东，持股只是为了从短期交易中牟取利益，无意介入企业的经营决策，那么 PE 的存在与否并不会对并购支付方式产生影响。由此，本章就 PE 与企业并购支付方式之间的关系提出第一个竞争性假设：

H1a：PE 在企业并购在支付方式上存在偏好，表现为混合支付 > 现金支付 > 股票支付；

H1b：PE 对企业并购支付方式的选择不会产生影响。

在介入企业并购后，PE 对目标企业的经营绩效和市场估值会产生什么影响？已有文献对上述问题进行过考察，但并不是置于企业并购的研究背景下。周伶等（2014）的研究表明，处于网络中心位置的风险资本对被投资企业的经营绩效具有显著提升作用。胡志颖等（2015）发现，私募股权声誉越高，IPO 前持有期越长，目标公司 IPO 后市场业绩越好。李九斤等（2015）发现，有 PE 参与的企业，其市场价值普遍高于无 PE 参与的企业。帕利亚和哈若托（Paglia & Harjoto，2014）认为，PE 对单一实体商业机构的净销售额和就业量均存在显著正向影响。这些文献基本上认为 PE 通过监督经理人改善公司治理，提高经营绩效。

但也有一些文献对此持相反意见，研究发现，风险资本介入后，企业绩效反而显著低于无风险资本介入的企业，表明风险资本对企业经营业绩具有抑制作用，说明 PE 并未给上市公司带来有效的监督和增值服务，总结 PE 监督失效的原因包括：第一，由于委托代理问题的存在，普通合伙人（代理人）可能为了谋取私人利益而偏离有限合伙人（委托人）设立风险资本的初衷（Fang et al.，2015）；第二，PE 存在"逐名"动机，所谓"逐名"是指风险投资急于通过业绩向市场传递信号，建立行业口碑，例如，PE 通过盈余管理等短期行为，推动不成熟的企业上市，保持上市后的良好声誉，并为退出创造有利时机（蔡宁，2015）；第三，企业引入风险资本，看重的不是 PE 整合市场资源和改善公司治理的专业技能，而是其拥有的社会资源（杨其静等，2015）。

已有文献对 PE 的治理功能做了广泛研究，但尚未取得一致意见。这些文献大多以 IPO 作为研究背景，通过检验 PE 对公司经营业绩的影响来判断其治理功能。与此有所不同，本章以企业并购作为研究背景，考察 PE 介入并购对目标公司经营绩效和市场价值的影响。本章研究的 PE 属于公司前十大股东行列，是上市公司的主要股东之一，如果 PE 是积极的监督者，能督促并帮助管理层提高经营水平，并妥善处理与中小股东之间可能存在的利益冲突，那么 PE 的介入将大大减少公司的代理成本，企业在并购后的经营业绩将显著提升，市场对并购事件也会给予积极的反应；反之，如果 PE 无心承担起帮扶企业的责任，甚至在企业资本运作过程中，以大股东的身份伺机侵占中小股东的利益，那么公司的代理成本将增加，PE 介入并购不会提升企业的经营业绩，也不会增加投资者财富。基于上述分析，本章就 PE 是否发挥治理功能，提出如下竞争性研究假说：

H2a：PE 在企业并购过程中能有效缓解委托代理问题，带来企业价值提升和经营绩效改善；

H2b：PE 在企业并购过程中不能缓解委托代理问题，不会提升企业价值，也不会改善企业经营绩效。

7.3 研究设计

7.3.1 样本与数据来源

本章以 2009~2014 年创业板公司发起的并购事件作为样本，选择创业板作为研究对象是因为：一方面，创业板公司相较于主板而言规模更小，上市前往往面临融资难题，对 PE 的资金需求程度更高；另一方面，创业板公司高新技术密集程度更高，更需要 PE 培育与公司业务相关的专业管理人员，因此创业板公司在成长过程中更倾向于引入 PE，且受其影响的可能性更大。并购事件的筛选标准如下：第一，并购类型为资产收购、要约收购和吸收合并；第二，如果公司在一个季度内发生多起并购，仅取第一起作为研究样本；第三，交易成功；第四，首次公告日期、支付手段、交易规模等信息完整，最后得到 495 起并购事件。①

---

① 在 495 个并购事件中，并购完成日期信息完整的样本有 232 个。

PE 持股数据借鉴王会娟等（2014）的方法手工收集，具体过程如下：第一步，通过查阅招股说明书来确定是否有私募股权投资持股该公司，从招股说明书中"发行人基本情况"部分可以获得有关股东的信息，这部分介绍股东的股本构成、实际控制人和经营范围等，如果股东的经营范围包括股权投资，创业投资或风险投资[①]，则认定该股东为 PE；第二步，收集公司进行并购前的 PE 参与情况，对照并购前的财务报告中的股东情况，如果并购前公司财务报告中的十大股东包括第一步收集到的私募股权投资机构，则认定该公司在并购前存在 PE 介入；反之，则认定该公司并购前不存在 PE 介入。其他数据均来自国泰安数据库（CSMAR）。

7.3.2 模型设计

本章研究假设 H1 的检验采用有序 Logistic 模型，定义如下：

$$y^* = x\beta + e, \quad e \mid x \sim \text{logit}(0, 1) \tag{7.1}$$

其中，y^* 是不可观察的潜变量，x 表示解释变量，β 为相应的待估计系数，e 为误差项。与潜变量对应的实际观测反应变量有 3 种类别（$j=1, 2, 3$），取值为 $y=1$（股票支付），$y=2$（现金支付），$y=3$（混合支付），那么存在 2 个临界值将各相邻类别分开，即：若 $y^* \leq \mu_1$，则 $y=1$；若 $\mu_1 < y^* \leq \mu_2$，则 $y=2$；若 $y^* > \mu_2$，则 $y=3$，其中 μ_1，μ_2 表示临界值。

我们可以计算出给定 x 时，因变量 y 的每一个响应概率：

$$\begin{aligned} P(y=1 \mid x) &= P(y^* \leq \mu_1 \mid x) = \Phi(\mu_1 - x\beta) \\ P(y=2 \mid x) &= P(\mu_1 < y^* \leq \mu_2 \mid x) = \Phi(\mu_2 - x\beta) - \Phi(\mu_1 - x\beta) \\ P(y=3 \mid x) &= P(y^* > \mu_2 \mid x) = 1 - \Phi(\mu_2 - x\beta) \end{aligned} \tag{7.2}$$

上式中，Φ 为概率分布函数，模型采用极大似然法估计。

解释变量 x 设计如下：第一，PE 是否介入并购的虚拟变量（*PE*），如果 PE 介入，则该变量取值为 1，否则取值为 0。第二，控制变量（*CV*），包括：并购规模（*Tvalue*）——并购的交易金额与公司上一年年末资产的比值；资产负债率（*LEV*）——上一年年末负债与资产的比值；盈利能力（*ROE*）——以

[①] 若 PE 的实际控制人为公司实际经营者，或与公司控制人存在亲属关系，那么这类 PE 缺少独立性，本章所研究的 PE 不包括这一类型。

上一年年末的净资产利润率衡量；内部现金流（OCF）——上一年经营活动产生的现金流量净额与年末公司资产的比值；高管人员持股比例（MH）——公司除董事、监事以外的其他高级管理人员所持有的股票总数占总股本的比例；独立董事比例（$INDD$）——公司独立董事人数与董事会规模的比值；Z指数（$SHRZ$）——公司第一大股东与第二大股东持股比例的比值；账面市值比（BM）——上一年年末所有者权益与公司总市值的比例；公司规模（$SIZE$）——上一年年末公司总资产的自然对数。此外，模型控制了行业固定效应（$Industry$），并对并购公告时间（某年某季）进行聚类（clustering）处理。

在检验研究假设 H2 时，为了控制可能存在的内生性问题，与第 5 章的方法类似，本章采用处理效应模型考察 PE 对并购绩效的影响：

$$y_i = \alpha_0 + \alpha_1 PE_i + \alpha_2 MA_i + \alpha_3 PE_i \times MA_i + \tau' CV_i + \varepsilon_i \quad (7.3)$$

上式中，y 是因变量，以并购完成前后的公司净资产收益率（ROE）来表示；PE 表示私募股权投资是否介入的虚拟变量；MA 是反映所选取样本时间节点的虚拟变量，如观测值取自并购完成后，则 MA 取值为 1，如果观测值取自并购完成前，则取值为 0；$PE \times MA$ 是交互项。在下文的实证中，因变量分别取并购完成前后三个季度的净资产收益率（定义为 ROE_Q），以及并购完成前后三个年度的净资产收益率（定义为 ROE_Y）；与模型（7.1）类似，模型（7.3）控制了并购规模、资产负债率和高管持股比例等一系列变量，此外，并购支付方式（$Equity$）也作为控制变量，当并购采取股票支付方式，该变量取值为 1，否则为 0；ε 是随机扰动项。$\{\alpha_0, \alpha_1, \alpha_2, \alpha_3, \tau'\}$ 是待估计系数。假定 PE 是否介入的决定方程为：

$$PE_i^* = \gamma' Z_i + \eta_i$$
$$PE_i = 1 \text{ 若 } PE_i^* > 0;\ PE_i = 0 \text{ 若 } PE_i^* \leq 0 \quad (7.4)$$

上式中，PE^* 是不可观察的潜变量，Z 是影响 PE 是否介入并购的一系列外生变量，η 是随机扰动项，当 Z 包含有除 CV 外能影响 y 的其他变量时，或 ε 和 η 相关时，模型（7.3）存在样本自我选择偏差。参考王会娟等（2014）的方法，Z 包括如下变量：Age 为公司的年龄，即从成立到并购发生时的年数；$Netpro$ 为公司营业利润率；$Income$ 为主营业务收入的对数；$Cash$ 为经总资产规模调整后的现金及现金等价物余额；$Qratio$ 为速动比率；LEV 为资产负债率；BM 为账面市值比；$Top1$ 为公司第一大股东持股比例；$SIZE$ 为公司规模。Z 取值时间为并购发生之前的会计年度。

采用赫克曼（Heckman，1979）两步法估计联立方程组的回归系数。第一步采用 Probit 模型估计模型（7.4）的系数值，以计算 λ_{i1} 和 λ_{i2}；第二步在模型（7.3）右侧加入变量 λ_i 以纠正样本自我选择偏差。

$$y_i = \alpha_0 + \alpha_1 PE_i + \alpha_2 MA_i + \alpha_3 PE_i \times MA_i + \delta_\lambda \lambda_i + \tau' CV_i + V_i \quad (7.5)$$

其中，$\lambda_i = \lambda_{i1}(\gamma' Z_i) PE_i + \lambda_{i2}(\gamma' Z_i)(1 - PE_i)$，采用 OLS 方法估计回归方程的系数值。

通过模型（7.5），我们可以判断 PE 介入并购是否有助于改善公司绩效。此外，收购方公司在并购公告日附近的股价反应也可以反映出投资者对 PE 介入的态度，因此，以收购方公司股票在并购公告日期间的累计超常收益（$CAR_i^{[-d,d]}$）作为模型的因变量，CAR 根据市场模型调整法计算而得[①]，与上述方法类似，对可能存在的内生性问题进行调整后的模型为：

$$CAR_i^{[-d,d]} = \alpha_0 + \alpha_1 PE_i + \delta_\lambda \lambda_i + \tau' CV_i + V_i \quad (7.6)$$

为检验 PE 介入对不同区间股价反应的影响，CAR 的取值区间分别设为 [-2,2] 和 [-5,5]，其他变量定义如模型（7.5）。在模型（7.6）中，PE 的系数 α_1 反映出投资者对 PE 介入并购的态度。

7.4 实证检验与分析

7.4.1 描述性统计

对所有连续型变量的极端值进行上下各 1% 缩尾处理，表 7-1 列出了变

---

① 本章涉及日期指标时，以 $d=0$ 表示盈余公告当日，$d<0$（$d>0$）表示盈余公告前（后）第 d 个交易日。首先，股票 i 的市场模型为 $R_{it} = \alpha + \beta R_{mt} + \varepsilon_t$，其中 R_{it} 和 R_{mt} 分别为股票 i 和市场组合在 t 交易日的收益；接着，根据事件研究法，以公告日为分界点，利用公告前 [-150, -31] 区间上的数据，估计出参数值 $\hat{\alpha}$ 和 $\hat{\beta}$，由此可以计算出股票在 t 交易日的预期收益为 $E(R_{it}) = \hat{\alpha} + \hat{\beta} R_{mt}$，因此，股票 i 的超常收益为 $AR_{it} = R_{it} - E(R_{it}) = R_{it} - (\hat{\alpha} + \hat{\beta} R_{mt})$，股票在并购公告期间 [-d, d] 累计超常收益为 $CAR_i^{[-d,d]} = \sum_{t=-d}^{d} AR_{it}$。

量的描述性统计结果。Equity 均值约为 0.05，在本章的研究样本中，纯股票支付的有 23 个，混合支付的有 62 个，纯现金支付的有 410 个；PE 的均值约为 0.4828，说明 PE 介入了近一半的样本；控制变量上，并购规模 Tvalue 均值约为 0.1502，且最小值与最大值相差较大，说明创业板并购活动规模存在差异性；资产负债率 LEV 均值约为 0.1996，净资产收益率 ROE 均值约为 0.0768，经营性现金流 OCF 均值约为 0.0267，说明创业板公司大多财务状况良好；公司治理与股权结构方面，高管持股比例 MH 均值约为 0.3442，独立董事比例 INDD 均值约为 0.3764，Z 指数 SHRZ 均值约为 3.9496。

表 7–1 主要变量描述性统计

变量	样本量	均值	标准差	最小值	中位数	最大值
Equity	495	0.0465	0.2107	0	0	1
PE	495	0.4828	0.5002	0	0	1
Tvalue	495	0.1502	0.2921	0.0003	0.0391	1.7641
$CAR^{[-2,2]}$	495	0.0506	0.1124	−0.1392	0.0153	0.4392
LEV	495	0.1996	0.1344	0.0203	0.1632	0.5734
ROE	495	0.0768	0.0501	−0.1115	0.0757	0.2763
OCF	495	0.0267	0.0624	−0.1625	0.0313	0.1824
MH	495	0.3442	0.2271	0	0.3974	0.7226
INDD	495	0.3764	0.0826	0.2	0.3750	0.6
SHRZ	495	3.9496	3.9004	1	2.5210	22.5631
BM	495	0.3633	0.1614	0.0865	0.3456	0.8839
SIZE	495	20.8090	0.5871	19.3690	20.7772	22.2191

表 7–2 根据 PE 是否介入将并购事件分为两个子样本，利用成对样本 t 检验比较两者之间的差异。根据结果，PE 介入的并购仅有 2% 的样本采用股票支付方式，但无 PE 介入的并购采用股票支付的占比高达 7%，反映出 PE 更倾向采取现金或者混合支付方式；Tvalue 的均值之差显著为负，说明有 PE 介入的并购相对交易规模较小；$CAR^{[-2,2]}$ 的差值显著为负，前者约为后者的 1/2，说明 PE 介入并购给投资者带来的财富增值远远小于无 PE 介入情形；此外，从 MH 和 INDD 等其他控制变量的均值检验结果可以看出，PE 介入的

公司具有管理层持股比例和独立董事比例低、账面市值比高和市值规模大等特征。

表7-2　　　　　　　　　　私募股权投资与样本特征

变量	PE 介入（N=239） 均值	标准差	无 PE 介入（N=256） 均值	标准差	均值之差	t 检验
Equity	0.0209	0.1434	0.0703	0.2562	−0.0493***	−2.62
Tvalue	0.0991	0.178	0.1979	0.3619	−0.0988***	−3.81
$CAR^{[-2,2]}$	0.0363	0.0983	0.0639	0.1228	−0.0276***	−2.75
LEV	0.2017	0.1359	0.1977	0.1333	0.0039	0.33
ROE	0.0746	0.0529	0.0788	0.0474	−0.0042	−0.93
OCF	0.0253	0.0588	0.028	0.0657	−0.0027	−0.48
MH	0.311	0.2348	0.3753	0.2155	−0.0644***	−3.18
INDD	0.361	0.0791	0.3908	0.0833	−0.0299***	−4.09
SHRZ	3.7973	3.4411	4.0909	4.2868	−0.2937	−0.84
BM	0.3808	0.1583	0.347	0.1629	0.0338**	2.34
SIZE	20.873	0.6329	20.7493	0.5353	0.1237**	2.35

注：*、** 和 *** 分别表示在 10%、5% 和 1% 显著性水平上显著。

7.4.2　实证分析

1. 私募股权投资与并购支付方式

本章首先试图通过研究 PE 对并购支付方式的影响，来探讨 PE 是否会参与公司的经营决策，并拥有一定的话语权。表 7-3 列出了研究假设 H1 的检验结果，方程（1）至方程（3）对应模型依次加入并购特征、基本面和公司治理变量。在方程（1）中，变量 PE 的系数为 0.1459，在 1% 的水平上显著为正，在方程（2）和方程（3）中，PE 的系数仍在 5% 的水平上显著为正，说明有 PE 持股的公司并购支付方式偏好顺序为，混合支付 > 现金支付 > 股票支付。上述结果表明，PE 能够影响到公司并购的支付方式选择，反映出 PE 会积极介入公司管理事务，并影响经营决策，这一结论验证了上文提出的研究假设 H1a。

表 7-3　　　　　私募股权投资对并购支付方式的影响

变量	方程（1）	方程（2）	方程（3）
PE	0.1459*** (2.85)	0.1365** (2.35)	0.1588** (2.21)
Tvalue	1.4548*** (3.05)	1.3268*** (2.89)	1.3528*** (2.99)
LEV		0.8824** (2.32)	0.9575** (2.32)
ROE		-3.0045*** (-3.15)	-3.0622*** (-3.22)
OCF		1.1183 (1.26)	1.2796 (1.53)
MH			-0.0137 (-0.05)
INDD			0.9716 (1.30)
SHRZ			-0.0159 (-1.13)
BM	0.0595 (0.17)	-0.1434 (-0.35)	-0.1583 (-0.37)
SIZE	0.1275 (0.86)	0.0487 (0.37)	0.0665 (0.47)
Industry	控制	控制	控制
Pseudo R^2	0.1063	0.1177	0.1217
LR 统计量	-247.22	-244.06	-242.98
样本量	495	495	495

注：() 内为 z 值；*、** 和 *** 分别表示在 10%、5% 和 1% 显著性水平上显著。

在控制变量方面，公司基本面变量对并购支付方式的选择存在显著影响，但公司治理变量则不具备影响力。并购规模与并购支付方式显著正相关，并购规模越大，则公司更可能选择混合支付，原因在于并购规模越大，纯粹的现金支付会造成公司资金压力，而纯粹的股票支付会更多地稀释现有股东股份，影响股东权益；公司负债率与并购支付方式显著正相关，净资产收益率与并购支付方式显著负相关，说明当公司现有债务压力越大，或者经营业绩欠佳时，采用混合支付方式的意愿越强烈。

2. 私募股权投资与并购绩效

本节从市场反应和经营业绩两个角度考察 PE 介入对并购绩效的影响。首先，根据模型（7.6）研究 PE 对公司并购市场反应的影响来分析投资者对并购事件的态度，为了更加全面地考察股价反应，因变量的计算区间分别取 [-2，2] 和 [-5，5]，结果见表 7-4 的方程（1）和方程（2）。在两个回归方程中，λ 的系数均在 5% 的水平上显著为正，这意味着如果模型没有控制样本自我选择偏差问题，PE 的系数将被高估。当因变量为 $CAR^{[-2,2]}$ 时，PE 的系数为 -0.1332，t 值显示在 5% 的水平上显著，当因变量为 $CAR^{[-5,5]}$ 时，PE 的系数为 -0.1648，仍在 5% 的水平上显著为负，上述结果表明，有 PE 参与的并购在公告日期间的股东财富显著低于无 PE 介入的并购，反映出投资者并不认可有 PE 介入的公司并购事件。

表 7-4　　　　　　　　　私募股权投资与并购绩效

变量	方程（1） $CAR^{[-2,2]}$	方程（2） $CAR^{[-5,5]}$	方程（3） ROE_Q	方程（4） ROE_Y
截距项	-0.2816 (-1.30)	-0.0246 (-0.08)	0.0104 (0.17)	0.0392 (0.56)
PE	-0.1332** (-2.39)	-0.1648** (-2.07)	-0.0388*** (-2.74)	-0.0312** (-1.99)
MA			-0.0023 (-0.76)	0.0009 (0.23)

续表

变量	方程(1) $CAR_{[-2,2]}$	方程(2) $CAR_{[-5,5]}$	方程(3) ROE_Q	方程(4) ROE_Y
$PE \times MA$			-0.0031 (-0.66)	-0.0029 (-0.52)
$Equity$	0.0592*** (2.89)	0.0429 (1.38)	-0.0055 (-1.09)	0.0061 (0.84)
$Tvalue$	0.1819*** (11.57)	0.2597*** (10.95)	-0.0147*** (-3.75)	-0.0135*** (-2.52)
LEV	0.0255 (0.62)	0.0610 (1.04)	-0.0029 (-0.24)	0.0072 (0.51)
ROE	-0.1651 (-1.47)	-0.2609 (-1.60)		
OCF	0.0047 (0.06)	0.1495 (1.31)	0.1252*** (5.12)	0.2451*** (8.30)
MH	0.0013 (0.07)	0.0284 (0.95)	0.0050 (0.79)	0.0041 (0.53)
$INDD$	0.0832) (1.55)	0.0466 (0.58)	-0.0055 (-0.31)	-0.0239 (-1.08)
$SHRZ$	-0.0000 (-0.01)	0.0003 (0.16)	0.0001 (0.26)	-0.0004 (-1.02)
BM	0.0429 (1.12)	0.0970* (1.77)	-0.0503*** (-4.38)	-0.0859*** (-6.80)
$SIZE$	0.0156 (1.47)	0.0030 (0.19)	0.0087*** (3.78)	0.0040 (1.12)
λ	0.0819** (2.34)	0.0999** (1.99)	0.0159* (1.79)	0.0073 (0.74)
Industry	控制	控制	控制	控制
Wald Chi2	207.13	183.23	162.24	224.76
样本量	495	495	696	606

注：()内为t值；*、**和***分别表示在10%、5%和1%显著性水平上显著。

经营业绩是衡量并购绩效的重要指标，本章根据模型（7.5）考察PE对并购前后公司经营绩效的影响，表7-4的方程（3）和方程（4）分别对应因变量为 ROE_Q 和 ROE_Y 时模型（7.5）的回归结果，如前所述，ROE_Q 指并购完成前后各一个季度的净资产收益率，ROE_Y 指并购前后各一个年度的净资产收益率。根据回归结果，MA 的系数不显著，说明并购并未带来企业经营业绩的提升，交互项 PE×MA 的系数也不显著，PE 的介入对并购前后的净资产收益率的变化无显著影响，意味着 PE 并未起到帮助公司提高经营业绩的作用。

需要指出的是，在方程（3）和方程（4）中，PE 的系数均在5%的水平显著为负，说明并购前有 PE 持股的公司的净资产收益率显著低于无 PE 持股的公司，原因可能存在以下两个方面，一是因为 PE 面临逆向选择问题，可能投资于劣质公司[①]，如一些创业型企业引入风险资本，并不是为了整合资源或强化企业内部治理能力，而是利用 PE 机构所拥有的资源；二是 PE 进入公司后为攫取私人利益而损害公司的发展，这种失职的行为显然不会改善公司治理水平，更不会提升经营业绩。

在控制变量方面，并购规模与市场反应正相关，市场往往看好规模较大的并购活动，但并购规模与公司经营业绩显著负相关，原因在于并购所需支付的金额越大，收购方公司面临的资金压力也越大，承受的债务也更沉重，这些因素都会损害短期经营业绩；经营性现金流与公司经营业绩正相关，经营性现金流量净额越大，则公司经营绩效越好；账面市值比与公司经营绩效显著负相关，高 BM 公司的净资产收益率低。

根据上述分析结果，PE 介入企业并购后并没有积极监督管理层，提升公司经营决策质量，改善公司治理和经营业绩，而且，PE 对并购期间的股东财富存在显著的负向影响，表明投资者对有 PE 参与的并购事件反应消极。此外，研究也发现，PE 往往倾向于持有并推动基本面较差的公司发动并购，说明 PE 没有充分发挥事前的甄别功能。因此，PE 在企业并购活动中并没有扮演积极监督者的角色，上述结果支持研究假设 H2b。

---

① 在表7-4未公布的 Probit 回归结果中，Netpro, Income 和 Cash 等变量的系数均显著为负，说明营业利润率、主营业务收入以及现金流较低的公司更愿意引入 PE，反映出 PE 在选择目标企业时存在逆向选择。

3. 影响机制分析

由于创业板公司股权高度集中，大股东通过资金占用和关联交易等手段侵占中小股东利益，利用资产重组掏空上市公司，导致公司内部控制失效的现象时有发生，而 PE 在其中所扮演的角色也饱受争议。因此，下文从两个角度检验 PE 如何影响公司绩效，一是考察 PE 是否有助于提高公司内部控制效率，改善公司治理；二是检验 PE 是否发挥有效监督，抑制大股东对上市公司的"掏空"行为。借鉴冯慧群（2016）、李明和叶勇（2016）等文献，本章设计如下模型对此展开实证检验分析[①]：

$$IC_i \text{ or } Tunnel_i = a_0 + a_1 PE_i + \tau' CV_i + \varepsilon_i \tag{7.7}$$

上式中，企业内部控制效率（IC）以企业内控评价报告的缺陷类型来衡量，当内部控制存在重大缺陷、重要缺陷、一般缺陷以及无缺陷时，IC 依次赋值为 4、3、2、1，IC 数值越高意味着内部控制缺陷越严重，效率越低。大股东"掏空"行为（$Tunnel$）采用并购当年关联交易合计金额占总资产的比值来衡量。除了并购特征和公司基本面变量以外，控制变量（CV）还包括公司前三大流通股东持股比例之和（$Top3$）、前三大高管平均薪酬的自然对数（$COMP$）以及审计意见类型（$Audit$），如果审计意见是标准无保留意见则该变量取值为 1，否则为 0。根据上述模型，如果 PE 提高内部控制效率，抑制大股东"掏空"行为，则 α_1 应该显著为负。

回归结果见表 7-5，方程（1）和方程（2）对应因变量为 IC 时模型的回归结果，考虑到 PE 对公司内部治理的改善可能存在一个过程，方程（1）和方程（2）分别检验 PE 对并购当年以及并购后一年公司内部控制效率的影响，我们发现，在两个回归方程中，PE 的系数均不显著，说明 PE 介入并未起到减少内控缺陷、提高内部效率的作用。方程（3）对应因变量为 $Tunnel$ 时模型（7.7）的回归结果，鉴于大股东的"掏空"行为更有可能发生在并购期间，所以模型仅以并购当年的有效观测为样本，PE 的回归系数约为 0.06，在 5% 水平下显著，即在 PE 介入的公司中，控股股东存在更多的"掏空"行为，可能的原因在于，控股股东借公司资产重组的机会选择与 PE 合

---

① 我们尝试控制内生性，但发现 λ 的系数不显著，意味着内生性问题并不严重，因此，本部分的回归结果未考虑内生性问题。

谋，进行关联交易，"掏空"公司。这也从侧面为市场对有 PE 介入的并购事件报以消极反应提供了证据。

表7-5　　　　　　　　　　私募股权投资与公司治理

变量	方程（1） IC	方程（2） IC	方程（3） Tunnel
截距项	1.5797 *** (2.69)	1.4117 *** (2.80)	2.0716 *** (2.60)
PE	0.0253 (0.38)	0.0108 (0.35)	0.0576 ** (2.15)
Equity	0.0769 (0.91)	0.0958 (0.96)	-0.1364 *** (-3.14)
Tvalue	0.0561 (0.32)	0.0104 (0.29)	0.0909 (1.43)
LEV	0.1221 (1.01)	0.1611 (1.06)	0.5441 *** (4.60)
ROE	-0.8032 * (-1.79)	-0.6675 * (-1.82)	-0.3298 (-0.93)
OCF	0.512 (1.03)	0.599 (1.23)	-0.0695 (-0.25)
TOP3	-0.0001 (-0.25)	-0.0001 (-0.29)	0.0009 ** (2.48)
COMP	0.0707 (1.21)	0.0543 (1.14)	-0.0404 (-1.45)
Audit	-0.0105 (-0.14)	-0.0074 (-0.12)	-0.0575 (-0.73)
BM	-0.0371 (-1.27)	-0.0536 (-1.32)	-0.0630 * (-1.80)
SIZE	-0.0519 (-0.46)	-0.0417 (-0.60)	-0.2142 ** (-2.37)
Industry	控制	控制	控制
R^2	0.0951	0.0852	0.1701
样本量	148	296	369

注：( ) 内为 t 值；*、** 和 *** 分别表示在 10%、5% 和 1% 显著性水平上显著。

7.4.3 稳健性检验

1. 考虑股权结构

本章的研究对象是创业板上市公司,这些公司的治理结构呈现出家族化的特征,表现为股权高度集中于公司的创办人或发起人,经营管理权掌握在家族成员手中,这种治理结构无法形成对权力的有效制衡,容易发生大股东侵占中小股权益。赵息和陈佳琦(2016)研究了创业板公司并购绩效后发现,股权集中度与并购绩效显著负相关,大股东在并购活动中侵占中小股东利益,市场对并购活动存有戒心,反应消极。根据上述文献,表7-4的结果是否受到股权集中度的影响,即PE对公告期间股东财富的负向影响,是因为收购方公司大股东通过企业并购攫取私人利益,从而造成市场消极反应。

我们按照第一大股东持股比例将样本分为两组,低于中值组和高于中值组,利用模型(7.6)对两组子样本进行检验,结果见表7-6,当因变量为 $CAR^{[-2,2]}$ 时,在两组子样本中,PE 的系数均在10%水平上显著为负;当因变量为 $CAR^{[-5,5]}$ 时,对于 $Top1$ 低于中值组,PE 的系数在5%的水平上显著为负,但对于 $Top1$ 高于中值组,PE 的系数不显著。理论上而言,当第一大股东持股比例较低时,PE 作为主要股东,能够对第一大股东形成制衡,从而提升企业价值,但研究结论却表明,在股权分散的企业中,PE 介入并购显著降低了投资者财富。造成上述现象的原因在于,分散的股权结构为 PE 获得控制权私利提供了便利,PE 可以以较少的股权去侵占属于其他中小股东的经济资源,导致投资者财富损失(朱红军和汪辉,2004)。

表7-6 股权制衡与并购市场反应

变量	$CAR^{[-2,2]}$		$CAR^{[-5,5]}$	
	$Top1 < 30.95\%$	$Top1 \geqslant 30.95\%$	$Top1 < 30.95\%$	$Top1 \geqslant 30.95\%$
截距项	-0.06563 (-1.36)	-0.0589 (-0.26)	-0.7837 (-1.04)	0.3302 (0.97)

续表

变量	$CAR^{[-2,2]}$		$CAR^{[-5,5]}$	
	$Top1<30.95\%$	$Top1\geqslant30.95\%$	$Top1<30.95\%$	$Top1\geqslant30.95\%$
PE	-0.1953* (-1.86)	-0.0796* (-1.87)	-0.0327** (-1.99)	-0.1014 (-1.58)
Equity	0.0258 (0.96)	0.1692*** (5.08)	0.0144 (0.35)	0.1460*** (2.84)
Tvalue	0.1433*** (5.40)	0.2037*** (11.37)	0.2089*** (5.19)	0.2805*** (10.16)
LEV	-0.0186 (-0.22)	0.0488 (1.11)	0.0074 (0.06)	0.0675 (1.02)
ROE	-0.1224 (-0.55)	-0.2537** (-2.14)	-0.1876 (-0.54)	-0.3831** (-2.13)
OCF	-0.0914 (-0.75)	0.1294 (1.43)	-0.0244 (-0.13)	0.3130** (2.25)
MH	0.0014 (0.04)	-0.0083 (-0.39)	0.0002 (0.00)	0.0314 (0.96)
INDD	0.1517 (1.62)	0.0139 (0.23)	0.0951 (0.67)	-0.0204 (-0.22)
SHRZ	-0.0004 (-0.07)	0.0003 (0.29)	-0.0051 (-0.57)	0.0012 (0.67)
BM	-0.0035 (-0.05)	0.0553 (1.40)	0.0471 (0.44)	0.1076* (1.81)
SIZE	0.0356 (1.42)	0.0043 (0.41)	0.0452 (1.15)	-0.0152 (-0.95)
λ	0.1256* (1.93)	0.0446 (1.64)	0.2048** (2.01)	0.0573 (1.40)
Industry	控制	控制	控制	控制
Wald Chi2	55.95	215.97	50.96	171.11
样本量	247	248	247	248

注：（ ）内为t值；*、**和***分别表示在10%、5%和1%显著性水平上显著。

2. 考虑"搭便车"行为

在公司治理结构中，中小投资者由于持股份额少，没有实质性的话语权，因而在监督管理层上更多地表现出"搭便车"行为，即不愿付出精力和成本而坐享其他股东监督公司管理层带来的好处。那么上文发现的 PE 未发挥有效监督功能，是否由 PE 的"搭便车"行为引起？如果有 PE 参与的并购事件均是其持股比例较高的样本，那么 PE 对公司管理层的监督是否会更加积极有效？为了考察上述可能性，我们剔除 PE 持股比例小于 10% 分位数的观测值，以此为样本根据前文的模型依次检验各研究假设，回归结果见表 7-7。

表 7-7 考虑私募股权投资"搭便车"行为

变量	方程（1） Ptype	方程（2） $CAR^{[-2,2]}$	方程（3） ROE_Q
截距项		-0.2005 (-0.96)	0.0180 (0.29)
PE	0.1658** (1.96)	-0.1159** (-2.18)	-0.0401*** (-2.89)
MA			-0.0021 (-0.69)
PE×MA			-0.0031 (-0.65)
Equity		0.0593*** (2.86)	-0.0054 (-1.07)
Tvalue	1.3707*** (3.04)	0.1818*** (11.33)	-0.0139*** (-3.50)
LEV	0.8105* (1.67)	0.0287 (0.71)	0.0010 (0.08)
ROE	-2.7792*** (-2.82)	-0.1745 (-1.55)	

续表

变量	方程（1） Ptype	方程（2） CAR[-2,2]	方程（3） ROE_Q
OCF	0.9762 (1.06)	0.0413 (0.52)	0.1205 *** (4.78)
MH	-0.0318 (-0.10)	0.0040 (0.19)	0.0070 (1.08)
INDD	0.9584 (1.31)	0.0806 (1.47)	-0.0063 (-0.34)
SHRZ	-0.0134 (-0.94)	-0.0005 (-0.43)	0.0001 (0.23)
BM	-0.1689 (-0.39)	0.0401 (1.08)	-00475 *** (-4.09)
SIZE	-0.0134 (-0.94)	0.0114 (1.11)	0.0029 (0.99)
λ		0.0708 ** (2.12)	0.0166 * (1.91)
Wald Chi2		198.98	150.04
LR	-237.6369		
R^2	0.1210		
样本量	472	472	678

注：在方程（1）中，（）内为 z 值；在方程（2）和方程（3）中，（）内为 t 值；*、** 和 *** 分别表示在10%、5%和1%显著性水平上显著。

方程（1）是研究假设 H1 的检验结果，PE 的系数在5%水平上显著为正，私募股权参与的并购在支付方式选择上表现出显著的偏好顺序，即混合支付 > 现金支付 > 股票支付。方程（2）和方程（3）是研究假设 H2 的检验结果，在方程（2）中，PE 的系数显著为负，PE 的介入对并购公告期间的股东财富产生负向影响，在方程（3）中，PE×MA 的系数不显著，说明 PE 并未带来并购业绩的改善。上述结果表明，剔除可能存在"搭便车"行为的样本后，PE 对并购支付方式、市场反应和经营业绩的影响与上文得出的结论保持一致。

7.5 结　　语

本章以 2009~2014 年间创业板上市公司并购事件为样本，研究私募股权投资对企业并购行为和并购绩效的影响。结果表明：有 PE 持股的公司在并购支付方式上表现出明显的偏好，即混合支付 > 现金支付 > 股票支付，采取混合支付方式，既减缓公司现金流压力，又能避免股权被稀释，说明 PE 能够影响到公司的经营决策；就市场短期反应来看，PE 参与并购并未引起市场积极反应，有 PE 参与的并购在公告日期间的股东财富显著低于无 PE 介入的并购，从公司长期业绩来看，PE 介入也没有使收购方企业在并购后显著提高经营业绩。因此，私募股权投资能影响企业并购支付方式的选择，但研究并未发现私募股权投资提高并购绩效的直接证据。

从本章研究结果来看，我国的私募股权投资行业尚处于发展阶段，还不够成熟。私募股权投资应当注重完善自身的运行机制，改善投资理念，建立科学系统的投资模式，摒弃机会主义情绪，使投资选择正规化、科学化，合理地最大化自身利益，与被投资公司做到"双赢"。监管者应当合理引导，加强监管，促进私募股权投资产业健康发展。

第 8 章
企业社会责任、年报披露及时性与信息解读效率*

8.1 引　　言

信息披露是上市公司履行社会责任的重要表现，具有良好社会责任意识的上市公司应该勤勉地履行信息披露义务，保证信息的准确性和及时性，以便投资者做出决策和判断。然而，在新兴的中国资本市场，上市公司信息披露进度失衡、滞后现象仍比较明显，年报披露时间"前松后紧"，平均业绩"前高后低"，好消息提前披露，而坏消息往往推迟披露（李筱强，2003；唐跃军和薛红志，2005）。上市公司在信息披露上表现出的社会责任缺失行为，降低了信息有效性，不利于投资者和监管机构对年报信息的使用和监督。

学术界对年报披露滞后等不规范现象的关注由来已久，并已取得丰富成果（唐松华，2004），但基于企业社会责任视角的研究并不多见。企业社会责任是当前研究的热点问题，众多学者围绕着企业社会责任与公司财务绩效之间的关系进行了广泛探讨，但并未取得一致结论：一种观点认为，企业承担社会责任为契约关系的履行提供了良好的环境，保障了利益相关者的利益，提高了交易质量和效率，并为社会创造价值（Matten & Crane，2005；张兆国等，2013）；但也有观点持相反意见，企业履行社会责任也可能是为了掩饰一些

---

* 本章的部分内容发表在：王磊，季思颖，施恬. 企业社会责任、年报披露及时性与信息解读效率［J］. 证券市场导报，2016（1）：33-41。

不端行为，如果经理人是出于机会主义的动机而承担社会责任，那么这种行为必将损害利益相关者的利益，造成社会财富损失（McWilliams et al.，2006）。

那么企业社会责任对年报披露及时性会产生什么影响？及时有效地公布财务信息是企业履行社会责任的内在要求，还是企业借履行社会责任而企图掩盖不端行为？如果履行社会责任是企业严格遵循商业伦理道德要求的自我约束，那么即便拟公布的财务报告是坏消息，上市公司也会及时充分地予以披露；但如果此过程中存在机会主义行为，当企业经营业绩不如上一个年度时，年报披露就可能存在较为严重的滞后性，管理层在此情形下会存在道德风险，利用社会责任表现挽回信息披露不规范造成的不良影响。

基于上述分析，本章以披露社会责任报告的 A 股公司为样本，考察企业社会责任对年报披露及时性以及信息解读效率的影响，研究发现如下：第一，社会责任表现好的企业，年报披露日期较上一年有明显的提前，说明企业社会责任对年报披露及时性存在正向影响，反映出社会责任在企业决策过程中会发挥积极的作用；第二，社会责任表现越好的企业，年报披露引起的短期价格反应对意外盈余的敏感程度越强，投资者对盈余信息的解读效率越高，上述结果支持企业社会责任的商业伦理观点。

本章的探索性表现如下：首先，已有相关研究大多围绕探讨企业社会责任与公司财务绩效或盈余管理之间的关系而展开，较少关注社会责任对年报披露及时性以及信息解读效率的影响；其次，考察社会责任表现如何影响年报披露引起的价格反应对盈余信息的敏感程度，可以避免研究社会责任与公司财务绩效二者关系时面临的互为因果关系问题。

8.2　文献评述与研究假设

企业社会责任思想可以追溯至 2000 多年前的古希腊时代，但相关的研究因缺乏理论指导而未形成完整的体系，20 世纪 90 年代日益成熟的利益相关者理论，为企业社会责任的研究提供了理论基础，该方向也逐渐成为会计学和公司财务领域关注的热点问题（沈洪涛，2006）。本部分首先回顾已有研究形成的两种主要观点——企业社会责任的商业伦理观和道德风险观，接着结合上市公司信息披露的实际情况，提出相关的研究假设。

第 8 章 | 企业社会责任、年报披露及时性与信息解读效率

8.2.1　企业社会责任的两种观点

卡罗尔（Carroll，1979）明确指出，完整的企业社会责任应包括经济责任、法律责任、伦理责任和慈善责任。他所强调的伦理责任虽然不是法律规定公司应尽的义务，但它要求企业的行为必须合乎公平正义以及避免伤害等原则，不仅包含广泛的企业行为规范和准则，也体现了企业对雇员、消费者以及社区环境的全面关注。琼斯（Jones，1995）认为，企业基于信托和合作开展商业活动，必定会遵循伦理责任提出的要求。唐纳森和普雷斯顿（Donaldson & Preston，1995）持有类似观点，企业在道德准绳的要求下，从事伦理正确并对社会有益的事。归纳起来，这些文献的主要观点是，企业社会责任的本质是企业内部对自身经济行为的道德约束。

相关文献对上述观点展开实证检验，研究表明，社会责任履行情况好的企业，倾向于采用更为保守的会计操作和决策，更少地通过应计项目进行盈余管理（Kim et al.，2012）。张正勇等（2012）等发现，上市公司通过提高社会责任信息披露水平，以获得消费者认同和创造产品竞争优势，从而达到提升公司经济价值的目的。陈胜蓝等（2014）认为，在激烈的市场竞争环境中，公司捐赠是有效提升企业经济业绩的一种战略行为。综合理论和实证两方面的研究来看，如果企业因为遵循商业伦理准则而履行社会责任，就会约束损害利益相关者权益的行为，致力于对社会发展有利的商业活动，包括及时地向投资者和监管层披露财务信息。

与上述观点截然相反，也有学者基于委托代理的视角，提出了另一种理论。该理论认为，企业社会责任被公司管理层当作风险管理的手段，目的在于掩盖企业不端行为产生的不良社会影响，从而避免企业声誉的损失（Hemingway & Maclagan，2004）。企业社会责任行为能够形成"道德声誉资本"（moral reputation capital），当企业发生负面事件时，良好的社会责任声誉会提高公众舆论的积极程度（Godfrey，2005）。也就是说，良好的社会责任声誉，降低了企业发生负面事件时所要面临的来自市场、监管及处罚的风险（Godfrey et al.，2009）。因此，企业履行社会责任只是为了购买声誉保险，有了这种装饰门面的保障之后，企业有可能会滋生出更严重的败德行为。

相关文献对此展开检验，彼得罗维茨（Petrovits，2006）发现，企业往往

通过调整在慈善项目上的支出金额来调节盈余，说明企业能战略性地利用慈善计划，以实现特定的财务目标。普赖尔等（Prior et al., 2008）的研究也表明，对于受管制的公司而言，企业履行社会责任只是为了便于管理层掩盖利润操纵行为。由此可见，上述研究从各自的理论视角探讨了企业履行社会责任的动机和原因，形成了丰富的研究成果，但并未取得一致意见，部分文献实证检验了企业社会责任对信息披露的影响，但基本上以盈余管理作为研究对象，研究企业社会责任对年报披露及时性和均衡性影响的文献并不多见。

8.2.2 企业社会责任与年报披露

会计信息披露应当遵循及时性原则，但在现实中，上市公司在年报披露过程中并不总是遵循这一原则，年报披露普遍存在"好消息早、坏消息晚"的现象。克罗斯（Kross，1981）发现，公司实际盈余与分析师预测值间的差值，即意外盈余能影响年报披露及时性，若实际盈余低于预测值，公司延迟公布年报；反之，则提前公布年报。巫升柱等（2006）发现，盈利公司比亏损公司更及时地公布年报，标准无保留意见公司比非标准无保留意见公司更及时地披露年报，从而证实了我国上市公司信息披露也存在类似的问题。

"好消息早、坏消息晚"现象自发现以来就受到理论界的高度重视，研究者从财务状况、公司治理以及审计意见等角度，对产生的原因进行了深入分析（陈高才和周鲜华，2008）。与这些文献不同，本章以公司社会责任作为研究的切入点。根据企业社会责任理论的不同观点，如果履行社会责任是公司商业伦理的重要构成，那么社会责任在企业决策过程中会发挥积极的作用，推动企业在决策中更加负责任和守规矩，从而树立良好的企业形象，在此情形下，无论年报信息属性，社会责任履行越好的企业，年报披露越是及时。

但企业履行社会责任也可能存在其他目的，例如，当企业经营不善，或者向市场传递坏消息时，履行社会责任很可能成为管理层掩盖经营风险的手段，这类企业在实际经营过程中往往并不符合其所营造的"负责任"的企业形象，而倾向于投机取巧。这一过程将会表现为，当公司拟公布的年报是坏消息时，管理层更有可能通过延迟披露，以减少坏消息引起股价下滑对市场造成的负面影响（Beaver，1968）。在此情形下，社会责任履行状况越好的企业，年报披露的滞后程度反而越高，因为履行社会责任能够减少年报延迟披露所产生的负面评价。基于上述分析，就公司社会责任与年报披露及时性，本章提出了如下两个竞争性假设：

H1a：社会责任履行越好的企业，年报披露越及时，符合企业社会责任的商业理论观。

H1b：当年报是坏消息时，社会责任履行越好的企业，年报披露越滞后，符合企业社会责任的道德风险观。

已有的研究表明，及时披露有助于抑制信息泄露，越早进行披露的公司，年报的信息含量越高，引起的市场反应越大；此外，年报披露的越及时，越容易引起投资者提高注意力，相关的信息能够以更快的速度反映在资产价格中，表现为公告短期内引起的价格反应对盈余信息的敏感性增加（朱晓婷和杨世忠，2006）。基于这些文献以及第一个研究假说，我们认为，如果企业社会责任能影响年报披露时机，那么对于不同社会责任水平企业发布的年报，市场在信息解读效率上必然会存在着差异。

与信息披露及时性的分析思路类似，企业社会责任对年报信息解读效率的影响也可能存在以下两种不同的情形。如果企业遵循良好的商业伦理，履行必要的社会责任，及时披露年报，那么投资者对报表所含信息解读的更充分，表现为年报引起的市场反应对盈余信息愈发敏感；反之，如果企业履行社会责任只是为了购买声誉保险用以装饰门面，当年报是坏消息时，管理层可以通过履行社会责任以减少延迟披露造成的负面影响，此时，企业社会责任表现越好，反而越不利于投资者对年报信息的解读。基于上述分析，本章提出了如下假设：

H2a：社会责任履行越好的企业，年报市场反应越大，投资者对信息解读的效率越高。

H2b：社会责任履行越好的企业，年报市场反应越小，投资者对信息解读的效率越低。

8.3 研究设计

8.3.1 样本与数据来源

本章以2009～2013年间发布社会责任报告的A股上市公司为样本，包括主板、中小企业板和创业板。为了确保样本的有效性，我们剔除以下三类样本：第一，金融行业上市企业，包括商业银行、证券公司和保险公司等；第二，本年度年报公布日在次年4月30日以后的样本；第三，变量数据缺失的样本。筛选后得到2120个公司—年度观测值作为本章的研究样本，其中2009年度有263个观测值，仅有社会责任指标的加总分值，缺乏各子项目的评级数据，本章在稳健性检验中，以各子项目代替社会责任指标，因此在这部分回归分析中，我们将2009年度的样本剔除。公司财务数据和股票市场交易数据来源于国泰安数据库（CSMAR），在数据处理过程中，本章对具有异常值的连续变量进行了上下各1%的缩尾调整。

8.3.2 研究变量

1. 企业社会责任

与朱松（2011）的方法类似，本章采用专业机构评分从社会责任事实以及披露情况来衡量上市公司社会责任履行情况。企业社会责任指标（*CSR*）源于润灵环球责任评级（RKS）发布的中国上市公司企业社会责任评级报告数据库。润灵环球评级体系从 *Macrocosm*——整体性、*Content*——内容性、*Technique*——技术性、*Industry*——行业性四个零级指标出发，分别设立一级指标和二级指标对上市公司所发布的企业社会责任报告进行全面评价和量化评级，以此评估企业社会责任履行情况。① 下文进行回归分析时，将每个年度的样本按照 CSR 评分由低到高进行十等分，以样本所属组别的序数值 RCSR 作为自变量进入回归方程，当公司的 CSR 分值属于最低组时，RCSR = 1，当公司的 CSR 分值属于最高组时，RCSR = 10，其他公司的 RCSR 取值以此类推。

2. 年报披露及时性

借鉴权小锋和吴世农（2010），本章采用年报披露滞后时间 LAG 作为信息披露及时性的代理指标，以本年度年报披露日期与上一年度年报披露日期的间隔天数除以 100 来衡量，该指标与年报披露及时性呈相反关系，指标值越大，意味着年报披露及时性越差。

3. 意外盈余

与模型（3.2）类似，年报信息属性根据以下方法计算：

$$SUE_{i,t} = (EPS_{i,t} - EPS_{i,t-1})/P \tag{8.1}$$

其中，$EPS_{i,t}$ 和 $EPS_{i,t-1}$ 分别表示 i 公司在 t 年度和 $t-1$ 年度的每股盈余，P 为 t 年度年报公告前第 5 个交易日的收盘价格。与 RCSR 指标相似，回归分析以样本按 SUE 十等分所属组别序数值 RSUE 作为自变量进入方程。

4. 市场反应

年报产生的市场反应以股票在盈余公告期间的累计超额收益来衡量：

$$CAR_{i,t}^{[h,H]} = \sum_{d=h}^{H} AR_{i,d} \tag{8.2}$$

上式中，$AR_{i,d}$ 是以市场调整法计算的超常收益，即 $AR_{i,d} = R_{i,d} - R_{m,d}$，其中，$R_{i,d}$ 是股票 i 在 d 交易日的收益，$R_{m,d}$ 是 d 交易日经流通市值加权平均市场收益率。根据德拉维尼亚和波莱（Dellavigna & Pollet，2009）的做法，t 年

---

① 稳健性检验中也采用分项得分指标，从不同侧重面检验企业社会责任对年报披露及时性和均衡性的影响。MCT 评分采用结构化专家打分法，满分为 100 分，其中整体性评价 M 值权重为 30%，满分 30 分；内容性评价 C 值权重为 45%，满分为 45 分；技术性评价 T 值权重为 20%，满分为 20 分；行业性评价 I 值权重为 5%，满分为 5 分（综合业与其他制造业无行业性指标评价，内容性评价权重自动调整为 50%，满分 50 分）。

年报引起的即时价格反应对应的事件窗口设为 [0，1]，其中 0 表示年报披露日，相应的累计超常收益为 $CAR_{i,t}^{[0,1]}$。

8.3.3 模型设计

为了考察企业社会责任对年报披露及时性的影响，本章构建如下模型检验 H1：

$$LAG_{i,t} = \alpha_0 + \alpha_1 RCSR_{i,t} + \sum_{k=1}^{n} \beta_k CV_{k,i,t} + \varepsilon_{i,t} \quad (8.3)$$

$$LAG_{i,t} = \alpha_0 + \alpha_1 RCSR_{i,t} + \alpha_2 BAD_{i,t} + \alpha_3 RCSR_{i,t} \times BAD_{i,t}$$
$$+ \sum_{k=1}^{n} \beta_k CV_{k,i,t} + \varepsilon_{i,t} \quad (8.4)$$

上述模型中，LAG 为年报披露的滞后时间，$RCSR$ 为公司社会责任衡量指标，模型（8.3）用来检验假设 H1a，如果假设 H1a 成立，α_1 应该小于 0。模型（8.4）用来检验假设 H1b，为了区分盈余信息属性，自变量引入表示年报是坏消息的虚拟变量 BAD，当样本的标准化意外盈余属于最低组时（$RSUE=1$），BAD 取值为 1，否则为 0；交互项 $RCSR \times BAD$ 用来反映企业社会责任在不同盈余属性样本中对年报披露及时性产生的影响，若假设 H1b 成立，α_3 应该大于 0。

为了增强结果的稳健性，我们也采用企业社会责任虚拟变量 CSR^{top} 代替 $RCSR$，样本的 CSR 属于年度最高组别时（$RCSR=10$），CSR^{top} 取值为 1，否则为 0，通过该变量，可以识别出企业社会责任表现最好的公司，与其他样本相比在信息披露时机上存在的差别。

借鉴巫升柱等（2006）等文献，本章从公司基本面和公司治理两个方面设计控制变量（CV），控制变量所属年份与因变量相同，具体阐述如下：第一，基本面指标，ROE 为公司的净资产利润率，LEV 为公司的资产负债率，GTH 是公司总资产增长率；第二，公司治理指标，$BMEET$ 为公司董事会在一年中召开会议的次数，$SHRZ$ 为股权结构的 Z 指数，以公司第一大股东与第二大股东持股比例的比值来衡量，INS 为机构投资者持股比例，为了避免异常值造成影响，以样本根据年度机构持股比例十等分分组后，所对应的组别序数值进入回归方程。此外模型还控制了年份效应（$Year$）。

假设 H2 检验企业社会责任如何影响投资者对盈余信息的解读效率，模型设计如下：

$$CAR_{i,t}^{[0,1]} = \alpha_0 + \alpha_1 RSUE_{i,t} + \alpha_2 RCSR_{i,t} + \alpha_3 RCSR_{i,t} \times RSUE_{i,t}$$
$$+ \gamma_1 X_{i,t} + \gamma_2 X_{i,t} \times RSUE_{i,t} + \sum_{k=1}^{n} \beta_k CVX_{k,i,t} + \varepsilon_{i,t} \quad (8.5)$$

其中，$CAR^{[0,1]}$ 是年报公布后短期内引起的价格反应，$RSUE$ 是标准化意外盈余十等分对应的组别序数值，$RCSR$ 为公司社会责任衡量指标，$RCSR \times RSUE$ 为交互项，反映股价对意外盈余的敏感程度在不同 CSR 水平样本中存在的差异。如果假设 H2a 成立，那么 α_3 显著大于 0。

根据赫什利弗等（Hirshleifer et al., 2009）等文献，控制变量有两组。一是影响年报公告市场反应对意外盈余敏感程度的变量（X），包括如下四个变量：非流动性（$ILLIQ$）——计算方法参照公式（2.7）；换手率（$TURN$）——股票在 t 年年报公告日前 30 个交易日的平均换手率；年报公告集中程度（NUM）——以同一天披露年报的公司数量来衡量，该指标值越大（小），意味着投资者对年报的注意力较为分散（集中）；年报披露周历效应（WKD）——虚拟变量，如果年报在周末（周五和周六）披露，则取值为 1，此时投资者注意力容易被分散，否则为 0。我们在模型中依次加入这四个变量及与 $RSUE$ 相乘产生的交互项，用以控制流动性、异质信念和投资者关注对盈余公告市场反应的影响。二是风险因素变量（CVX）——公司在年末的账面市值比（BM）和市值规模（$SIZE$）[①]。此外，模型还控制了年份效应（$Year$）。

8.4 实证检验与分析

8.4.1 描述性统计

变量的描述性统计见表 8-1。LAG 的样本均值约为 3.67，意味着前后两

[①] 在确定模型（8.5）的解释变量时，具体方法如下：对于 X 变量，在研究区间的每个年度，将样本按照该变量由低到高进行十等分，以样本所属组别的序数值以及与 $RSUE$ 相乘形成的交互项作为解释变量进入回归方程；对于 CV 变量，以样本根据年度 BM 和 $SIZE$ 十等分分组后，所对应的组别序数值进入回归方程。

个年度年报公布日期间隔以平均天数为 367，LAG 的最小值和最大值分别为 2.80 和 4.49，说明不同公司年报露的滞后时间存在较大的差别。CSR 的均值约为 34，最小值仅有 11.69，但最大值超过 80，说明样本公司的社会责任表现有较大的差异。SUE 的均值为 -0.0082，反映出样本平均意义上存在坏消息特征，与此相对应，$CAR^{[0,1]}$ 的均值为 -0.0036。在控制变量方面，ROE 均值为 0.1024，说明样本公司总体上是盈利的，$BMEET$ 均值接近 10，表明公司董事会平均每年召开 10 次会议，INS 的均值约为 0.47，说明机构投资者平均持有样本公司将近一半的股份，NUM 的均值为 63，表明在规定的年报披露时间内，平均有 63 家公司在同一天披露年报，NUM 的最大值高到 146，反映出年报公布集中程度较高。

表 8-1　描述性统计

变量	均值	中值	标准差	最小值	最大值
LAG	3.6708	3.6500	0.2139	2.8000	4.4900
$CAR^{[0,1]}$	-0.0036	-0.0060	0.0364	-0.0940	0.1115
CSR	34.4471	31.4550	12.0823	11.6900	82.4400
SUE	-0.0082	0.0000	0.0432	-0.7240	0.3509
ROE	0.1024	0.0963	0.0912	-0.2357	0.3729
LEV	0.5071	0.5214	0.1860	0.0746	0.8491
GTH	0.1921	0.1425	0.2324	-0.1723	1.2340
$BMMET$	9.6288	9.0000	3.8993	4.0000	25.0000
$SHRZ$	16.7704	6.7242	26.2253	1.0191	171.3021
INS	0.4748	0.4912	0.2323	0.0030	0.9180
$ILLIQ$	0.0332	0.0214	0.0347	0.0018	0.1899
$TURN$	1.4141	1.0589	1.1833	0.0864	6.0390
NUM	62.7750	55.0000	37.4563	1.0000	146.0000
BM	0.5232	0.4409	0.3316	0.0854	1.6899
$SIZE$	8.7083	8.6549	1.1309	6.1795	11.6699

注：根据上文对变量的定义，年报披露滞后天数 $= LAG \times 100$。

8.4.2 企业社会责任与年报披露及时性

首先,在考虑年报信息属性的前提下,对不同 CSR 水平股票组合的年报披露滞后时间进行比较分析,结果见表 8-2, Q_1、Q_2、Q_3 表示 SUE 由低到高三等分分组形成的股票组合,C_1、C_2、C_3、C_4 表示 CSR 由低到高四等分分组形成的股票组合,由表 8-2 可以看出,当标准化意外盈余最低时,在企业社会责任表现较差的 C_1 组合中,年报披露滞后时间约为 370 天,但在企业社会责任表现最好的 C_4 组合中,年报披露的滞后时间约为 366 天,后者比前者提前了 4 天,均值检验显示差值在 10% 的水平上显著。随着 SUE 水平提高,年报披露滞后时间在不同 CSR 水平公司上表现出来的差异不再显著。

表 8-2 企业社会责任与年报披露及时性(组合分析)

SUE	C_1	C_2	C_3	C_4	$C_4 - C_1$
Q_1	369.9421 *** (232.94)	371.5256 *** (208.48)	372.0054 *** (244.56)	365.9253 *** (251.19)	-4.0168 * (-1.86)
Q_2	365.5691 *** (220.01)	368.0859 *** (210.65)	366.6404 *** (248.22)	365.2500 *** (190.74)	-0.3192 (-0.13)
Q_3	368.0134 *** (208.31)	363.2090 *** (237.14)	363.3373 *** (226.59)	365.5094 *** (296.12)	-2.5040 (-1.16)
全样本	367.8368 *** (381.08)	367.4708 *** (371.86)	367.4568 *** (409.63)	365.5755 *** (424.87)	-2.2613 * (-1.75)

注:( )内为 t 统计量,*、** 和 *** 分别表示表示在 10%、5% 和 1% 水平上显著。

表 8-2 对全样本的分析结果表明,C_1 组合公司年报披露的滞后时间约为 368 天,C_4 组合公司年报披露的滞后时间约为 366 天,后者比前者缩短了 2 天时间,换言之,就全部研究样本而言,对于社会责任表现好的企业,年报披露时间比社会责任表现差的企业,要提前 2 天左右。表 8-2 的结果说明,企业社会责任整体上对年报披露及时性存在正向影响,而且,当公司意外盈余较低时,社会责任表现较好的公司,年报披露时间并未出现滞后,这

些发现支持研究假说 H1a，拒绝研究假设 H1b。

模型（8.3）和模型（8.4）的回归结果见表 8-3。方程（1）和方程（2）是假设 H1a 的检验结果，方程（1）引入虚拟变量 CSR^{top} 作为企业社会责任的衡量指标，CSR^{top} 的系数为 -0.0353，在 5% 的水平上显著，这意味着与其他公司相比，社会责任表现最好的公司本年度的年报公布日比上一年度提前 3~4 天（0.0353×100=3.53）。方程（2）以十分位分组的序数值 RCSR 为解释变量，RCSR 的系数在 5% 的水平显著为负，企业社会责任对年报披露滞后程度存在着负向影响，RCSR 的系数值为 -0.0033，由此可以推算出，社会责任指标每提升 3 个层次，年报披露时间约提前 1 天。因此，社会责任越好的公司，年报披露滞后程度越轻，及时性越好。

表 8-3　　　　　　企业社会责任与年报披露及时性（回归分析）

变量	方程（1）	方程（2）	方程（3）	方程（4）
截距项	3.6833 *** (182.70)	3.6986 *** (174.49)	3.6495 *** (190.46)	3.6641 *** (179.43)
RSUE	-0.0083 *** (-4.73)	-0.0083 *** (-4.76)		
CSR^{top}	-0.0353 ** (-2.26)		-0.0417 ** (-2.50)	
RCSR		-0.0033 ** (-1.99)		-0.0033 * (-1.92)
BAD			0.0188 (1.08)	0.0238 (0.69)
$BAD \times CSR^{top}$			0.0463 (0.96)	
$BAD \times RCSR$				0.0002 (0.03)
ROE	0.0041 (0.07)	0.0095 (0.16)	-0.0691 (-1.19)	-0.0640 (-1.10)

续表

变量	方程（1）	方程（2）	方程（3）	方程（4）
LEV	-0.0367 (-1.42)	-0.0381 (-1.48)	-0.0424 (-1.63)	-0.0441* (-1.70)
GTH	0.0430** (2.03)	0.0448** (2.11)	0.0396* (1.86)	0.0414* (1.94)
BMEET	0.0031*** (2.59)	0.0031** (2.52)	0.0030** (2.44)	0.0029** (2.39)
SHRZ	0.0303* (1.70)	0.0311* (1.74)	0.0003 (1.63)	0.0003 (1.70)
INS	0.0020 (1.21)	0.0020 (1.20)	0.0019 (1.13)	0.0019 (1.11)
Year	控制	控制	控制	控制
R^2	0.0202	0.0197	0.0112	0.0102
样本量	2120	2120	2120	2120

注：当样本的 CSR 属于年度最高组别时（RCSR=10），CSR^{top} 取值为 1，否则为 0；当样本是坏消息时（RSUE=1），BAD 取值为 1，否则为 0；（）内为 t 统计量，*、** 和 *** 分别表示在 10%、5% 和 1% 水平上显著。

方程（3）和方程（4）对应假设 H1b 的检验结果，模型引入代表坏消息的虚拟变量 BAD，考察企业社会责任在不同盈余属性样本中对年报披露滞后程度的影响是否存在差异。如果企业履行社会责任是为了掩盖延迟披露坏消息滋生的道德风险，那么交互项的系数应该显著为正，即社会责任越好的企业，年报披露滞后程度应该越严重。根据表 8-3，无论是回归方程（3）的 $BAD \times CSR^{top}$，还是回归方程（4）的 $BAD \times RCSR$，交互项的系数虽然为正，但均未通过显著性检验，说明企业社会责任对坏消息年报披露的滞后程度并未产生影响。

在控制变量方面，RSUE 的系数均在 1% 的水平上显著为负，意外盈余水平越高，公司年报披露滞后的程度越小，验证了"好消息提前，坏消息滞后"现象；此外，处在高速发展阶段的公司，年报披露较晚，第一大股东相对于第二大股东持股比例越高，或者董事会召开会议频率越高，公司年报披露越滞后。表 8-3 的实证结果表明，如果上市公司将及时的信息披露视为履行社会责任的内在要求，那么社会责任表现较好（差）的公司，年报披露较为及时（滞后），表现为社会责任履行状况与信息披露滞后性之间存在负向关系，上述结果支持研究假设 H1a。

8.4.3　企业社会责任与信息解读效率

年报披露的及时性直接关系到信息传播和投资者认知。既然企业社会责任能减少年报披露的滞后程度，那么该指标必定会影响投资者对年报信息的解读效率。本节利用模型（8.5）对此展开实证检验，结果见表8-4。方程（1）至方程（4）的 X 分别控制了前文定义的 $ILLIQ$、$TURN$、NUM、WKD 及其与 $RSUE$ 相乘得到的交互项。根据回归结果，$RSUE$ 的系数不显著，但 $RCSR \times RSUE$ 的系数显著为正，该交互项的系数值为 0.0002，说明随着企业社会责任水平的提高，年报产生的价格反应对盈余信息的敏感程度不断加强，具体而言，当企业社会责任指标处于最低水平时（$RCSR=1$），$CAR^{[0,1]}$ 对 SUE 的敏感系数仅为 0.0002，但当企业社会责任指标处于最高水平时（$RCSR=10$），$CAR^{[0,1]}$ 对 SUE 的敏感系数达到 0.002，后者是前者的 10 倍。

表8-4　　　　　　　　企业社会责任与信息解读效率

变量	方程（1）	方程（2）	方程（3）	方程（4）
截距项	-0.0198*** (-2.82)	0.0110* (1.77)	0.0018 (0.34)	0.0004 (0.09)
RCSR	-0.0011* (-1.83)	-0.0014** (-2.35)	-0.0014** (-2.36)	-0.0014** (-2.39)
RSUE	0.0001 (0.08)	-0.0011 (-1.23)	-0.0009 (-1.09)	-0.0010 (-1.60)
RCSR × RSUE	0.0002* (1.68)	0.0002** (2.16)	0.0002** (2.27)	0.0002** (2.32)
X	0.0024*** (3.40)	-0.0011* (-1.74)	-0.0001 (-0.19)	0.0026 (0.73)
X × RSUE	-0.0002 (-1.59)	0.0001 (0.12)	-0.0001 (-0.38)	-0.0001 (-0.24)
BM	-0.0003 (-1.18)	-0.0005 (-1.62)	-0.0003 (-1.05)	-0.0003 (-1.10)

续表

变量	方程（1）	方程（2）	方程（3）	方程（4）
$Size$	0.0019 *** (4.20)	0.0002 (0.63)	0.0007 *** (2.43)	0.0007 ** (2.36)
$Year$	控制	控制	控制	控制
R^2	0.0129	0.011	0.0067	0.0067
样本量	2120	2120	2120	2120

注：方程（1）至方程（4）中，X 依次分别为 $ILLIQ$、$TURN$、NUM 和 WKD，各变量定义如前文；（）内为 t 统计量，*、** 和 *** 分别表示在 10%、5% 和 1% 水平上显著。

社会责任表现越好的企业，年报披露滞后程度越低，及时性越好，而年报披露越及时的公司，越能够引起市场对年报内容的广泛关注，根据投资者关注理论，只有被投资者注意到的信息才会影响其交易行为，并最终反映在资产价格中，换言之，投资者需要利用盈余公告信息充当其投资决策的依据，导致股票在年报公告日的超常收益对盈余信息存在着更高的敏感度。表8-4的结果表明，企业社会责任水平越高，投资者对公司年报盈余信息的解读效率越高，上述结论支持研究假设 H2a。

8.4.4 稳健性检验

第一，分别以 M、C 和 T 三个零级指标代替模型（8.4）~模型（8.6）中的 CSR[①]，实证结果对应表8-5。当 M 指标作为公司社会责任的变量时，方程（1）和方程（2）中 CSR^{top} 和 $RCSR$ 的系数均在 10% 的水平上显著为负，方程（3）的 $RCSR \times RSUE$ 系数在 5% 的水平上显著为正，说明 M 值较高的公司，年报披露滞后程度较小，市场对盈余信息的反应更为敏感；当 C 指标作为公司社会责任的变量时，在方程（5）时，$RCSR$ 的系数不显著，但在方

---

① 由于 2009 年样本的 CSR 指标缺少子项目数据，因此本部分的回归分析仅以 2010~2013 年的观测值为研究样本。整体性指标（M）包括战略有效性、相关方参与性、内容平衡性、信息可比性、整体创新性、可信度与透明度；内容性指标（C）包括责任战略阐述、责任管理、经济责任绩效、环境责任绩效、社会责任绩效、绩效质量；技术性指标（T）包括报告政策、编写规范及表达的形式。该评级体系在 2012 年进行了升级，零级指标新增了行业性指标（I），此前 M 值、C 值、T 值所占的比重分别是 30%、50% 和 20%。由于 I 指标数据缺失较为严重，因此未对该指标做同样的检验。

程（4）中，CSR^{top}的系数在5%的水平上显著为负，在方程（6）中，$RCSR \times RSUE$的系数在5%的水平上显著为正；当T指标作为考察变量时，在方程（7）和方程（8）中，CSR^{top}和$RCSR$的系数均在1%的水平上显著为负，在方程（9）中，$RCSR \times RSUE$的系数虽然为正，但不再显著。结果表明，当采用零级指标作为企业社会责任的代理变量时，基本结论保持不变。

表8-5　　　　采用 CSR 零级指标时的回归结果

变量	CSR = M 方程（1）LAG	CSR = M 方程（2）LAG	CSR = M 方程（3）$CAR^{[0,1]}$	CSR = C 方程（4）LAG	CSR = C 方程（5）LAG	CSR = C 方程（6）$CAR^{[0,1]}$	CSR = T 方程（7）LAG	CSR = T 方程（8）LAG	CSR = T 方程（9）$CAR^{[0,1]}$
截距项	3.6903 *** (185.70)	3.7044 *** (172.77)	-0.0128 (-1.54)	3.6892 *** (185.70)	3.6999 *** (171.35)	-0.0141 * (-1.71)	3.6913 *** (185.88)	3.7342 *** (174.49)	-0.0160 * (-1.93)
CSR^{top}	-0.0328 * (-1.87)			-0.0369 ** (-2.13)			-0.0465 *** (-2.71)		
RCSR		-0.0032 * (-1.82)	-0.0013 ** (-2.02)		-0.0021 (-1.21)	-0.0015 ** (-2.31)		-0.0093 *** (-5.38)	-0.0009 (-1.48)
RSUE	-0.0077 *** (-4.19)	-0.0077 *** (-4.20)	-0.0010 (-1.18)	-0.0077 *** (-4.21)	-0.0078 *** (-4.21)	-0.0009 (-1.13)	-0.0078 *** (-4.23)	-0.0078 *** (-4.25)	-0.0005 (-0.57)
RCSR × RSUE			0.0002 ** (1.96)			0.0002 ** (1.96)			0.0001 (1.02)
CV/CVX	控制	控制	控制	控制	控制	控制	控制	控制	控制
Year	控制	控制	控制	控制	控制	控制	控制	控制	控制
R^2	0.0196	0.0195	0.0075	0.0201	0.0185	0.0081	0.0216	0.0329	0.0065
样本量	1857	1857	1857	1857	1857	1857	1857	1857	1857

注：在每个零级指标下，方程（1）、方程（2）对应模型（8.3）的回归结果，控制变量 CV 如前文所定义，方程（3）是模型（8.5）的回归结果，限于篇幅，这里仅公布 X 是 RNUM 以及 RNUM × RSUE 时的情形，当控制其他变量时，回归结果仍保持一致；（）内为 t 统计量，*、** 和 *** 分别表示在10%、5%和1%水平上显著。

第二，对回归模型的变量重新做了如下设计：首先，以本年度年报预约披露日期与上年度年报披露日期间隔天数定义年报披露滞后时间 LAG_fct，盈余公告产生的价格反应以购买持有超额收益（BHAR）衡量，计算方法参照公式（2.13）。与前文类似，年报产生的短期价格反应以 $BHAR^{[0,1]}$ 衡量，研究假设 H1 和研究假设 H2 的检验结果对应表 8-6 的方程（1）至方程（3）。其次，标准化意外盈余采用公司每股盈余与分析师预测中值之差来衡量，记为 SUE_AF，计算方法参照公式（2.11）。

表 8-6　　　　　　　　　　变量稳健性检验

变量	方程（1）LAG_fct	方程（2）LAG_fct	方程（3）$BHAR^{[0,1]}$	方程（4）LAG_fct	方程（5）LAG_fct	方程（6）$BHAR^{[0,1]}$
截距项	3.6823*** (182.06)	3.6956*** (173.71)	-0.0002 (-0.04)	3.6675*** (166.33)	3.6847*** (160.31)	0.0053 (0.97)
CSR^{top}	-0.0376** (-2.40)			-0.0346** (-2.13)		
RCSR		-0.0027* (-1.67)	-0.0013** (-2.24)		-0.0036** (-2.16)	-0.0014** (-2.30)
RSUE	-0.0083*** (-4.74)	-0.0084*** (-4.77)	-0.001 (-1.30)	-0.0016 (-0.82)	-0.0017 (-0.90)	-0.0013 (-1.55)
RCSR×RSUE			0.0002** (2.19)			0.0002** (2.30)
CV/CVX	控制	控制	控制	控制	控制	控制
Year	控制	控制	控制	控制	控制	控制
R^2	0.0197	0.0183	0.0082	0.0100	0.0100	0.0068
样本量	2120	2120	2120	2010	2010	2010

注：方程（1）、方程（2）、方程（4）、方程（5）是模型（8.3）的回归结果，控制变量 CV 如前文所定义，方程（3）、方程（6）是模型（8.5）的回归结果，限于篇幅，这里仅公布 X 是 RNUM 以及 RNUM×RSUE 时的情形，当控制其他变量时，回归结果仍保持一致；（）内为 t 统计量，*、** 和 *** 分别表示在 10%、5% 和 1% 水平上显著。

与前文的处理方法相似，回归分析以样本按 SUE_AF 十等分所属组别序数值作为自变量进入方程。研究假设 *H*1 和研究假设 *H*2 的检验结果对应表 8-6 的方程（4）至方程（6）。我们发现，CSR^{top} 和 RCSR 的系数分别在 5% 和 10% 的水平上显著为负，RCSR×RSUE 系数在 5% 的水平上显著为正,这些结果表明,上文公布的实证结论是稳健的。

8.5 结　　语

本章以润灵环球责任评级(RKS)发布的上市公司企业社会责任评级报告为基础,考察企业社会责任对年报披露及时性进而对信息解读效率的影响。结果表明,企业社会责任对信息披露及时性存在正向影响,社会责任表现越好的公司,年报公布滞后程度越小,CSR 表现最好的公司比 CSR 表现最差的公司,年报披露时间提前 5~6 天;社会责任表现越好的企业,年报披露引起的价格反应对意外盈余的敏感程度越强,投资者对盈余信息的解读效率越高。这些结果说明,企业社会责任有助于减轻年报披露的滞后程度,投资者更容易关注及时披露的年报,促使相关信息以更快的速度反应在股票价格中,有利于价格发现功能的实现。

自深交所和上交所分别在 2006 年和 2008 年对上市公司社会责任执行情况进行规范和指导以来,越来越多的公司致力于更好地履行社会责任,树立良好的企业形象,赢得社会的信任与支持,形成企业核心竞争优势。从本章的研究来看,具有社会责任意识的企业会严格遵循商业伦理道德,及时履行信息披露义务,说明监管层推进的企业社会责任建设取得了良好的效果,但我们也应该看到,目前 A 股上市公司中,定期披露社会责任报告的企业占比还不到 30%,部分企业对如何全面履行经济、社会、环境、员工等方面的责任,以及如何翔实披露社会责任信息等问题的认识还不够清晰。

针对上述情况,我们从社会责任履行和信息披露两个角度提出如下建议。就社会责任信息披露而言,首先,要提高报告信息含量。作为非财务信息,社会责任评价指标的选择主观性较大,定性指标较多,这导致利益相关方使用信息时缺乏参照性。因此,企业应尽量披露关键定量指标,以提升报告的信息含量。其次,要提高报告质量。非财务信息的选择随意性较强,在报告编制过程中,上市公司宜采用国际通用准则,如全球报告倡议组织(GRI)G4 标准,或国际标准化组织 ISO26000 标准,并引入第三方鉴证,以提高报告的公信力。第三,要立足行业披露社会责任信息。不同行业面临不同的社会责任议题,上市公司在信息披露过程中,应从所处行业出发,有针对性地披露与自身相关的社会责任特征信息。

在社会责任履行方面，第一，上市公司应当做到提高社会责任意识，树立社会责任理念。第二，要完善社会责任认知。部分企业对社会责任的认知局限且狭隘，未能意识到社会责任拥有经济、社会、环境和员工等广泛内涵。上市公司应深化认知，做到全方位履行社会责任。第三，提高社会责任管理水平。基于企业社会责任的商业伦理观，企业的社会责任实践往往先行于社会责任管理，提高责任管理水平，有助于企业全面完善地履行社会责任。总之，企业履行社会责任的表现如何，不仅体现为企业为社会承担了什么责任，更为重要的是，企业要通过信息披露的方式接受各利益相关方的广泛监督。因此，继续完善上市公司社会责任建设依然任重道远。

第 9 章
企业社会责任、盈余公告择机与信息效率[*]

9.1 引　　言

伴随着经济的高速发展，企业在追逐经济利益的同时也引发了产品质量与安全、环境污染等一系列社会问题，这使得企业社会责任成为各界关注的焦点。与此同时，受监管部门的推动，中国企业在履行社会责任方面取得了较大的发展，越来越多的上市公司披露社会责任报告，并积极投身社会公益事业，但这些行为也饱受争议，一些企业通过社会责任活动树立了良好的企业形象后，却陷入"血汗工厂""质量门"等负面新闻，媒体纷纷指责管理层是借社会责任之名，行破坏之实。那么，一个很自然的问题是，当生产经营出现问题时，社会责任是督促企业以积极的姿态应对危机，还是怂恿企业投机钻营以减少负面影响？

要回答上述问题，首先应明确企业履行社会责任的动机，理论界对此有两种观点：一是商业伦理观，承担社会责任是企业遵循商业道德伦理的具体体现，企业基于信托和合作开展商业活动，必定会遵循伦理责任提出的要求（Jones，1995）；二是委托代理观，经理人可能是出于私利动机而承担社会责任，目的在于掩饰企业的不端行为，社会责任行为只是委托代理问题的一个

---

[*] 本章的部分内容发表在：王磊，季思颖，黎文靖. 企业社会责任、盈余公告择机与信息效率 [J]. 山西财经大学学报，2017，39（4）：99–111。

简单反映（Tirole，2001）。由此可以预见，不同的社会责任动机决定了企业在应对危机时会采取截然不同的措施。

已有的文献从盈余管理等角度对企业社会责任动机进行了考察，取得了丰富成果，但并未形成一致的结论（朱敏等，2014；黄艺翔和姚铮，2015）。与这些文献的研究视角不同，本章拟考察当经营业绩出现下滑时，企业社会责任对年报披露时机选择的影响以及产生的经济后果。选择以年报披露时机作为研究切入点，主要是考虑到信息披露是企业履行社会责任的重要形式和载体，企业是否出于道德准则履行社会责任的重要表现之一就在于能否为利益相关者提供及时、可靠的财务信息。

不同社会责任表现的企业在年报披露时机选择上存在什么差异？均衡有效地公布财务信息是企业履行社会责任的内在要求，还是企业借履行社会责任企图掩盖不端行为？如果企业是出于商业道德履行社会责任，那么即便拟公布的财务报告是坏消息，上市公司也会选择均衡规范的披露方式；但如果企业履行社会责任存在机会主义动机，比如企业在社会责任实践上的良好表现，目的只是为了购买声誉保险用以"装饰门面"，当企业经营业绩下滑时，管理层出于维护自身声誉和利益的考虑，可能会采取择机披露策略，以分散投资者对年报的关注度，减少坏消息对企业造成的不良影响。

基于上述分析，本章考察当上市公司年报出现负向意外盈余时，即本年度的每股收益低于上一年度，不同社会责任表现的企业在年报披露时机上所表现出来的差异及产生的经济后果。首先，考察企业社会责任对年报择机披露概率的影响，发现企业社会责任对年报披露时机的影响方向和程度因盈余信息属性而异；当企业拟披露的年报是坏消息时，社会责任表现越好的企业，越是倾向于选择在周五披露年报，或采取与其他众多公司同一天披露的策略；随着意外盈余提高接近于 0，即当年报消息性质趋于中性时，企业社会责任有助于降低年报择机披露的概率，但边际效应有限。

上述信息披露择机行为会产生什么经济后果？以坏消息年报为样本，考察企业社会责任对年报公告市场反应以及股价信息效率的影响，结果表明，企业社会责任表现越好，股票在年报披露期间的交易量越小，因为这些企业或在周末披露年报，或采取集中披露策略，分散了投资者对上市公司的关注度；由于市场对上市公司关注不足，公司特质信息未能通过投资者交易融入资产定价过程中，股价波动表现出较强的同步性，即跟随大盘同涨共跌现象明显，反映出股价具有较低的信息含量和定价效率。

论文的探索性表现以下两个方面：第一，在研究基础上，本章根据投资者关注状态定义盈余公告时机选择行为，因此，本章可视为企业社会责任理论与投资者有限关注理论的交叉研究；第二，在研究内容上，已有文献表明，管理层使用社会责任作为隐瞒坏消息的工具（权小锋等，2015），本章在此基础上进一步探讨管理层干扰坏消息发布的渠道和方法。

9.2 文献评述与研究假设

信息披露是上市公司履行社会责任的重要表现，会计信息披露应当满足及时性和均衡性要求，但在现实中，上市公司在年报披露过程中并不总是遵循上述原则。大量公司选择在4月份的某几天甚至同一天公布年报，造成"前松后紧"的挤末班车现象，年报披露存在明显的"周历偏好"（李筱强，2003；唐跃军和薛红志，2005；周嘉南和黄登仕，2011）。理论界对年报披露不规范现象的关注由来已久，尤其是最近兴起的投资者有限关注理论研究发现，注意力是一种稀缺的认知资源（Kahneman，1973）。当大量的信息在同一时间段进入市场时，受到有限注意的制约，投资者没有能力对所有信息进行处理和解读，因此，当上市公司选择在周五或者与其他众多公司同时披露财务报告时，投资者对盈余信息的注意力就容易被分散（Dellavigna & Pollet，2009；Hirshleifer et al.，2009）。

如果公告时机能够影响投资者对信息的关注程度，上市公司管理层就可能存在盈余公告择机行为，相关研究证实了上述观点。权小锋和吴世农（2010）发现，基于投资者关注状态的差异，我国上市公司管理层盈余公告存在择机和非对称的时间偏好，管理层倾向在投资者关注比较高的时候公布好消息，而在投资者关注比较低的时候公布坏消息。周嘉南和黄登仕（2011）的研究表明，上市公司选择在众多年报同时公布的日期披露坏消息，可以减少投资者对财务报告的过度关注，避免股价大幅度下降，说明上市公司存在通过分散投资者注意力，以最优化投资者对年报盈余信息反应的机会主义行为。饶育蕾等（2012）也发现，业绩较差的公司倾向于在周末或选择与其他众多公司同一天披露年报，说明上市公司存在利用投资者注意力的有限性，择时披露年报以缓解坏消息产生的市场影响。

综合上述研究发现，上市公司管理层会选择在投资者对市场关注不足时披露坏消息，本章在此基础之上进一步考察盈余公告择机行为是否受企业社会责任表现的影响。如前所述，如果企业履行社会责任是遵守商业伦理的内在要求，那么即便拟披露的年报是坏消息，管理层也会规范地进行信息披露；但如果企业社会责任只是委托代理问题的表现，当企业陷入危机时，社会责任表现好的公司经理人出于维护私人利益的考虑，根据投资者关注状态差异进行盈余公告择机，选择在投资者关注不足时披露年报。因此，本章就企业社会责任与年报择机披露提出了如下竞争性研究假设：

H1a：社会责任表现越好的企业，选择在投资者关注不足时披露坏消息的可能性越小，符合企业社会责任的商业伦理观点。

H1b：社会责任表现越好的企业，选择在投资者关注不足时披露坏消息的可能性越大，符合企业社会责任的委托代理观点。

上市公司盈余公告择机行为会产生什么经济影响？饶育蕾等（2012）认为，上市公司盈余公告披露时机选择可以从以下三个方面影响投资者注意力分配：第一，影响个人投资者自愿性关注；第二，影响专业分析师的关注度，分析师会因为周末关注其他事情而减少发布研究报告和推荐股票；第三，影响媒体关注，在信息披露密集期，众多上市公司在同一个时间段内披露年报，媒体对每家公司年报的分析和评论报道会下降。上述三种渠道会直接或间接地影响投资者分配注意力，投资者对上市公司的关注程度最终会体现在股票交易量上，投资者注意力越分散（集中），股票交易量就越低（高）（Barber & Odean，2008）。

其次，注意力分配能够影响投资者对盈余信息的解读能力。研究表明，外界的干扰事件，如竞争性信息披露或者即将来临的周末等，降低投资者对特定公司盈余公告的关注程度，股票在盈余公告期间的价格反应对盈余信息的敏感性下降，随着投资者在后续阶段对公司盈余信息的关注程度逐渐提高，盈余公告后价格漂移对盈余信息的敏感性增强（Dellavigna & Pollet，2009；Hirshleifer et al.，2009）。由此可以看出，当投资者对上市公司关注不足时，相关的信息未能通过交易行为反映到资产价格中，表现为投资者对信息解读能力下降，影响股票定价效率；反之，如果上市公司受到高度关注，那么投资者对信息解读能力增强，股价表现出更高的信息效率。根据企业履

行社会责任的不同动机对投资者关注程度的影响,本章就企业社会责任与股价信息效率提出第二个竞争性研究假设:

H2a:社会责任表现越好的企业,在年报披露期间的交易量越大,股价信息效率越高。

H2b:社会责任表现越好的企业,在年报披露期间的交易量越小,股价信息效率越低。

9.3 研究设计

9.3.1 样本与数据来源

本章以2009~2013年发布社会责任报告且意外盈余为负的A股上市公司为样本。我们根据公式(8.1)计算标准化意外盈余 SUE,将 SUE 小于0的公司年报作为研究对象,将各年度样本按照 SUE 进行十等分,以样本所属组别的序数值(RSUE)进入回归方程,当样本的 SUE 属于最低组时,RSUE=1,当样本的 SUE 属于最高组时,RSUE=10,其他公司的 RSUE 取值以此类推。由于我们的研究对象是意外盈余为负的样本,所以随着 RSUE 由1增加到10,盈余信息的属性由坏消息逐渐趋于中性,下文将 SUE 最低的三组样本定义为坏消息年报。

为了确保样本的有效性,我们剔除以下三类样本:第一,金融类上市企业,包括商业银行、证券公司和保险公司等;第二,本年度年报公布日在次年4月30日以后的样本;第三,变量数据缺失的样本。筛选后得到1125个公司–年度观测值。公司财务数据和股票市场交易数据来源于国泰安数据库(CSMAR),机构投资者对股票的持股比例数据来源于万得财经数据库(Wind)。按照事件研究法,下文涉及日期指标时,以 $d=0$ 表示盈余公告当日,$d<0$($d>0$)表示盈余公告前(后)第 d 个交易日。

沿袭上一章的做法,企业社会责任指标(CSR)源于润灵环球责任评级RKS发布上市公司企业社会责任评级报告数据库。与 RSUE 的构建方法类似,将每年度的样本按照 CSR 评分由低到高十等分,样本所属组别的序数值为

RCSR，当公司的 *CSR* 分值属于最低（高）组时，*RCSR* = 1（*RCSR* = 10），其他公司的 *RCSR* 取值以此类推。

9.3.2 模型设计和变量定义

假设 H1 的检验采用 Logistic 回归模型，考虑到不同社会责任表现企业在选择年报披露策略时，可能受到盈余信息的影响，因此，我们在自变量中加入企业社会责任指标与意外盈余的交互项，具体设计如下：

$$\Pr(AT=1) = \alpha_0 + \alpha_1 RCSR_{i,t} + \alpha_2 RSUE_{i,t} + \alpha_3 RCSR_{i,t} \times RSUE_{i,t} + \sum_{i=1}^{n} \gamma_i CV_{i,t} + \varepsilon_{i,t} \quad (9.1)$$

借鉴饶育蕾等（2012），*AT* 为表示年报择机披露的二值变量，当公司年报在周五披露，或公司采取集中披露策略时，*AT* 取值为 1，否则为 0。其中，集中披露策略界定如下：首先在每个年度年报披露时间段内，计算同一天公布年报的公司数量（*NUM*），接着将样本按照该指标由低到高进行五等分，若公司年报披露当日同时公布年报的公司数目属于最高组别，即界定为集中公告。相关研究表明，当上市公司采取上述方式披露年报时，投资者的注意力往往被分散，对盈余信息表现出关注不足（谭伟强，2008；史永东等，2011）。*RCSR* 为企业社会责任指标，*RCSR* × *RSUE* 为交互项，用以控制社会责任变量对不同盈余信息属性公司年报公告时机的影响。

控制变量（*CV*）的设计从三个方面展开，变量所属年份与因变量相同，具体阐述如下：第一，基本面指标，*ROE* 为公司的净资产利润率，*LEV* 为公司的资产负债率，*LOSS* 是反映公司是否亏损的哑变量，如果年报亏损，则取值为 1，否则为 0；第二，公司治理指标，*SHRZ* 为股权结构的 *Z* 指数，以公司第一大股东与第二大股东持股比例的比值来衡量，*BDM* 是董事会规模变量，以董事人数来衡量，*ADT* 是审计师变量，如果公司聘请国际四大会计师事务所作为审计师，变量取值为 1，否则为 0；第三，其他指标，年报披露的滞后程度 *LAG*，以年报披露日期距离会计截止日期天数/30 来表示，账面市值比 *BM* 和企业规模 *SIZE*，其中企业规模以年末总资产（千亿元为单位）来衡量，账面市值比按年末所有者权益账面价值与总市值比值计算而得。此外，模型还控制了年份效应。

为检验不同社会责任水平公司盈余公告择机行为对投资者注意力的影响，本章构建如下回归模型：

$$ABV_{i,t}^{[h,H]} = \alpha_0 + \alpha_1 RCSR_{i,t} + \sum_{k=1}^{n} \gamma_k CVX_{k,i,t} + \varepsilon_{i,t} \qquad (9.2)$$

股票交易量可以反映投资者对上市公司的关注程度，股票在年报公告期间的异常交易量以窗口期 $[h, H]$ 相对于基准期 $[h-20, h-11]$ 平均交易量的增长率来表示：

$$ABV_{i,t}^{[h,H]} = \frac{1}{(H-h+1)} \sum_{d=h}^{H} \ln(V_{i,d}) - \frac{1}{10} \sum_{d=h-20}^{h-11} \ln(V_{i,d}) \qquad (9.3)$$

其中，$\ln(V_{i,d})$ 表示股票 i 在 d 交易日成交量的自然对数值。为了考察年报披露择机行为对投资者在短期和长期注意力分配的影响，事件窗口分别取 $[0, 1]$ 和 $[0, 30]$，对应的因变量分别为 $ABV^{[0,1]}$ 和 $ABV^{[0,30]}$。如果社会责任表现越好的企业，倾向选择在投资者关注不足状态下披露年报，那么公司股票在年报公告期间的交易量萎缩，此时 $RCSR$ 的系数应显著小于 0。

参考赫什利弗等（Hirshleifer et al., 2009）的研究，模型控制变量（CVX）包括：盈余波动性 EV，以本年及以往年度共 5 期每股盈余的标准差来衡量；企业是否亏损 $LOSS$，设计同上文；换手率 TO，以 $[-30, -1]$ 区间的股票换手率来衡量；以往市场表现 $CAR^{[-30,-1]}$，以经流通市值加权平均的市场收益率为基准，采用市场调整法计算异常收益，并在 $[-30, -1]$ 区间上进行加总，形成股票年报公告前的累计超额收益；机构投资者持股比例 INS，账面市值比 BM 和企业规模 $SIZE$。模型控制了年份效应，对回归系数标准误在行业层面上进行聚类效应（clustering）处理。

公司管理层选择在不同投资者关注状态下披露年报，择机行为可进一步影响到股价的信息含量，本章为此构建了如下模型：

$$SYN_{i,t} = \alpha_0 + \alpha_1 RCSR_{i,t} + \sum_{k=1}^{n} \gamma_k CVY_{k,i,t} + \varepsilon_{i,t} \qquad (9.4)$$

本章采用股价波动同步性作为信息效率的衡量指标，较高的股价波动同步性意味着较少的公司特质信息纳入资产定价过程中，反映出股价具有较低的信息含量。根据罗尔（Roll, 1988），本章以资本资产定价模型的拟合优度（R^2）来度量股价波动同步性：

$$R_{i,d} = \beta_0 + \beta_1 R_{m,d} + \varepsilon_{i,d} \qquad (9.5)$$

其中，$R_{i,d}$是股票i在d交易日的收益，$R_{m,d}$是d交易日经流通市值加权平均市场收益率，我们在［0，30］区间上对模型（9.5）进行估计，根据计量经济学理论，R^2反映股价波动中能被市场解释的部分，该指标值越大，意味着个股股价与市场同涨共跌的现象越严重，股价波动同步性越高。为了使变量分布趋于正态化，对R^2做了对数化转换：

$$SYN_{i,t} = \ln\left(\frac{R^2}{1 - R^2}\right) \qquad (9.6)$$

参考费尔南德斯和费雷拉（Fernandes & Ferreira，2008）等文献，模型（9.4）的控制变量（CVY）包括：净资产利润率ROE、资产负债率LEV、换手率TO、股票累计超常收益$CAR^{[-30,-1]}$、审计师变量ADT、账面市值比BM和企业规模$SIZE$，变量设计承袭上文。模型控制了年份效应，对回归系数标准误在行业层面上进行聚类效应（clustering）处理。

9.4 实证检验与分析

9.4.1 描述性统计

本章对具有异常值的连续变量进行了上下各1%的缩尾调整。变量的描述性统计见表9-1。CSR的样本均值约为34，最小值仅为17.12，但最大值高达70.46，说明样本公司的社会责任表现有较大的差异；NUM的均值约为66，表明在规定的年报披露区间内，平均有66家公司在同一天披露年报，NUM的最大值高达146，反映出年报公布集中程度较高；FRI的均值表明样本中有34%的公司选择在周五披露年报；$ABV^{[0,1]}$的均值为0.1506，显著大于0，股票在盈余公告期间表现出异常高的交易量，说明上市公司年报披露能够引起投资者关注；SYN均值为-0.6271，由此可推导出R^2约为0.35，即股价总体波动性中有35%可以由市场来解释，公司个体层面信息导致的波动率约占65%。

表 9-1 主要变量描述性统计

变量	均值	中值	标准差	最小值	最大值
CSR	34.1750	31.4600	11.4290	17.1200	70.4600
NUM	65.7787	58.0000	38.1695	4.0000	146.0000
FRI	0.3449	0.0000	0.4755	0.0000	1.0000
$ABV^{[0,1]}$	0.1506	0.0896	0.7125	-1.2718	2.0673
SYN	-0.6271	-0.4963	1.1006	-4.2882	1.3817
SUE	-0.0294	-0.0165	0.0360	-0.2065	-0.0004
LEV	0.4921	0.5152	0.1994	0.0479	0.8567
ROE	0.0775	0.0785	0.1014	-0.3581	0.3469
LOSS	0.0862	0.0000	0.2808	0.0000	1.0000
SHRZ	16.4903	5.6841	26.6551	1.0152	169.2941
BDM	9.5067	9.0000	1.9484	5.0000	15.0000
INS	0.4433	0.4396	0.2311	0.0094	0.9112
EV	0.2695	0.1971	0.2520	0.0212	1.4170
ADT	0.1360	0.0000	0.3429	0.0000	1.0000
TO	2.0545	1.4345	1.8616	0.0999	9.7303
$CAR^{[-30,-1]}$	0.0124	0.0024	0.0947	-0.1977	0.2926
LAG	3.0438	2.9667	0.6095	1.2333	3.9667
BM	0.5616	0.4802	0.3502	0.0884	1.8695
SIZE	0.2183	0.0630	0.4680	0.0046	3.3203

SUE 的均值为 -0.0294，最大值接近 0，是因为本章选取意外盈余为负的年报为样本；在控制变量方面，ROE 均值为 0.07，说明样本公司平均意义上是盈利的，LOSS 的均值表明不到 9% 的样本公司存在亏损，SHRZ 的均值表明第一大股东持股比例是第二大股东的 16.5 倍，INS 的均值为 0.44，说明公司股票有 44% 的流通股份是被机构投资者持有，ADT 的均值表明样本中有将近 14% 的公司年报经过国际四大会计师事务所审计，LAG 的均值显示年报滞后会计截止日期的时间为 3 个月。

9.4.2 实证检验与分析

1. 企业社会责任与年报择机披露

本章利用模型（9.1）考察企业社会责任对年报择机披露概率的影响，结果见表9-2，方程（1）未考虑控制变量，方程（2）至方程（4）对应模型依次加入基本面、公司治理和其他控制变量的结果，我们发现，在四个回归方程中，$RCSR$的系数显著为正，$RCSR \times RSUE$的系数均显著为负，意味着企业社会责任对年报择机披露概率的影响方向，在不同盈余信息属性样本中存在着差异。根据变量系数值，当意外盈余水平较低时，$RCSR$的系数为正，社会责任表现对年报择机披露的概率存在正向影响；随着意外盈余水平提高并接近0时，$RCSR$的系数为负，社会责任表现对年报择机披露概率存在负向影响。

表9-2 企业社会责任与年报择机披露概率

变量	方程（1）	方程（2）	方程（3）	方程（4）
截距项	-2.1505 *** (-3.45)	-2.3605 *** (-3.51)	-2.1939 *** (-3.02)	-3.2921 *** (-4.28)
$RSUE$	0.0874 * (1.66)	0.1002 * (1.87)	0.0977 * (1.84)	0.0899 * (1.69)
$RCSR$	0.1480 *** (2.84)	0.1514 *** (2.89)	0.1411 *** (2.69)	0.1318 ** (2.49)
$RCSR \times RSUE$	-0.0206 ** (-2.46)	-0.0214 ** (-2.54)	-0.0223 *** (-2.64)	-0.0198 ** (-2.34)
LEV		0.0649 (0.16)		
ROE		0.8725 (0.94)		
$LOSS$		0.5605 * (1.76)		
$SHRZ$			-0.0017 (-0.65)	

续表

变量	方程（1）	方程（2）	方程（3）	方程（4）
BDM			0.0004 (0.01)	
ADT			0.7358*** (3.57)	
LAG				0.3021*** (2.60)
BM				0.1246 (0.46)
SIZE				0.4609** (2.20)
Year	控制	控制	控制	控制
Max-rescaled R^2	0.1008	0.1045	0.1163	0.117
LR	85.30	88.52	99.04	99.63
样本量	1125	1125	1125	1125

注：( ) 内为 z 值；*、** 和 *** 分别表示在 10%、5% 和 1% 水平上显著。

在控制变量方面，资产负债率、净资产利润率、是否亏损等公司基本面指标对年报择机披露概率不存在影响；在公司治理变量中，Z 指数和董事会规模指标对年报择机披露概率不存在影响，审计师虚拟变量 ADT 的系数在 1% 的水平上显著为正，原因在于聘请国际四大会计师事务所审计的公司往往更注重自身声誉，如果年报是坏消息，公司管理层倾向于在投资者关注不足时披露年报；对于其他的控制变量，LAG 的系数在 1% 的水平上显著为正，年报披露越滞后，择机披露的可能性也越高，SIZE 的系数在 5% 的水平上显著为正，规模较大的企业更有可能进行年报择机披露。

具体考察企业社会责任在不同 SUE 水平样本中对年报择机披露概率的影响程度。以方程（2）为例，当 RSUE = 1 时，RCSR 的系数为 0.13（0.1514 - 0.0214×1 = 0.13），年报择机披露概率随着社会责任分值的提高而呈现出递增的趋势；当 RCSR = 1 时，公司择机披露的概率为 10%，当 RCSR = 10 时，择机披露的概率值上升至 26%，后者是前者的 2 倍多。同理，当 RSUE = 2 时，RCSR 的系数为 0.1086，随着 RCSR 由 1 增加到 10，年报择机披露的概率由 9.5%

增至22%；当 $RSUE=3$ 时，$RCSR$ 的系数为0.0872，随着 $RCSR$ 由1增加到10，年报择机披露的概率由9%增至18%。

随着 $RSUE$ 逐步增加，CSR 对年报择机披露概率的影响虽然为正，但程度逐渐减小。当 $RSUE=7$ 时，$RCSR$ 的系数仅为0.0016，在此情形下，$RCSR$ 由1增长到10，年报集中披露概率从8.6%增加至8.8%，增幅仅为0.2%，几乎可以忽略不计。当 $RSUE$ 超过7时，企业社会责任对年报择机披露概率的影响由正向转为负向。$RSUE=8$ 时，$RCSR$ 的系数为 -0.0198（$0.1514 - 0.0214 \times 8 = -0.0198$），当 $RCSR=1$ 时，公司年报择机披露的可能性为8.5%，当 $RCSR=10$ 时，年报择机披露的概率值下降至7.2%。当 $RSUE=10$ 时，$RCSR$ 的系数为 -0.0626，随着 $RCSR$ 由1增长到10，年报择机披露的概率由8%下降至5%。

下文根据 CSR 对年报择机披露概率的影响方向和程度将样本分为三种情形（如图9-1所示）：当 $1 \leqslant RSUE \leqslant 3$ 时，CSR 对年报择机披露概率的影响为正，$RCSR$ 由1增长到10，年报择机披露概率从9.5%增加至22%，$RCSR$ 每增加1个单位，择机披露概率增加1.25%；当 $4 \leqslant RSUE \leqslant 7$ 时，CSR 对年报择机披露概率的影响为正，$RCSR$ 由1增长到10，年报择机披

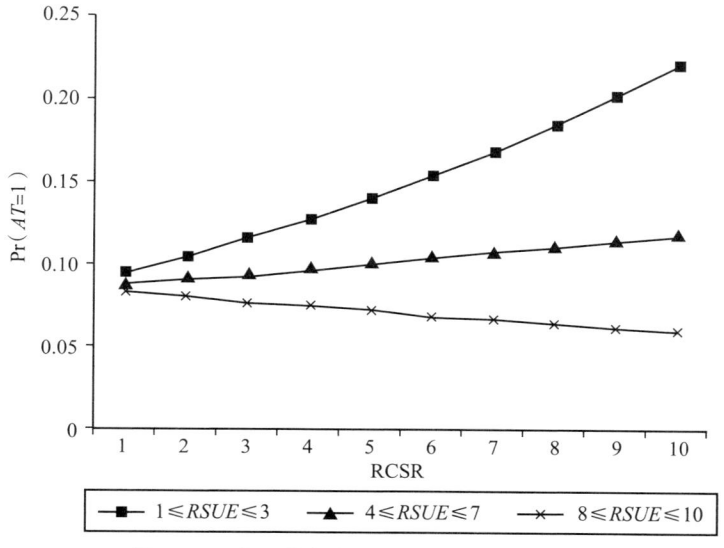

图9-1 企业社会责任与年报择机披露概率

露概率从9%增加至12%，RCSR每增加1个单位，择机披露概率仅增加0.3%；当 $8 \leqslant \text{RSUE} \leqslant 10$ 时，CSR对年报择机披露概率的影响为负，RCSR由1增长到10，年报择机披露概率从8%下降至6%，RCSR每增加1个单位，择机披露概率下降0.2%。

由此可以看出，在第一种情形下，当年报是坏消息时，CSR对择机披露概率的正向影响在统计学和经济学意义上均显著；随着SUE提升，在第二种情形下，CSR对择机披露概率的影响虽然为正，但程度上表现出大幅度的减少；随着SUE不断提高并接近0，在第三种情形下，年报择机披露的概率随着社会责任分值的提高而呈现出递减的趋势，但系数值较小，就实际运用来看，影响的总效应和边际效应都非常有限。

造成上述现象的原因在于：当盈余信息趋于中性（SUE接近0），公司本年度的每股收益基本上与上一年度持平，虽然企业社会责任对年报集中公布概率存在负向作用，但影响力度非常有限；但如果上市公司拟披露的年报是坏消息（$1 \leqslant \text{RSUE} \leqslant 3$），即本年度的每股收益远远低于上一年度，社会责任表现好的企业，往往采取择机披露年报的策略，因为管理层寄希望于这种择机行为能分散投资者对上市公司年报的关注度，减少坏消息（经营业绩出现大幅下滑）对自身声誉造成的负面影响，反映出企业履行社会责任存在私利动机。因此，当年报是坏消息时，社会责任越好的公司，越有可能进行择机公告，表现为企业社会责任与年报择机披露概率之间呈正向关系。上述结果验证了研究假设H1b。

2. 交易量反应

从上文的结果来看，企业社会责任能够影响年报择机披露的可能性，根据投资者有限关注理论，上市公司选择在周五披露年报，或采取集中披露策略，投资者的注意力就容易被分散。基于上述分析，我们可以做如下推断：企业社会责任通过影响年报择机披露的概率，进而对上市公司在盈余公告期间的交易量产生影响。由于上述传导机制受到盈余信息属性的影响，由上一节的分析，我们对样本进行分组，对于研究区间内的每一个年度，首先将样本按照SUE由低到高分为三组，$1 \leqslant \text{RSUE} \leqslant 3$、$4 \leqslant \text{RSUE} \leqslant 7$ 和 $8 \leqslant \text{RSUE} \leqslant 10$，反映盈余公告由坏消息逐渐转为中性；接着以各组合观测值为样本，根据模型（9.2）进行实证分析，考察企业社会责任指标在不同盈余信息样本中对股票在年报披露期间异常交易量的影响，表9-3 对应因变量为 $ABV^{[0,1]}$ 时模型（9.2）的回归结果。

表9-3　　　　　　　　　　企业社会责任与交易量

变量	方程（1） $1 \leqslant RSUE \leqslant 3$	方程（2） $4 \leqslant RSUE \leqslant 7$	方程（3） $8 \leqslant RSUE \leqslant 10$
截距项	0.2118 (0.84)	0.1587 (0.90)	0.2575 (1.42)
RCSR	-0.0377*** (-2.76)	-0.0094 (-0.79)	0.0050 (0.32)
EV	0.0715 (0.55)	-0.0486 (-0.41)	0.1302 (0.62)
LOSS	-0.1493 (-1.24)	0.0819 (0.63)	-0.3008 (-0.93)
TO	-0.0239 (-0.60)	-0.1016*** (-5.61)	-0.0738*** (-3.41)
$CAR^{[-30,-1]}$	1.6931*** (3.16)	0.8910*** (2.73)	1.2609*** (2.72)
INS	-0.0539 (-0.24)	0.0014 (0.01)	-0.1135 (-0.59)
BM	0.0877 (0.66)	0.0170 (0.16)	-0.0357 (-0.24)
SIZE	-0.0936 (-1.23)	-0.0985* (-1.73)	0.0050 (0.07)
Year	控制	控制	控制
R^2	0.1257	0.1089	0.0466
样本量	337	451	337

注：()内为 t 值；*、** 和 *** 分别表示在 10%、5% 和 1% 水平上显著。

方程（1）对应 SUE 最低三组样本的实证结果，发现 RCSR 的系数为 -0.0377，t 检验显示在 1% 的水平上显著，意味着 RCSR 每增加 1 个单位，股票在年报披露期间的异常交易量就下降 3.77%；当样本为 SUE 居中三组时，在方程（2）中，RCSR 的系数虽然为负，但未通过显著性检验；当样本取 SUE 最高的三组时，RCSR 的系数为正，但并不显著。联系上一节的实证结果，当公司年报是坏消息（$1 \leqslant RSUE \leqslant 3$）时，社会责任表现越好的企业，年报择机披露的概率越高，投资者的注意力越容易被分散，导致股票在年报披露期间的交易量萎缩；随着公司意外盈余提高（$4 \leqslant RSUE \leqslant 7$），虽然企业社会责任对年报择机披露概率仍存在负向影响，但程度有限，因此 RCSR 的系数虽然为负，但并不显著；当公司意外盈余接近 0 时（$8 \leqslant RSUE \leqslant 10$），企业社会责任对年报择机披露概率的影响由负转正，但如前所述，其产生的边际影响比较微弱，此时 RCSR 也不显著。

此外，当模型（9.2）的因变量取 $ABV^{[0,30]}$ 时，实证结果与表 9-3 保持一致，特别是当 $1 \leqslant RSUE \leqslant 3$ 时，RCSR 的系数为 -0.0416，t 值为 -3.30，说明高 CSR 分值企业盈余公告择机行为对投资者注意力的影响可持续至年报公告后的一段时间，这与已有的研究结论相吻合，施荣盛和陈工孟（2012）发现，盈余公告能引起个人投资者关注，这种现象一直持续至公告后第 30 个交易日。[①]

表 9-3 的结果说明，当公司拟披露的年报是坏消息时，社会责任表现良好的企业倾向于在周五进行公告，或采取集中披露策略，在这些情形下，投资者对公司年报表现出关注不足，导致成交量萎缩。在此基础之上，我们进一步考察年报择机行为对股票定价效率的影响。如果投资者因注意力被分散而未能充分关注上市公司年报，那么相关的意见和私人信息也无法通过交易行为反映到股票价格中，从而降低了股票定价效率和信息含量。下文根据模型（9.4）对上述理论假设给予检验，回归结果见表 9-4。

表 9-4　　　　　　　　企业社会责任与信息效率

变量	方程（1） $1 \leqslant RSUE \leqslant 3$	方程（2） $4 \leqslant RSUE \leqslant 7$	方程（3） $8 \leqslant RSUE \leqslant 10$
截距项	-0.9308*** (-3.31)	-1.5510*** (-9.50)	-1.2505*** (-4.57)
RCSR	0.0592** (2.42)	0.0351** (1.67)	-0.0090 (-0.38)

---

① 高 CSR 分值企业年报披露择机行为对投资者注意力的影响可延续至公告后第 30 个交易日，因此，我们以 [0, 30] 区间上股价波动同步性作为模型（9.4）的因变量，考察年报披露择机和投资者注意力分配对股价信息效率的影响。

续表

变量	方程（1） $1 \leqslant RSUE \leqslant 3$	方程（2） $4 \leqslant RSUE \leqslant 7$	方程（3） $8 \leqslant RSUE \leqslant 10$
ROE	0.9317 * (1.93)	1.5953 ** (2.37)	-1.6483 *** (-2.70)
LEV	-0.8135 ** (-2.23)	0.5589 *** (3.03)	0.3359 (1.07)
TO	-0.0238 (-0.53)	0.0344 (1.05)	-0.0881 ** (-2.09)
$CAR^{[-30,-1]}$	-0.8277 (-1.16)	-0.8759 * (-1.70)	-1.0496 * (-1.75)
ADT	-0.0302 (-0.21)	0.0128 (0.08)	-0.0148 (-0.09)
BM	0.5123 ** (2.47)	0.4121 ** (2.44)	0.8879 *** (3.62)
SIZE	0.1772 (1.43)	0.0172 (0.12)	0.0942 (0.69)
Year	控制	控制	控制
R^2	0.1521	0.0722	0.1632
样本量	337	451	337

注：()内为t值；*、**和***分别表示在10%、5%和1%水平上显著。

方程（1）是坏消息年报为样本时模型（9.4）的回归结果，发现RCSR的系数为0.0592，t值显示在5%的水平上显著，企业社会责任表现越好，股价波动同步性也越高，意味着股价反映的公司特质信息越少；方程（2）对应SUE居中四组样本的实证结果，RCSR的系数虽然为正，但t值仅为1.67；方程（3）是SUE最高三组样本的回归结果，此时RCSR的系数为负，但t值显示未通过显著性检验。表9-4的结果表明，当盈余公告是坏消息时，由于社会责任表现好的企业管理层存在年报择机行为，投资者对上市公司年报表现出关注不足，公司特质信息无法通过投资者交易行为反映到资产价格中，导致股票价格具有较低的信息含量。表9-3和表9-4的结果支持了上文提出的研究假设H2b。

9.4.3 稳健性检验[①]

1. 变量敏感性分析

变量敏感性分析从以下三个方面展开：第一，进一步排除交易量指标中的噪声信息。除了作为投资者关注的指示性指标，交易量也常受到投资者异质信念的影响，因此，我们在控制投资者异质信念的前提下，考察企业社会责任指标对交易量的影响。首先，构建投资者异质信念指标，根据加芬克尔和索科宾（Garfinkel & Sokobin，2006）的方法，i 公司在 t 年度年报披露期间 $[h,H]$ 上的投资者异质信念指标，以经基准期 $[-150,-31]$ 调整后的异常换手率来衡量：

$$HB_{i,t}^{[h,H]} = \frac{1}{(H-h+1)}\sum_{d=h}^{H} DTO_{i,d} \qquad (9.7)$$

$$DTO_{i,d} = (TO_{i,d} - TO_{m,d}) - \frac{1}{120}\sum_{d=-150}^{-31}(TO_{i,d} - TO_{m,d}) \qquad (9.8)$$

其中，$TO_{i,d}$ 是股票 i 在 d 交易日的换手率，$TO_{m,d}$ 是 d 交易日市场平均换手率。沿袭前文的做法，窗口期取 $[0,1]$。接着，在模型（9.2）中加入 $HB^{[0,1]}$ 作为控制变量，在控制异质信念的前提下，考察企业社会责任对交易量的影响，结果见表 9-5。我们发现，对于 $1 \leqslant RSUE \leqslant 3$ 的样本，$HB^{[0,1]}$ 的系数为 0.2491，在 1% 的水平上显著为正，投资者意见分歧程度与交易量呈正向关系，但 CSR 系数为 -0.0271，仍在 5% 的水平上显著为负。说明控制异质信念的影响后，社会责任变量仍通过影响投资者的注意力分配进而影响到交易量。

表 9-5　　　　　　　　　考虑投资者异质信念的情形

变量	方程（1） $1 \leqslant RSUE \leqslant 3$	方程（2） $4 \leqslant RSUE \leqslant 7$	方程（3） $8 \leqslant RSUE \leqslant 10$
截距项	0.2241 (1.43)	0.3753 *** (3.01)	0.3948 ** (2.48)

[①] 限于篇幅，本部分仅报告核心解释变量的回归结果。

续表

变量	方程（1） $1 \leqslant RSUE \leqslant 3$	方程（2） $4 \leqslant RSUE \leqslant 7$	方程（3） $8 \leqslant RSUE \leqslant 10$
RCSR	-0.0271** (-2.33)	-0.00885 (-1.00)	-0.0030 (-0.23)
$HB^{[0,1]}$	0.2491*** (14.62)	0.2130*** (13.55)	0.1849*** (10.94)
CVX	控制	控制	控制
Year	控制	控制	控制
R^2	0.4951	0.3882	0.3030
样本量	337	451	337

注：CVX 定义详见模型（9.2）；（）内为 t 值；*、** 和 *** 分别表示在 10%、5% 和 1% 水平上显著。

第二，采用其他变量衡量投资者注意力水平。除了交易量，股价异常值作为投资者注意力衡量指标在相关文献中被广泛使用，研究表明，具有良好市场表现的股票往往能够引起投资者的关注（Aboody et al.，2010；王磊和孔东民，2014）。因此，我们考察不同企业社会责任表现公司股票在年报披露后 [0, 30] 区间内出现异常高值的频率。具体步骤如下：首先，如果股票单日收益超过 9%，则定义为异常高值①，该事件能引起投资者关注，计算样本在 [0, 30] 区间内出现异常高值的次数；其次，根据前述方法将样本按 SUE 分为三组，同时按照 CSR 分值四等分分组，依次为 Q_1、Q_2、Q_3 和 Q_4，交叉形成 12 个投资组合，计算各组合在研究区间内出现异常值的平均频率，结果见表 9-6。

表 9-6　　　　　　　　　企业社会责任与投资者注意力事件

RSUE 取值	Q_1	Q_2	Q_3	Q_4	$Q_4 - Q_1$	t 值
$1 \leqslant RSUE \leqslant 3$	0.5541	0.1975	0.3023	0.1458	-0.4082***	2.73
$4 \leqslant RSUE \leqslant 7$	0.3109	0.1933	0.2328	0.1649	-0.1460*	1.83
$8 \leqslant RSUE \leqslant 10$	0.3448	0.2716	0.2439	0.1724	-0.17241	1.18

注：*、** 和 *** 分别表示在 10%、5% 和 1% 水平上显著。

① 我们尝试了其他取值，例如，将日收益超过 8%、8.5% 或 9.5% 定义为异常高值，发现结果仍保持一致。

根据表9-6，当$1 \leqslant RSUE \leqslant 3$时，社会责任表现最差的公司（$Q_1$），股价在[0，30]区间内出现异常高值的频率为0.55次，而社会责任表现最好的公司（Q_4），股价在该区间内出现异常高值的频率不到0.15次，后者比前者少0.41次，均值检验显示在5%的水平上显著；当$4 \leqslant RSUE \leqslant 7$时，$Q_1$和$Q_4$组合在股价异常值频率上的差值出现大幅下降；当$8 \leqslant RSUE \leqslant 10$时，两者之间的差异变得不再显著。上述结果表明，当年报是坏消息时，社会责任越好（差）的企业，公司股价在年报披露后出现异常高值的频率越低（高），反映出投资者对社会责任表现较好的公司表现出关注不足。

第三，采用方差比检验来考察股票市场效率。方差比检验由罗和麦金利（Lo & MacKinlay, 1988）提出，基本思想在于，如果时间序列遵循随机游走，那么其增量的方差是时间间隔的线性函数，即变量q阶差分的方差是其一阶差分方差的q倍，假定时间序列P_t有$nq+1$个观测值（$q>1$），即P_0，P_1，…，P_{nq}，其中，P是股票日复权价的对数值，构建$Z(q)$统计量[①]，以此检验时间序列是否遵循随机游走，若$Z(q) \geqslant 1.96$或$Z(q) \leqslant -1.96$，则在95%的置信水平上拒绝P_t为随机游走的原假设。针对本章的研究样本，取$n=10$，$q=3$，与表9-6的二维分组类似，采用方差比检验各组合样本在[0，30]区间上股价，统计出拒绝原假设的样本占比，结果见表9-7。

表9-7 企业社会责任与方差比检验

RSUE 取值	CSR					t 值
	Q_1	Q_2	Q_3	Q_4	$Q_4 - Q_1$	
$1 \leqslant RSUE \leqslant 3$	0.7838	0.8642	0.8837	0.9063	0.1225 ***	2.16
$4 \leqslant RSUE \leqslant 7$	0.8908	0.8740	0.8190	0.8454	-0.0454	-0.99
$8 \leqslant RSUE \leqslant 10$	0.8506	0.9506	0.9024	0.9080	0.0575	1.16

注：*、**和***分别表示在10%、5%和1%水平上显著。

根据表9-7，当$1 \leqslant RSUE \leqslant 3$时，随着企业社会责任分值增加，各组合样本方差比检验拒绝原假设的比例呈递增趋势。其中，在Q_1样本中，方差比检验拒绝原假设的比例为78%，Q_4样本方差比检验拒绝原假设的比例为

[①] $Z(q)$的推导过程，请参考罗和麦金利（Lo & MacKinlay, 1988）。

91%，后者超过前者 12 个百分点，均值检验显示两者差值在 5% 的水平上显著，意味着企业社会责任越好（差），股票价格遵循随机游走的可能性越低（高），市场信息效率越弱（强）。与此形成对比，当 RSUE 处于其他水平时，方差比检验拒绝原假设的样本占比与 CSR 指标之间未表现出正相关关系。

2. 考虑业绩预告的情形

在本章的研究样本中，一些公司在披露年报之前进行了业绩预报，相关的信息已经提前公之于众，那么是否存在以下可能性？这些公司的年报即便出现坏消息，也没有动机选择年报披露时机，因为投资者已经了解到相关信息。我们考察业绩预告是否影响年报披露择机行为，并根据预告类型区分报告的信息属性，[1] 如果业绩预告类型是转亏、续亏、大降和略降，则定义为坏消息，如果业绩预告类型是扭亏、续盈、大增和略增，则定义为好消息。具体而言，在模型（9.1）的控制变量中加入业绩预告虚拟变量 FCTR，若公司发布业绩预告，则 FCTR 取值为 1，否则为 0；当区分信息属性时，若业绩预告是好（坏）消息，则 FCTR 取值为 1，否则为 0。

限于篇幅，我们在此仅考虑控制变量为公司治理变量时模型（9.1）的检验结果，见表 9-8。我们发现，在三个回归方程中，FCTR 的系数并不显著，说明业绩预告并不会对年报披露择机行为产生影响。RCSR 的系数在 1% 的水平上显著为正，RCSR × RSUE 的系数在 1% 的水平上显著为负，说明上文公布的实证结果是稳健的。

表 9-8　　　　　　　　　考虑业绩预告的结果

变量	方程（1）	方程（2）	方程（3）
截距项	-2.4261*** (-3.24)	-2.2101*** (-3.04)	-2.2786*** (-3.04)
RSUE	0.1095** (2.03)	0.0959* (1.80)	0.1031* (1.90)
RCSR	0.1445*** (2.75)	0.1422*** (2.71)	0.1421*** (2.70)

---

[1] 按照国泰安数据库的分类标准，业绩预告分为转亏、续亏、扭亏、续盈、大增、大降、略增、略降、不确定等九个类型。

续表

变量	方程（1）	方程（2）	方程（3）
$RCSR \times RSUE$	-0.0228*** (-2.69)	-0.0225*** (-2.66)	-0.0224*** (-2.65)
$FCTR$	0.2363 (1.33)	0.2500 (1.04)	0.0909 (0.46)
CV	控制	控制	控制
$Year$	控制	控制	控制
LR	100.81	100.12	99.25
Max-rescaled R^2	0.1183	0.1176	0.1166
样本量	1125	1125	1125

注：CV 定义详见模型（9.1）；在方程（1）中，若公司发布业绩预告，则 $FCTR$ 取值为 1，否则为 0；在方程（2）中，若业绩预告是好消息，则 $FCTR$ 取值为 1，否则为 0；在方程（3）中，若业绩预告是坏消息，则 $FCTR$ 取值为 1，否则为 0；（）内为 z 值，*、** 和 *** 分别表示在 10%、5% 和 1% 水平上显著。

3. 样本敏感性分析

在本章的研究样本中，有部分公司因为信息披露违规而受到监管部门的处罚，如果年报披露失衡主要表现在违规公司上，那么这些样本的存在与否可能会影响到上文的实证结果。为了增强结果的稳健性，我们剔除存在信息披露违规的上市公司样本共 88 个，包括虚构利润、虚列资产、虚假记载、推迟披露、重大遗漏和披露不实等六种情形，利用新样本根据上文模型（9.1）、模型（9.2）和模型（9.4）对研究假设进行检验，结果见表 9-9。

表 9-9　　　　　　　　　因变量为 $\Pr(AT=1)$

变量	方程（1）	方程（2）	方程（3）
截距项	-2.2650*** (-3.09)	-2.2392*** (-2.86)	-3.2630*** (-3.93)
$RSUE$	0.0867 (1.55)	0.0877 (1.59)	0.0839 (1.51)
$RCSR$	0.1346** (2.47)	0.1237** (2.26)	0.1177** (2.13)

续表

变量	方程（1）	方程（2）	方程（3）
$RCSR \times RSUE$	-0.0203** (-2.32)	-0.0210** (-2.39)	-0.0192** (-2.18)
CV	控制	控制	控制
Year	控制	控制	控制
LR	85.92	96.26	96.15
Max-rescaled R^2	0.1098	0.1224	0.1222
样本量	1037	1037	1037

注：CV、CVX、CVY 定义详见模型（9.1）、模型（9.2）、模型（9.4）；本表是模型（9.1）的回归结果，与表9.3的做法类似，回归方程（1）至方程（3）依次控制基本面、公司治理和其他变量；（）内为z值，*、** 和 *** 分别表示在10%、5%和1%水平上显著。

在表9-9中，RCSR 的系数在5%的水平上显著为正，RSUE × RCSR 的系数在5%的水平上显著为负，说明当年报是坏消息时，企业社会责任指标对年报择机披露概率存在显著正向影响；在表9-10中，仅以 $1 \leqslant RSUE \leqslant 3$ 组合股票为样本时，RCSR 的系数在1%的水平上显著为负，对于年报是坏消息的样本而言，社会责任越好的企业，股票在年报披露期间的成交量越小，反映出投资者关注不足的状态；在表9-11中，以 $1 \leqslant RSUE \leqslant 3$ 组合股票为样本时，RCSR 的系数为正，在1%的水平上显著，对于年报是坏消息的样本而言，企业社会责任表现越好，股价同步性越高，信息效率越低。这些结果表明，上文公布的实证结果并未受到信息披露违规样本的影响。

表9-10　　　　　样本敏感性分析（因变量为 $ABV^{[0,1]}$）

变量	方程（1） $1 \leqslant RSUE \leqslant 3$	方程（2） $4 \leqslant RSUE \leqslant 7$	方程（3） $8 \leqslant RSUE \leqslant 10$
截距项	0.1146 (0.43)	0.1888 (1.12)	0.2834 (1.46)
RCSR	-0.0400*** (-2.95)	-0.0034 (-0.27)	0.0029 (0.17)

续表

变量	方程（1） $1 \leqslant RSUE \leqslant 3$	方程（2） $4 \leqslant RSUE \leqslant 7$	方程（3） $8 \leqslant RSUE \leqslant 10$
CVX	控制	控制	控制
Year	控制	控制	控制
R^2	0.1227	0.1095	0.0368
样本量	310	417	310

注：本表是模型（9.2）的回归结果；回归方程（1）至方程（3）依次控制基本面、公司治理和其他变量；（）内为t值；*、** 和 *** 分别表示在10%、5%和1%水平上显著。

表9-11　　　　　　　　样本敏感性分析（因变量为 SYN）

变量	（1） $1 \leqslant RSUE \leqslant 3$	（2） $4 \leqslant RSUE \leqslant 7$	（3） $8 \leqslant RSUE \leqslant 10$
截距项	-0.6827*** (-2.77)	-1.5184*** (-7.46)	-1.4090*** (-4.78)
RCSR	0.0634*** (2.64)	0.0373* (1.91)	-0.0039 (-0.15)
CVY	控制	控制	控制
Year	控制	控制	控制
R^2	0.1766	0.0676	0.1774
样本量	310	417	310

注：本表是模型（9.4）的回归结果；回归方程（1）至方程（3）依次控制基本面、公司治理和其他变量；（）内为t值；*、** 和 *** 分别表示在10%、5%和1%水平上显著。

9.5　结　语

本章基于投资者有限关注理论视角，考察不同社会责任表现企业在披露年报时存在的择机行为以及产生的市场影响。结果表明，当上市公司拟披露的年报是坏消息时，社会责任表现越好的企业，越有可能选择在周五披露年报，或采取与其他公司同一天披露的策略；投资者在此情形下对年报的注意力容易被分散，股票在年报披露期间的交易量萎缩，而且，由于市场对上市公司关注不足，公司特质信息未能通过投资者交易行为融入资产定价过程中，股价波动表现较强的同步性，反映出股价具有较低的信息含量。

从本章的研究结论来看，企业管理层可能出于私利动机履行社会责任，当企业面临负面消息或者陷入危机时，经理人为了维护自身声誉和利益，会采取不利于投资者的决策，从而滋生出败德行为，反映出企业在履行社会责任过程中存在委托代理问题。对此，本章提出如下政策建议：第一，公司管理层要提高社会责任意识，端正履行社会责任的动机。年报披露择机行为可避免投资者对上市公司的关注，但这破坏了年报披露进度的均衡性，也不利于价格发现功能的发挥。第二，提高社会责任报告的质量。在报告编制过程中，上市公司宜采用国际通用准则，例如，全球报告倡议组织（GRI）G4标准，或国际标准化组织ISO26000标准，增加关键定量指标披露，并引入第三方鉴证，或者对社会责任报告实施强制审计，以提高报告的公信力。第三，加强监督。监管层在积极推进公司履行社会责任的同时，也要识别企业履行社会责任的动机，规范和监督管理层的行为，防止经理人借履行社会责任攫取私人利益。

参 考 文 献

中文部分

[1] 蔡宁. 风险投资"逐名"动机与上市公司盈余管理 [J]. 会计研究, 2015 (5): 20-27.

[2] 岑维, 李士好, 童娜琼. 投资者关注度对股票收益与风险的影响——基于深市"互动易"平台数据的实证研究 [J]. 证券市场导报, 2014 (7): 40-47.

[3] 陈高才, 周鲜华. 年度报告及时性的经验研究评述和未来研究 [J]. 会计研究, 2008 (11): 48-54.

[4] 陈工孟, 俞欣, 寇祥河. 风险投资参与对中资企业首次公开发行折价的影响——不同证券市场的比较 [J]. 经济研究, 2011 (5): 74-85.

[5] 陈胜蓝, 吕丹, 刘玮娜. 激烈竞争下的公司捐赠:"慈善行为"抑或"战略行为"——来自公司社会责任报告的经验证据 [J]. 证券市场导报, 2014 (5): 34-39.

[6] 冯慧群. 私募股权投资对控股股东"掏空"的抑制效应 [J]. 经济管理, 2016 (6): 16-28.

[7] 奉立城. 中国股票市场的"周内效应" [J]. 经济研究, 2000 (11): 50-57.

[8] 何兴强, 周开国. 牛、熊市周期和股市间的周期协同性 [J]. 管理世界, 2006 (4): 35-40.

[9] 胡志颖, 吴先聪, 果建竹. 私募股权声誉、产权性质和IPO前持有期 [J]. 管理评论, 2015 (12): 39-49.

[10] 黄福广, 李西文, 张开军. 风险资本持股对中小板上市公司IPO盈余管理的影响 [J]. 管理评论, 2012 (8): 29-39.

[11] 贾春新, 赵宇, 孙萌, 等. 投资者有限关注与限售股解禁 [J]. 金融研究, 2010 (11): 108-122.

[12] 孔东民, 孔高文, 刘莎莎. 机构投资者、流动性与信息效率 [J]. 管理科学学报, 2015 (3): 1-15.

[13] 孔东民. 有限套利与盈余公告后价格漂移 [J]. 中国管理科学, 2008 (6):

16-23.

[14] 雷倩华, 柳建华, 龚武明. 机构投资者持股与流动性成本——来自中国上市公司的经验证据 [J]. 金融研究, 2012 (7): 182-195.

[15] 李捷瑜, 王美今. 上市公司的真实投资与股票市场的投机泡沫 [J]. 世界经济, 2006 (1): 87-95.

[16] 李九斤, 王福胜, 徐畅. 私募股权投资特征对被投资企业价值的影响——基于2008~2012年IPO企业经验数据的研究 [J]. 南开管理评论, 2015 (5): 151-160.

[17] 李明, 叶勇. 媒体负面报道对控股股东掏空行为影响的实证研究 [J]. 管理评论, 2016 (1): 73-82.

[18] 李善民, 朱滔. 中国上市公司并购的长期绩效——基于证券市场的研究 [J]. 中山大学学报 (社会科学版), 2005 (5): 80-86.

[19] 李小晗, 朱红军. 投资者有限关注与信息解读 [J]. 金融研究, 2011 (8): 128-142.

[20] 李筱强. 年报披露进度均衡性有待提高 [N]. 中国证券报, 2003-06-06.

[21] 李远鹏, 牛建军. 退市监管与应计异象 [J]. 管理世界, 2007 (5): 125-132.

[22] 刘维奇, 刘新新. 个人和机构投资者情绪与股票收益——基于上证A股市场的研究 [J]. 管理科学学报, 2014 (3): 70-87.

[23] 陆桂贤. 我国上市公司并购绩效的实证研究——基于EVA模型 [J]. 审计与经济研究, 2012 (2): 104-109.

[24] 潘宁宁, 朱宏泉. 基金持股与交易行为对股价联动的影响分析 [J]. 管理科学学报, 2015 (3): 90-103.

[25] 祁斌, 黄明, 陈卓思. 机构投资者与市场有效性 [J]. 金融研究, 2006 (3): 76-84.

[26] 权小锋, 吴世农. 投资者关注、盈余公告效应与管理层公告择机 [J]. 金融研究, 2010 (11): 90-107.

[27] 权小锋, 吴世农. 投资者注意力、应计误定价与盈余操纵 [J]. 会计研究, 2012 (6): 46-53.

[28] 饶育蕾, 彭叠峰, 成大超. 媒体注意力会引起股票的异常收益吗？——来自中国股票市场的经验证据 [J]. 系统工程理论与实践, 2010 (2): 287-297.

[29] 饶育蕾, 王建新, 丁燕. 基于投资者有限注意的"应计异象"研究——来自中国A股市场的经验证据 [J]. 会计研究, 2012 (5): 59-66.

[30] 沈洪涛. 21世纪的公司社会责任思想主流——公司公民研究综述 [J]. 外国经济与管理, 2006 (8): 1-9.

[31] 施荣盛,陈工孟. 个人投资者能够解读公开信息吗?——基于盈余公告附近信息需求行为的研究 [J]. 证券市场导报, 2012 (9): 16 – 21.

[32] 史永东,李竹薇,陈炜. 中国证券投资者交易行为的实证研究 [J]. 金融研究, 2009 (11): 129 – 142.

[33] 宋云玲,李志文. A 股公司的应计异象 [J]. 管理世界, 2009 (8): 17 – 24.

[34] 孙书娜,孙谦. 投资者关注和股市表现——基于雪球关注度的研究 [J]. 管理科学学报, 2018 (6): 65 – 76.

[35] 谭伟强. 我国股市盈余公告的"周历效应"与"集中公告效应"研究 [J]. 金融研究, 2008 (2): 152 – 167.

[36] 唐松华. 深市 2003 年年报披露进度及预约执行情况分析 [J]. 证券市场导报, 2004 (6): 15 – 19.

[37] 唐跃军,薛红志. 企业业绩组合业绩差异与季报披露的时间选择——管理层信息披露的组合动机与信息操作 [J]. 会计研究, 2005 (10): 48 – 54.

[38] 王会娟,张然,胡诗阳. 私募股权投资与现金股利政策 [J]. 会计研究, 2014 (10): 51 – 58.

[39] 王磊,孔东民. 应计信息、机构投资者反应与股票错误定价 [J]. 管理科学学报, 2017 (3): 80 – 97.

[40] 王磊,孔东民. 盈余信息、个人投资者关注与股票价格 [J]. 财经研究, 2014 (11): 82 – 96.

[41] 王磊,叶志强,孔东民,等. 投资者关注与盈余公告周一效应 [J]. 金融研究, 2012 (11): 193 – 206.

[42] 巫升柱,王建玲,乔旭东. 中国上市公司年度报告披露及时性实证研究 [J]. 会计研究, 2006 (2): 19 – 24.

[43] 吴超鹏,吴世农,郑方镳. 管理者行为与连续并购绩效的理论与实证研究 [J]. 管理世界, 2008 (7): 126 – 133.

[44] 吴世农,吴超鹏. 盈余信息度量、市场反应与投资者框架依赖偏差分析 [J]. 经济研究, 2005 (2): 54 – 62.

[45] 徐浩峰,朱松. 机构投资者与股市泡沫的形成 [J]. 中国管理科学, 2012 (4): 18 – 26.

[46] 徐龙炳. 中国股市机构投资者多账户交易行为研究 [J]. 经济研究, 2005 (2): 72 – 80.

[47] 杨继东. 媒体影响了投资者行为吗?——基于文献的一个思考 [J]. 金融研究, 2007 (11): 93 – 102.

[48] 杨开元，刘斌，王玉涛．资本市场应计异象：模型误设还是错误定价［J］．统计研究，2013（10）：68-74．

[49] 杨德明，林斌．信息泄漏、处置效应与盈余惯性［J］．管理科学学报，2009（5）：110-120．

[50] 杨其静，程商政，朱玉．VC真在努力甄选和培育优质创业型企业吗？——基于深圳创业板上市公司的研究［J］．金融研究，2015（4）：192-206．

[51] 杨威，宋敏，冯科．并购商誉、投资者过度反应与股价泡沫及崩盘［J］．中国工业经济，2018（6）：158-175．

[52] 游家兴．谁反应过度，谁反应不足——投资者异质性与收益时间可预测性分析［J］．金融研究，2008（4）：161-173．

[53] 于李胜，王艳艳．信息不确定性与盈余公告后漂移现象（PEAD）——来自中国上市公司的经验证据［J］．管理世界，2006（3）：40-49．

[54] 于李胜，王艳艳．信息竞争性披露、投资者注意力与信息传播效率［J］．金融研究，2010（8）：112-135．

[55] 余佩琨，李志文，王玉涛．机构投资者能跑赢个人投资者吗？［J］．金融研究，2009（8）：147-157．

[56] 余琰，罗炜，李怡宗，等．国有风险投资的投资行为和投资成效［J］．经济研究，2014（2）：32-46．

[57] 俞庆进，张兵．投资者有限关注与股票收益——以百度指数作为关注度的一项实证研究［J］．金融研究，2012（8）：152-165．

[58] 张兵．中国股市日历效应研究：基于滚动样本检验的方法［J］．金融研究，2005（7）：33-44．

[59] 张继德，廖微，张荣武．普通投资者关注对股市交易的量价影响——基于百度指数的实证研究［J］．会计研究，2014（8）：52-59．

[60] 张继德，张荣武，徐文仲．并购重组公告的短期财富效应研究——基于投资者有限注意的视角［J］．北京工商大学学报（社会科学版），2015（6）：77-85．

[61] 张兆国，靳小翠，李庚秦．企业社会责任与财务绩效之间交互跨期影响实证研究［J］．会计研究，2013（8）：32-39．

[62] 张正勇，吉利，毛洪涛．公司社会责任信息披露与经济动机研究——来自中国上市公司社会责任报告的经验证据［J］．证券市场导报，2012（7）：16-23．

[63] 赵龙凯，陆子昱，王致远．众里寻"股"千百度——股票收益率与百度搜索量关系的实证探究［J］．金融研究，2013（4）：183-195．

[64] 赵息，陈佳琦．创业板上市公司股权结构对并购绩效的影响［J］．东北大学学

报（社会科学版），2016（3）：255-261.

［65］周嘉南，黄登仕. 投资者有限注意力与上市公司年报公布时间选择［J］. 证券市场导报，2011（5）：53-60.

［66］周伶，山峻，张津. 联合投资网络位置对投资绩效的影响——来自风险投资的实证研究［J］. 管理评论，2014（12）：160-169.

［67］朱红军，汪辉. "股权制衡"可以改善公司治理吗？——宏智科技股份有限公司控制权之争的案例研究［J］. 管理世界，2004（10）：114-123.

［68］朱松. 企业社会责任、市场评价与盈余信息含量［J］. 会计研究，2011（11）：27-34.

［69］朱晓婷，杨世忠. 会计信息披露及时性的信息含量分析——基于2002~2004年中国上市公司年报数据的实证研究［J］. 会计研究，2006（11）：16-23.

［70］左浩苗，郑鸣，张翼. 股票特质波动率与横截面收益：对中国股市"特质波动率之谜"的解释［J］. 世界经济，2011（5）：117-135.

外文部分

［1］Aboody, D., Lehavy, R., Trueman, B. Limited Attention and the Earnings Announcement Returns of Past Stock Market Winners［J］. Review of Accounting Studies, 2010, 15(2): 317-344.

［2］Acharya, V. V., Heje, P. L. Asset Pricing with Liquidity Risk［J］. Journal of Financial Economics, 2005, 77(2): 375-410.

［3］Ali, A., Chen, X., Yu, T. Do Mutual Funds Profit from the Accruals Anomaly?［J］. Journal of Accounting Research, 2008, 46(1): 1-26.

［4］Amemiya, T. Advanced Econometrics［M］. Harvard University Press, Cambridge, MA, 1985.

［5］Amess, K., Stiebale, J., Wright, M. The Impact of Private Equity on Firms' Innovation Activity［J］. European Economic Review, 2016, 86: 147-160.

［6］Amihud, Y., Mendelson, H., Pedersen, L. H. Market Liquidity: Illiquidity and Stock Returns: Cross-Section and Time-Series Effects［J］. Journal of Financial Markets, 2002, 5(1): 31-56.

［7］Andriosopoulos, D., Yang, S. The Impact of Institutional Investors on Mergers and Acquisitions in the United Kingdom［J］. Journal of Banking & Finance, 2015, 50: 547-561.

［8］Ayers, B. C., Li, O. Z., Yeung, P. E. Investor Trading and the Post-Earnings-Announcement Drift［J］. The Accounting Review, 2011, 86(2): 385-416.

［9］Ball, R., Brown, P. An Empirical Evaluation of Accounting Income Numbers［J］.

Journal of Accounting Research, 1968, 6 (2): 159 – 178.

[10] Barber, B. M., Lyon, J. D. Detecting Long-Run Abnormal Stock Returns: The Empirical Power and Specification of Test Statistics [J]. Journal of Financial Economics, 1997, 43 (3): 341 – 372.

[11] Barber, B. M., Odean, T., Zhu, N. Do Retail Trades Move Markets? [J]. Review of Financial Studies, 2009, 22 (1): 151 – 186.

[12] Barber, B. M., Odean, T., Zhu, N. Systematic Noise [J]. Journal of Financial Markets, 2009, 12 (4): 547 – 569.

[13] Barber, B. M., Odean, T. All that Glitters: The Effect of Attention and News on the Buying Behavior of Individual and Institutional Investors [J]. Review of Financial Studies, 2008, 21 (2): 785 – 818.

[14] Barber, B. M., Odean, T. Boys Will be Boys: Gender, Overconfidence and Common Stock Investment [J]. Quarterly Journal of Economics, 2001, 116 (1): 261 – 292.

[15] Barber, B. M., Odean, T. Trading is Hazardous to Your Wealth: The Common Stock Investment Performance of Individual Investors [J]. Journal of Finance, 2000, 55 (2): 773 – 806.

[16] Barberis, N., Shleifer, A., Vishny, R. A Model of Investor Sentiment [J]. Journal of Financial Economics, 1998, 49 (3): 307 – 345.

[17] Bartov, E., Radhakrishnan, S., Krinsky, I. Investor Sophistication and Patterns in Stock Returns after Earnings Announcements [J]. Accounting Review, 2000, 75 (1): 43 – 63.

[18] Baruch Lev, D. N. The Persistence of the Accruals Anomaly [J]. Contemporary Accounting Research, 2006, 23 (1): 193 – 226.

[19] Battalio, R. H., Lerman, A., Livnat, J., Mendenhall, R. R. Who, if Anyone, Reacts to Accrual Information? [J]. Journal of Accounting and Economics, 2012, 53 (1 – 2): 205 – 224.

[20] Battalio, R. H., Mendenhall, R. R. Earnings Expectations, Investor Trade Size, and Anomalous Returns Around Earnings Announcements [J]. Journal of Financial Economics, 2005, 77 (2): 289 – 319.

[21] Beaver, W. H. The Information Content of Annual Earnings Announcements [J]. Journal of Accounting Research, 1968, 6: 67 – 92.

[22] Bernard, V. L., Thomas, J. K. Post-Earnings-Announcement Drift: Delayed Price Response or Risk Premium? [J]. Journal of Accounting Research, 1989, 27: 1 – 48.

[23] Bernstein, S., Giroud, X., Townsend, R. R. The Impact of Venture Capital Moni-

toring [J]. Journal of Finance, 2015, 71: 1591 – 1622.

[24] Black, F. Noise [J]. Journal of Finance, 1986, 41 (3): 529 – 543.

[25] Bondt, W. F. M. D., Thaler, R. H. Further Evidence on Investor Overreaction and Stock Market Seasonality [J]. Journal of Finance, 1987, 42 (3): 557 – 581.

[26] Boone, A. L., Lie, E., Liu, Y. Time Trends and Determinants of the Method of Payment in M&As [J]. Journal of Corporate Finance, 2014, 27: 296 – 304.

[27] Brown, N. C., Wei, K. D., Wermers, R. Analyst Recommendations, Mutual Fund Herding, and Overreaction in Stock Prices [J]. Management Science, 2014, 60 (1): 1 – 20.

[28] Bushman, R., Mc Dermott, K., Williams, C. The Earnings Announcement Premium and Volume Concentration. Working Paper, University of North Carolina at Chapel Hill and University of Michigan, 2012.

[29] Carroll, A., B. A Three-Dimensional Conceptual Model of Corporate Performance [J]. Academy of Management Review, 1979, 4 (4): 497 – 505.

[30] Chemmanur, T. J., Yan, A. Advertising, Investor Recognition, and Stock Returns [R]. Working Paper, Boston College, 2011.

[31] Cohen, L., Frazzini, A. Economic Links and Predictable Returns [J]. Journal of Finance, 2008, 63 (4): 1977 – 2011.

[32] Cohen, R. B., Gompers, P. A., Vuolteenaho, T. Who Underreacts to Cash-flow News? Evidence from Trading between Individuals and Institutions [J]. Journal of Financial Economics, 2002, 66 (2): 409 – 462.

[33] Collins, D. W., Gong, G., Hribar, P. Investor Sophistication and the Mispricing of Accruals [J]. Review of Accounting Studies, 2003, 8 (2 – 3): 251 – 276.

[34] Collins, D. W., Hribar, P. Earnings-Based and Accrual-Based Market Anomalies: One Effect or Two? [J]. Journal of Accounting and Economics, 2000, 29 (1): 101 – 123.

[35] Crane, M. A. Corporate Citizenship: Toward an Extended Theoretical Conceptualization [J]. The Academy of Management Review, 2005, 30 (1): 166 – 179.

[36] Daniel, K., Hirshleifer, D., Subrahmanyam, A. Investor Psychology and Security Market Under and Overreactions [J]. Journal of Finance, 1998, 53 (6): 1839 – 1886..

[37] Daniel, K., Titman, S. Market Reactions to Tangible and Intangible Information [J]. Journal of Finance, 2006, 61 (4): 1605 – 1643.

[38] Daniel, K. D., Hirshleifer, D. A., Subrahmanyam, A. Overconfidence, Arbitrage, and Equilibrium Asset Pricing [J]. Journal of Finance, 2002, 56 (3): 921 – 965.

[39] Dasgupta, A., Verardo, A. P. Institutional Trade Persistence and Long-Term Equity

Returns [J]. Journal of Finance, 2011, 66 (2): 635-653.

[40] De Long, J. B., Shleifer, A., Summers, L. H., Waldmann, R. J. Positive Feedback Investment Strategies and Destabilizing Rational Speculation [J]. Journal of Finance, 1990, 45 (2): 374-397.

[41] Dellavigna, S., Pollet, J. M. Investor Inattention and Friday Earnings Announcements [J]. Journal of Finance, 2009, 64 (2): 709-749.

[42] Dey, M. K., Radhakrishna, B. Who Trades Around Earnings Announcements? Evidence from TORQ Data [J]. Journal of Business Finance & Accounting, 2007, 34 (1-2): 269-291.

[43] Donaldson, T., Preston, L. E. The Stakeholder Theory of the Corporation: Concepts, Evidence, and Implications [J]. Academy of Management Review, 1995, 20 (1): 65-91.

[44] Drake, M. S., Roulstone, D. T., Thornock, J. R. Investor Information Demand: Evidence from Google Searches Around Earnings Announcements [J]. Journal of Accounting Research, 2012, 50 (4): 1001-1040.

[45] Ewens, M., Rhodes-Kropf, M. Is a VC Partnership Greater Than the Sum of Its Partners? [J]. Journal of Finance, 2015, 70 (3): 1081-1113.

[46] Faccio, M., Masulis, R. W. The Choice of Payment Method in European Mergers and Acquisitions [J]. Journal of Finance, 2005, 60 (3): 1345-1388.

[47] Fama, E. F., French, K. R. Common Risk Factors in the Returns on Stocks and Bonds [J]. Journal of Financial Economics, 1993, 33 (1): 3-56.

[48] Fama, E. F., Macbeth, J. D. Risk, Return, and Equilibrium: Empirical Tests [J]. Journal of Political Economy, 1973, 81 (3): 607-636.

[49] Fama, E. F. Market Efficiency, Long-Term Returns and Behavioral Finance [J]. Journal of Financial Economics, 1998, 49 (3): 283-306.

[50] Fama, E. F. The Behavior of Stock-Market Prices [J]. Journal of Business, 1965, 38 (1): 34-105.

[51] Fang, L., Peress, J. Media Coverage and the Cross-section of Stock Returns [J]. Journal of Finance, 2009, 64 (5): 2023-2052.

[52] Fang, L. H., Ivashina, V., Lerner, J. The Disintermediation of Financial Markets: Direct Investing in Private Equity [J]. Journal of Financial Economics, 2015, 116 (1): 160-178.

[53] Foster, F. D., Viswanathan, S. A Theory of the Interday Variations in Volume, Variance, and Trading Costs in Securities Markets [J]. Review of Financial Studies, 1990, 3 (4): 593-624.

[54] Foster, F. D. , Viswanathan, S. The Effect of Public Information and Competition on Trading Volume and Price Volatility [J]. Review of Financial Studies, 1993, 6 (1): 23 – 56.

[55] Foster, G. , Olsen, C. , Shevlin, T. Earnings Releases, Anomalies, and the Behavior of Security Returns [J]. The Accounting Review, 1984, 59 (4): 574 – 603.

[56] Frazzini, A. , Lamont, O. A. The Earnings Announcement Premium and Trading Volume [R]. NBER Working Paper, No. 13090, 2007.

[57] Galai, D. , Sade, O. The "Ostrich Effect" and the Relationship between the Liquidity and the Yields of Financial Assets [J]. Journal of Business, 2006, 79 (5): 2741 – 2759.

[58] Godfrey, P. C. , Merrill, C. B. , Hansen, J. M. The Relationship Between Corporate Social Responsibility and Shareholder Value: An Empirical Test of the Risk Management Hypothesis [J]. Strategic Management Journal, 2009, 30 (4): 425 – 445.

[59] Godfrey, P. C. The Relationship between Corporate Philanthropy and Shareholder Wealth: A Risk Management Perspective [J]. The Academy of Management Review, 2005, 30 (4): 777 – 798.

[60] Gompers, P. A. , Kaplan, S. N. , Mukharlyamov, V. What Do Private Equity Firms Say They Do? [J]. Journal of Financial Economics, 2016, 121 (1): 449 – 476.

[61] Greene, W. , H. Econometric Analysis [M]. 5th Edition. Prentice-Hall, NJ, 2003.

[62] Griffin, J. , M, Shu, T. , Topaloglu, S. Examining the Dark Side of Financial Markets: Who Trades Ahead of Major Announcements? [J] Review of Financial Studies, 2012, 25 (7): 2155 – 2188.

[63] Harris, R. S. , Jenkinson, T. , Kaplan, S. N. Private Equity Performance: What Do We Know? [J]. Journal of Finance, 2014, 69 (5): 1851 – 1882.

[64] Heckman, J. J. Sample Selection Bias as a Specification Error [J]. Econometrica, 1979, 47 (1): 153 – 161.

[65] Hemingway, C. A. , Maclagan, P. W. Managers' Personal Values as Drivers of Corporate Social Responsibility [J]. Journal of Business Ethics, 2004, 50 (1): 33 – 44.

[66] Hirshleifer, D. , Lim, S. S. , Teoh, S. H. Driven to Distraction: Extraneous Events and Underreaction to Earnings News [J]. Journal of Finance, 2009, 64 (5): 2289 – 2325.

[67] Hirshleifer, D. , Myers, J. N. , Myers, L. A. , Teoh, S. H. Do Individual Investors Drive Post-Earnings Announcement Drift? Direct Evidence from Personal Trades [J]. The Accounting Review, 2008, 83 (6): 1521 – 1550.

[68] Hirshleifer, D. , Teoh, S. H. Limited Attention, Information Disclosure, and Financial Reporting [J]. Journal of Accounting and Economics, 2003, 36 (1 – 3): 337 – 386.

[69] Hirshleifer, D. A., Hou, K., Teoh, S. H. The Accrual Anomaly: Risk or Mispricing? [J]. Management Science, 2012, 58 (2): 320-335.

[70] Hirshleifer, D. A., Lim, S. S., Teoh, S. H. Limited Investor Attention and Stock Market Misreactions to Accounting Information [J]. Review of Asset Pricing Studies, 1 (1): 35-73.

[71] Holtz-Eakin, D., Rosen, N. H. S. Estimating Vector Autoregressions with Panel Data [J]. Econometrica, 1988, 56 (6): 1371-1395.

[72] Hong, H., Stein, J. C. A Unified Theory of Underreaction, Momentum Trading, and Overreaction in Asset Markets [J]. Journal of Finance, 1999, 54 (6): 2143-2184.

[73] Hou, K., Peng, L., Xiong, W. A Tale of Two Anomalies: The Implications of Investor Attention for Price and Earnings Momentum [R]. Working paper, Ohio State University and Princeton University, 2009.

[74] Huang, P., Officer, M. S., Powell, R. Method of Payment and Risk Mitigation in Cross-Border Mergers and Acquisitions [J]. Journal of Corporate Finance, 2016, 40: 216-234.

[75] Im, K. Testing for Unit Roots in Heterogeneous Panels [J]. Journal of Econometrics, 2003, 115 (1): 53-74.

[76] Jacobsen, Ben. Is Earnings Quality Associated with Corporate Social Responsibility? [J]. The Accounting Review, 2012, 8 (3): 761-796.

[77] Jiang, H. Institutional Investors, Intangible Information, and the Book-to-Market Effect [J]. Journal of Financial Economics, 2010, 96 (1): 98-126.

[78] Jones, T. M. Instrumental Stakeholder Theory: A Synthesis of Ethics and Economics [J]. The Academy of Management Review, 1995, 20 (2): 404-437.

[79] Joseph, E. Costly Information Processing: Evidence from Earnings Announcements [R]. Working Paper, University of North Carolina, 2008.

[80] Kahneman, D. Attention and Effort [M]. Prentice-Hall, Englewood Cliffs, NJ, 1973.

[81] Kandel, E., Pearson, N. D. Differential Interpretation of Public Signals and Trade in Speculative Markets [J]. Journal of Political Economy, 1995, 103 (4): 831-872.

[82] Kaniel, R., Liu, S., Saar, G., Titman, S. Individual Investor Trading and Return Patterns around Earnings Announcements [J]. Journal of Finance, 2012, 67 (2): 639-680.

[83] Kaplan, S. N., Strömberg, P. Leveraged Buyouts and Private Equity [J]. Journal of Economic Perspectives, 2009, 23 (1): 121-146.

[84] Karlsson, N., Loewenstein, G., Seppi, D. The Ostrich Effect: Selective Attention to Information [J]. Journal of Risk and Uncertainty, 2009, 38 (2): 95-115.

[85] Kross, W. Earnings and Announcement Time Lags [J]. Journal of Business Research, 1981, 9 (3): 267 – 281.

[86] Kyle, A. S. Continuous Suctions of Insider Trading [J]. Econometrica, 1985, 53 (6): 1315 – 1336.

[87] Lakonishok, J., Shleifer, A., Vishny, R. W. The Impact of Institutional Trading on Stock Prices [J]. Journal of Financial Economics, 1992, 32 (1): 23 – 43.

[88] Lakonishok, J., Vishny, S. R. W. Contrarian Investment, Extrapolation, and Risk [J]. Journal of Finance, 1994, 49 (5): 1541 – 1578.

[89] Lee, C. M. C., Radhakrishna, B. Inferring Investor Behavior: Evidence from TORQ Data [J]. Journal of Financial Markets, 2000, 3 (2): 83 – 111.

[90] Lee, C. M. C., Ready, M. J. Inferring Trade Direction from Intraday Data [J]. Journal of Finance, 1991, 46 (2): 733 – 746.

[91] Lee, C. M. C. Earnings News and Small Traders: An Intraday Analysis [J]. Journal of Accounting and Economics, 1992, 15 (92): 265 – 302.

[92] Lou, D. Attracting Investor Attention through Advertising [J]. Review of Financial Studies, 2014, 27 (6): 1797 – 1829.

[93] Louis, H., Sun, A. X. Investor Inattention and the Market Reaction to Merger Announcements [J]. Management Science, 2010, 56 (10): 1781 – 1793.

[94] Martin, K. J. The Method of Payment in Corporate Acquisitions, Investment Opportunities, and Management Ownership [J]. Journal of Finance, 1996, 51 (4): 1227 – 1246.

[95] McWilliams, A. D., Siegel, P., Wright, P. Guest Editors' Introduction Corporate Social Responsibility: Stategic Implications [J]. Journal of Management Studies, 2006, 43 (1): 1 – 18.

[96] Miller, E. M. Risk, Uncertainty, and Divergence of Opinion [J]. Journal of Finance, 1977, 32 (4): 1151 – 1168.

[97] Mishkin, F. S. A Rational Expectations Approach to Macroeconomics: Testing Policy Ineffectiveness and Efficient-Markets Models [J]. Economica, 1983, 52 (206).

[98] Odean, T. Are Investors Reluctant to Realize Their Losses? [J]. Journal of Finance, 1998, 53 (5): 1775 – 1798.

[99] Odean, T. Do Investors Trade Too Much? [J]. Social Science Electronic Publishing, 1998, 89 (5): 1279 – 1298.

[100] Pagan, A., Sossounov, K. A Simple Frame Work for Analyzing Bull and Bear Markets [J]. Journal of Applied Econometrics, 2003, 18 (1): 23 – 46.

[101] Paglia, J. K., Harjoto, M. A. The Effects of Private Equity and Venture Capital on Sales and Employment Growth in Small and Medium-Sized Businesses [J]. Journal of Banking and Finance, 2014, 47: 177-197.

[102] Peng, Lin. Learning with Information Capacity Constraints [J]. Journal of Financial and Quantitative Analysis, 2005, 40 (2): 307-329.

[103] Peng, L., Xiong, W. Investor Attention, Overconfidence and Category Learning [J]. Journal of Financial Economics, 2006, 80 (3): 563-602.

[104] Peress, J., Fisk, W., Tatikonda, S., Mittal, P. Media Coverage and Investors' Attention to Earnings Announcements [J]. Social Science Electronic Publishing, 2008.

[105] Petrovits, C. M. Corporate-Sponsored Foundations and Earnings Management [J]. Journal of Accounting and Economics, 2006, 41 (3): 335-362.

[106] Prior, D., Surroca, J., Tribó, Josep A. Are Socially Responsible Managers Really Ethical? Exploring the Relationship Between Earnings Management and Corporate Social Responsibility [J]. Corporate Governance, 2008, 16 (3): 160-177.

[107] Scharfstein, D. S. Herd Behavior and Investment [J]. American Economic Review, 1990, 80 (3): 465-479.

[108] Scheinkman, J., Xiong, W. Overconfidence and Speculative Bubbles [J]. Journal of Political Economy, 2003, 111 (6): 1183-1219.

[109] Seasholes, M. S., Wu, G. Predictable Behavior, Profits, and Attention [J]. Journal of Empirical Finance, 2007, 14 (5): 590-610.

[110] Shiller, R. J. Irrational Exuberance [M]. Princeton University Press, 2005.

[111] Shleifer, A., Vishny, R. W. The Limits of Arbitrage [J]. Journal of Finance, 1997, 52 (1): 35-55.

[112] Sloan, R. G. Do Stock Prices Fully Reflect Information in Accruals and Cash Flows about Future Earnings? [J]. The Accounting Review, 1996, 71 (3): 289-315.

[113] Tetlock, P. C., Saar-Tsechansky, M., Macskassy, S. More Than Words: Quantifying Language to Measure Firms' Fundamentals [J]. Journal of Finance, 2008, 63 (3): 1437-1467.

[114] Thaler, R. H., Bondt, W. F. M. D. Does the Stock Market Over-React [J]. Journal of Finance, 1985, 40 (3): 793-805.

[115] Trueman, B., Wong, M. H. F., Zhang, X. J. Anomalous Stock Returns Around Internet Firms' Earnings Announcements [J]. Journal of Accounting & Economics, 2003, 34 (1-3): 249-271.

［116］Wang, M., Kong, Q. D. Corporate Social Responsibility, Investor Behaviors, and Stock Market Returns: Evidence from a Natural Experiment in China ［J］. Journal of Business Ethics, 2011, 101 (1): 127 – 141.

［117］Warner, J. B. Stealth Trading and Volatility: Which Trades Move Prices? ［J］. Journal of Financial Economics, 1993, 34 (3): 281 – 305.

［118］Wermers, R. Mutual Fund Herding and the Impact on Stock Prices ［J］. Journal of Finance, 1999, 54 (2): 581 – 622.

［119］Wooldridge, J. M. Econometric Analysis of Cross Section and Panel Data ［M］. MIT Press, Cambridge, MA, 2002.

［120］Zhi, D. A., Engelberg, J., Gao, P. In Search of Attention ［J］. Journal of Finance, 2011, 66 (5): 1461 – 1499.